Hartmut Radebold / Ruth Schweizer

Der mühselige Aufbruch

Über Psychoanalyse im Alter

W0186565

Fischer
Taschenbuch
Verlag

Geist und Psyche
Herausgegeben von Willi Köhler
Begründet von Nina Kindler 1964

Originalausgabe
Veröffentlicht im Fischer Taschenbuch Verlag GmbH,
Frankfurt am Main, Juni 1996

© 1996 Fischer Taschenbuch Verlag GmbH, Frankfurt am Main
Alle Rechte vorbehalten
Gesamtherstellung: Clausen & Bosse, Leck
Printed in Germany
ISBN 3-596-13071-9

Gedruckt auf chlor- und säurefreiem Papier

Editorische Vorbemerkung

Noch im vergangenen Jahrhundert galt menschliches Alter als »kostbares Gut«, das hochgeschätzt und verehrt wurde. Alter galt als Gnade und als Gottesgeschenk. Die Zeiten haben sich gründlich geändert. Die durchschnittliche Lebenserwartung ist heutzutage für Frauen wie für Männer mehr als doppelt so hoch wie noch vor einhundert Jahren. 80jährige Menschen sind keine Seltenheit mehr. Viele Menschen haben im »Ruhestand« noch 20 bis 30 Jahre zu leben, und so ist es nicht überraschend, daß sich nicht nur Mediziner, sondern zunehmend auch Psychotherapeuten um ihr Wohlergehen kümmern. Das vielbeschworene »zweite Leben« fordert sein Recht auf psychische Störungsfreiheit ein. Auf die Klientel der über 60jährigen stellte sich sogar die ansonsten recht traditionelle Psychoanalyse ein, deren Begründer Sigmund Freud die lange gültige Lehrmeinung vertreten hatte, 50jährige und ältere Menschen seien vor allem aufgrund der Chronizität ihrer seelischen Störungen nicht behandelbar. Freud wußte freilich nicht, wie alt dermaleinst die Menschen im allgemeinen werden könnten. Sonst hätte er sich vermutlich zurückhaltender geäußert. Wie dem auch sei: Die Psychoanalyse auch in ihrer klassischen Form kommt gar nicht umhin, sich auch älterer und alter Menschen anzunehmen. Alles andere wäre weltfremd und menschenfeindlich. Dieses Buch schildert an einem exemplarischen Fall die theoretischen Voraussetzungen und die praktischen Verläufe von Psychoanalysen älterer Menschen.

wk

Inhalt

I. Vorwort

Für diesen Bericht über die Psychoanalyse einer zu Beginn 65jährigen Frau zeichnen zu Recht zwei Autoren verantwortlich, obwohl der weitaus größere Teil von einem *[Radebold]* verfaßt wurde. Frau Schweizer (Name und einige biographische Daten mit Einverständnis aus Diskretionsgründen verändert) stimmte dem Vorschlag zu, meine Unterlagen über ihre Analyse zu publizieren. Gleichzeitig beteiligte sie sich mit einem Rückblick auf ihre Behandlung, den sie anhand ihrer seit vielen Jahren geführten Tagebuchnotizen zwei Jahre nach Beendigung begann.

Der nachfolgende Bericht gründet sich auf das bei der Erstuntersuchung erhobene Krankenblatt, meine jeweils nach erfolgten Behandlungsstunden diktierten Protokolle mit einigen wenigen späteren und ergänzenden Anmerkungen sowie den Rückblick von Frau Schweizer auf ihre Behandlung. Dazu hat Frau Dr. rer. med. habil. Christa Brähler dankenswerterweise den Gießen-Test ausgewertet. Diese hier im Bericht zusammengefügten Teile waren dem anderen Autor zunächst jeweils unbekannt. Wir bedanken uns bei Frau Sauer und Frau Arlt für die Erstellung dieses Berichts einschließlich der vielfältigen Korrekturen und Kürzungen. Wir wünschen Älteren, daß dieser Bericht sie ermutigt, im Falle schwerwiegender psychischer oder psychosomatischer Symptome und bei gleichzeitigem Bedürfnis, auch im letzten Drittel des Lebens die eigene Entwicklung zu verstehen und Konflikte zu klären, den Mut zu finden, eine derartige Behandlung trotz vielfältiger Widerstände (eigene, der Partner/Familie, der Hausärzte etc.) zu beginnen.

Wir hoffen, daß die Psychoanalytiker durch diesen Bericht angeregt werden, sowohl über 50jährige als auch über 60jährige auch langfristig psychoanalytisch zu behandeln.

Hartmut Radebold *Ruth Schweizer*

II. Psychoanalytische Psychotherapie und Psychoanalyse Älterer

Erst in den letzten 20 Jahren setzte sich auch in der Bundesrepublik die Auffassung durch, daß Psychotherapie Älterer möglich, sinnvoll und langfristig erfolgreich ist *[Radebold 1972, 1979, 1992a]*.

In Anlehnung an frühe Aussagen S. Freuds *[1904, 1905]* wurden dazu lange Zeit schon die über 45- bzw. 50jährigen gerechnet. Heute liegt die übliche Altersgrenze für psychotherapeutische Behandlungen eher bei 55- bzw. 60jährigen. In noch nicht so weit zurückliegenden Aussagen von Psychotherapeuten über das Alter *[Radebold 1992b]* wird dieses eher als ein defizitär geprägter letzter Lebensabschnitt angesehen, der lange nach der Beendigung der Berufstätigkeit beginnt und durch Krankheiten, Behinderungen und Verluste charakterisiert ist. Seine Aufgabe lautet demgemäß: sich aus der (Um-)Welt zurückzuziehen, vom Leben Abschied zu nehmen und sich auf das eigene Ende und den Tod vorzubereiten.

Dieser chronologisch nicht eindeutig bestimmbare Lebensabschnitt dürfte somit nach dem 70. bzw. 75. Jahr beginnen. Damit entsteht eine seltsame Situation: Die Psychotherapeuten (gleichgültig welcher Schulrichtung) sehen gemäß eigener beschriebener Altersvorstellungen die 55- bzw. 60jährigen als schon »zu alt« für eine Behandlung an. Aufgrund dieses nicht zutreffenden Fremdbildes erhalten aber Erwachsene nach dem 55. bzw. 60. Lebensjahr keine Chance einer psychotherapeutischen Behandlung, d.h. also für eine Zeitspanne, die mindestens ein Drittel der Erwachsenenzeit umfaßt. Dabei handelt es sich bei den jetzt älter werdenden Erwachsenen gerade um diejenigen, die schon damals Anfang der 70er Jahre bei der Übernahme der Kosten für eine Psychotherapie durch die Krankenkassen als dafür »zu alt« angesehen wurden und jetzt – zwar aus einem anderen Grund – wiederum die Benachteiligten sind. Ein entsprechendes psychotherapeutisches Behandlungsangebot besteht praktisch nur in den Großstädten Deutschlands. Außerdem wird sich der jetzige Zustand nur allmählich ändern, da bisher die Teilnehmer einer psychotherapeutischen Weiterbildung aufgrund noch immer – zumindestens noch in Deutschland überwiegend – Ausbildungsrichtlinien wissen, daß in der Regel dafür keine über 45jährigen mehr angenommen werden. Damit funktioniert die vorbewußte Gleichsetzung: Über 45jährige werden nicht mehr zur psychotherapeutischen Weiterbildung angenommen, oder über 45jährige sind ungeeignet zur psychotherapeutischen Behandlung.

Die heutige Altersgrenze wird von fast allen psychotherapeutischen Schulen auf frühe Aussagen von S. Freud zurückgeführt, der *[1904]* »eine Nähe des 5. Dezenniums« als Kontraindikation für eine psychoanalytische Behandlung ansah. Verständlicherweise interessierte in der Gründungsphase der Psychoanalyse die Behandlung Älterer kaum, da das Interesse der Kindheit und Jugendzeit als der Verursachungs- und Entwicklungszeit für psychische Erkrankungen galt und entsprechend der psychosexuellen Entwicklung bis zum Beginn der Erwachsenenzeit.

S. Freud war in einer patriarchalischen Familienstruktur mit eindeutig älteren Männern (Vater und Onkel) aufgewachsen. Seine klinischen Erfahrungen während seiner Aus- und Weiterbildung konfrontierten ihn mit altersdementen und altgewordenen schizophrenen Patienten, die damals lediglich noch in (psychiatrischen) Heil- und Pflegeanstalten verwahrt werden konnten. Seine von ihm in der ambulanten Praxis gesehenen »älteren« Patienten waren in der Regel zwischen 41 und 45 Jahre alt und galten nach damaligen Behandlungsmaßstäben aufgrund der Chronizität ihrer Symptomatik und des fehlenden Leidensdruckes als unbehandelbar. Schließlich litt Freud selbst an erheblichen Ängsten vor dem Älterwerden und erlebte sich bereits mit 50 Jahren als »alter Mann«.

Um die Jahrhundertwende stellten in Wien aufgrund der relativ geringen Lebenserwartung bereits die 45- bis 50jährigen die »ältere Generation« dar. So stützten also persönliche, familiäre und auch wenige therapeutische Erfahrungen sein Bild von der Unveränderlichkeit Älterer und bestätigten gleichzeitig den von Freud stets befürchteten Altersabbau *[Radebold 1992a, 1994]*. So interessierten sich die nächsten Generationen der Psychoanalytiker auch nicht für die Behandlung Älterer.

Verstärkt wurden Erfahrungen in den USA ab 1950 gesammelt.

Im deutschsprachigen Raum und insbesondere in Deutschland setzte die Forschung erst ab 1970 langsam ein, nachdem hier nach dem Kriege wieder eine gewisse Anzahl entsprechend ausgebildeter Psychoanalytiker in Lehre, Forschung und Praxis tätig war.

Inzwischen wurde psychoanalytische Psychotherapie *[zum Überblick siehe meine Handbuchbeiträge 1989a, b]* in unterschiedlicher Form (Kurz-/Fokaltherapie, längerfristige Einzeltherapie, Gruppentherapie und in geringem Umfang Paar- und Familientherapie) insbesondere für 50- bis 75jährige Patienten mit neurotischen, psychoreaktiven und psychosomatischen Erkrankungen erprobt. Dies geschah unter unterschiedlichen Setting-Bedingungen, so in Beratungsstellen, Sozialpsychiatrischen Diensten, ambulanter Praxis, Tagesklinik und Klinik (hier insbesondere gerontopsychiatrische Abteilungen von psychiatrischen Krankenhäusern und psychosomatischen/psychotherapeutischen Kliniken; *s. Radebold 1992a*).

Parallel zur Psychoanalyse entwickelten auch andere psychotherapeutische Schulen Behandlungsmöglichkeiten für Ältere, so die übenden Verfahren (Autogenes Training), die Verhaltenstherapie und die Gesprächspsychotherapie *[zur aktuellen Situation s. Hirsch 1990, Radebold, Hirsch 1994]*.

Trotz dieser inzwischen auch für Deutschland vorliegenden, relativ umfassenden Erfahrungen stellt bisher die Psychotherapie Älterer für die Psychiatrie und insbesondere für die Alterspsychiatrie, die Psychotherapie und die Psychosomatik kein bedenkenswertes Thema dar. Forschungsstand und Institutionalisierungsgrad an den Universitäten müssen unverändert als absolut unzureichend *[Häfner 1986, Radebold 1990, 1994]* beurteilt werden. Seit sechs Jahren finden jetzt Tagungen zur Thematik »Psychotherapie im Alter« mit unterschiedlicher Schwerpunktsetzung statt, so in Bonn, Kassel, München und jetzt seit drei Jahren in Essen.

Bei diesem bedrückenden Sachverhalt muß allerdings darauf hingewiesen werden, daß die Alterswissenschaften insgesamt in Deutschland an den Universitäten/Fachhochschulen bezüglich Forschung/Lehre kaum entsprechend repräsentiert sind. Unverändert erhalten z. B. angehende Ärzte, Psychologen*, Soziologen, Ar-

* Ausnahmen an den Universitäten Nürnberg/Erlangen, Heidelberg, Kassel, Vechta.

chitekten, Juristen, ebenso wie Sozialarbeiter/Sozialpädagogen in der Regel kein curricular verankertes (sozial-) gerontologisches und im Bedarfsfalle alterspsychiatrisches und altersmedizinisches Wissen. Damit hat Deutschland im internationalen Vergleich in dieser Hinsicht nach wie vor den Status eines Entwicklungslandes. Teilweise dürfte dies Folge der deutschen Geschichte sein, d.h., die jetzt in Politik, Wirtschaft und Wissenschaft verantwortlichen Generationen weisen den früheren Generationen ihre Verantwortung für das Dritte Reich zu und bestrafen sie (unbewußt), daß sie – bis auf die Versorgung in Heimen – keine quantitativ und qualitativ andere Versorgung, Rehabilitation und Behandlung zur Verfügung stellen. Dieser Prozeß hat Auswirkungen auf die Institutionalisierung von Alterswissenschaften mit den entsprechenden Konsequenzen für Forschung und Lehre und in Konsequenz auch für die psychotherapeutische Behandlung Älterer. Dabei wird von seiten der Krankenkassen bisher keine Altersgrenze für eine psychotherapeutische Behandlung gesetzt.

Inzwischen auch für Deutschland vorliegende Untersuchungen bestätigen daher, daß im Vergleich zu anderen Altersgruppen schon über 50jährige, aber erst recht über 60jährige kaum in den Praxen niedergelassener Psychotherapeuten unterschiedlicher Schulen anzutreffen sind *[DGPT 1989, Arolt, Schmidt 1992, Linden 1993]*.

Besteht möglicherweise kein Behandlungsbedarf? Die epidemiologischen Felduntersuchungen belegen für die Gruppe der neurotischen, psychoreaktiven und psychosomatischen Erkrankungen einschließlich der Charakterstörungen eine Erkrankungsrate bei den über 65jährigen zwischen 10,2 und 10,8% *[Übersicht s. Krauss 1989]*. Selbstverständlich dürfen derartige Inzidenzraten nicht mit einem entsprechenden psychotherapeutischen Behandlungsbedarf gleichgesetzt werden, sie weisen jedoch auf gewisse Behandlungsbedürfnisse hin. Dilling *[1981]* ging bei den 50- bis 64jährigen von einem Bedarf an therapeutischer Hilfestellung in 19% und bei den über 65jährigen von mindestens 7% (2% langfristig psychoanalytisch, 5% beratend bzw. soziotherapeutisch) aus; gleichzeitig nahm er einen Bedarf von allgemeinpsychiatrischer Hilfestellung für beide Altersgruppen von jeweils 13% an.

Der (ansteigende) Behandlungsbedarf läßt sich auch daran ablesen, daß die psychosomatischen Kliniken zunehmend mehr bezüglich psychotherapeutischer Behandlung Älterer nachgefragt werden. Eine derzeit gerade abgeschlossene Befragung aller psychotherapeutischen/psychosomatischen Kliniken Deutschlands läßt erkennen, daß immerhin schon 17 spezifische Angebote für über 55jährige machen *[Lange, Peters, Radebold 1994]*.

Läßt man die bisher von seiten der Psychoanalyse publizierten Behandlungsberichte Älterer* Revue passieren *[Radebold 1989a, b, 1992a]*, so fällt auf, daß mit ansteigendem Alter Behandlungsfrequenz und -intensität abnehmen, d.h. über 70jährige praktisch nur eine Kurztherapie (im Umfang bis 20 Stunden) oder eine niederfrequente längere Behandlung (alle 14 Tage eine Stunde) bekommen. Infolgedessen liegen im internationalen Schrifttum bis auf wenige Ausnahmen keine Berichte über durchgeführte Psychoanalysen (drei bis vier Wochenstunden im Liegen über den Zeitraum von mehreren Jahren) vor *[Cohen 1982; Colfart 1991; King 1974, 1980; Myers 1984; Sandler 1978; Segal 1958; Simburg 1985, Wylie 1987]*. Damit verzichtet die Psychoanalyse auf ihr klassisches Untersuchungs- und Forschungsinstrument, nämlich die Langzeitpsychoanalyse.

Versteht man Psychoanalyse als »eine Forschungsmethode zur Untersuchung sonst nicht zugänglicher, unbewußter psychischer Prozesse, als eine Behandlungsmethode psychischer Störungen, als die Lehre von Widerstand und Übertragung, als eine Persönlichkeitstheorie und eine Krankheitslehre bzw. eine Theorie psychischer Störungen und dazu als eine Geisteswissenschaft, in der in idiographischer Weise einzelne Lebensläufe so gut wie möglich verstanden werden, als eine Geschichtswissenschaft, in der die Geschichte einzelner Menschen bis in die feinsten Verästelungen beschrieben wird, und schließlich als ein Verfahren zur Untersuchung seelischer Vorgänge, welche sonst kaum zugänglich sind« *[Kutter 1989]*, so wird eben gerade Psychoanalyse nicht bei über 50jährigen, geschweige denn bei über 60jährigen genutzt. Damit begeben wir uns der Möglichkeit, über die Behandlung von Krankheiten hinaus

* Nachfolgend wird im Text lediglich die männliche Form benutzt, obwohl bekannt ist, daß die Gerontologie aufgrund der Geschlechtsverteilung vorwiegend eine Wissenschaft der Frauen ist und 80 bis 90% der behandelten Älteren bisher Frauen sind.

sowohl unbewußte Prozesse als auch die Möglichkeiten weiterer psychosexueller und psychosozialer Entwicklung in diesen Altersabschnitten zu erforschen. Die Gründe für diesen außerordentlichen Mangel sind bereits dargestellt: Unkenntnis, Angst und eine tiefe Unsicherheit auf beiden Seiten, sich so langfristig, so weitgehend und so intensiv auf eine unbekannte Beziehung einzulassen. Der nachfolgende Bericht verdeutlicht, wo auch der Psychoanalytiker vor entsprechenden Schwierigkeiten stand.

III. Einführung zum Behandlungsbericht

Der nachfolgende Bericht soll belegen, daß eine Psychoanalyse (hier verstanden als zeitlich weitgehend unbegrenzte, hochfrequente und im Liegen stattfindende und damit intensive Arbeit an unbewußten, weit in Jugendzeit, späte und frühe Kindheit zurückreichenden und nachhaltig prägenden Einflüssen ermöglichende Behandlung) auch bei über 60jährigen – hier zwischen dem 65. und 69. Lebensjahr durchgeführt – möglich, sinnvoll und erfolgreich ist. Sie reicht in Ergebnis und Erkenntnissen weit über die Möglichkeiten der bisher von mir häufig durchgeführten *[1992a]* psychoanalytischen Psychotherapien (von vornherein zeitlich begrenzt, niederfrequent, im Sitzen und fast ausschließlich auf die den neurotischen Symptomen zugrundeliegenden, unbewußten Konflikten und früheren Traumatisierungen ausgerichtet) hinaus.

Dieses Buch will und kann nicht erklären, was Psychoanalyse ist. Auf dem deutschsprachigen Buchmarkt liegen dafür mehrere Einführungen unterschiedlicher Ausprägung vor *[so z. B. Arlow, Brenner 1976, Goeppert 1976, Kutter 1989 und Schmidbauer 1991]*.

Der Bericht versucht, den langwierigen, mühseligen und schwierigen – teilweise Behandlungsstunde um Behandlungsstunde – Prozeß der Psychoanalyse einer zu Beginn 65jährigen Frau nachvollziehbar zu machen. Das Material für diesen Bericht stammt aus unterschiedlichen Quellen und verdeutlicht unterschiedliche Zugangsweisen. Mein Berichtsteil stützt sich auf meine Unterlagen; Krankenblattunterlagen der psychiatrischen Ambulanz (Erstgespräche, Testunterlagen, sozialarbeiterisches Aufnahmegespräch zur Biographie und zur sozialen Situation, weitere Untersuchungsergebnisse), auf die Anträge an die Krankenkasse zur Übernahme der Behandlungskosten und insbesondere auf die sofort nach jeder Behandlungsstunde diktierten – teilweise ein bis zwei Schreibmaschinenseiten umfassenden und nach einem speziellen Schema bereits geordneten – Stundenprotokolle. Sie enthalten das für den Fortgang der Behandlung entscheidende, den Zugang zum Unbewußten erlaubende Material, d. h. u. a. die Träume von Frau Schweizer, ihre Einfälle und weiteren eigenen Überlegungen; meine Interpretationen und Deutungen sowie meine Einfälle – teils geäußert und teils nicht geäußert.

An jeden Behandlungsabschnitt schließt sich jeweils ein von Frau Schweizer erstellter Bericht über ihre Behandlung an. Diese Berichtsteile wurden von Frau Schweizer zwei Jahre nach Abschluß ihrer Psychoanalyse anhand von Tagebuchnotizen erstellt (mir war bekannt, daß sie seit vielen Jahren Tagebuch schrieb, und ich ermutigte sie bereits zu Anfang ihrer Psychoanalyse, diese Tradition fortzusetzen).

Beide Teile sind unbeeinflußt voneinander entstanden. Sie spiegeln zunächst eine deutlich voneinander unabhängige Sicht der psychoanalytischen Behandlung wider, der eine allmählich mehr übereinstimmende und schließlich eine sich weitgehend entsprechende Wahrnehmung folgt. Dabei zeigen sich gleichzeitig auch deutliche Unterschiede, z. B. bei der Beurteilung des Zustandes von Frau Schweizer, bei der Bedeutung der Pausen und bei unterschiedlicher Schwerpunktsetzung der gegenseitig für wichtig gehaltenen Thematik.

Im Kapitel »Ergebnisse« (VI) wird außerdem eine Testauswertung (Gießen-Test Selbstbild) durch Frau Dr. Brähler wiedergegeben, die eine zusätzliche Beurteilung des Verlaufs im Längsschnitt ermöglicht.

Aus Datenschutzgründen wurden der Name sowie wichtige äußere Lebensumstände verändert; Art und Weise erfolgten mit ausdrücklicher Zustimmung der Co-Autorin.

Diese Analyse führte mich in mir historisch, sozial, erziehungsmäßig, moralisch und auch religiös unbekannte Welten (die der Kindheitsfamilie von Frau Schweizer und ihrer Großeltern), die mir trotz meines eigenen historischen Interesses und trotz zahlreicher Behandlungen anderer Älterer (geboren etwa ab 1890) im Umfang, in der Tiefe, in den Einzelheiten und in ihren prägenden und traumatisierenden Auswirkungen bis dahin unbekannt geblieben waren. Die in Kapitel IV wiedergegebene Biographie (erstellt aus den für den Krankenkassenantrag erfragten Details und sich auf den sozialarbeiterischen Bericht aus der Psychiatrischen Ambulanz stützend) gibt nur einige wichtige, äußere Merkmale einer Entwicklung wieder, die in ihrer Gesamtheit erst im Verlauf der Analyse mit der Rekonstruktion dieser Lebensgeschichte und ihrer Umstände zugänglich, plastisch und farbig (trotz aller dunklen Töne) wurde.

Der ursprüngliche Titel dieses Buches *»Der mühselige zweite und endgültige Aufbruch aus der Hundehütte«* (jetzt »Der mühselige Aufbruch«) wurde in Anlehnung an eine wichtige, die Analyse lange begleitende und gleichzeitig über ihre augenblickliche Entwicklung orientierende (Tagtraum-)Phantasie von Frau Schweizer gewählt. Er weist einerseits auf die sich in dieser Analyse (unter dem Einfluß vielfältiger Übertragungen und des Wiederholungszwanges) wiederholende neurotische Entwicklung hin und andererseits auf ihre – nach unserer beider festen Überzeugung – eingetretene endgültige Überwindung. Der erste »Aufbruch« – gesteuert durch die biologischen und sozialen Einflüsse von Pubertät und Adoleszenz und mitgeformt im jüngeren Erwachsenenalter durch die soziale und historische Realität des Zweiten Weltkrieges und der Nachkriegszeit – erlaubte in wesentlichen Persönlichkeitsanteilen nur einen äußeren Eintritt in die Erwachsenenwelt.

Kernaussagen psychoanalytischer Entwicklungspsychologie über die Erwachsenenzeit lauten, daß Entwicklung als dynamischer Prozeß während der gesamten Erwachsenenzeit fortschreitet. Während die Entwicklung des Kindes primär auf die Ausbildung der psychischen Struktur ausgerichtet ist, ist der Erwachsene mit der ständigen Weiterentwicklung dieser bestehenden psychischen Struktur und ihrer Nutzung befaßt. Die fundamentalen (Entwicklungs-)Ergebnisse der Kindheit, fortgesetzt in anderen Formen, stellen zentrale Aspekte des Erwachsenenlebens dar. Aber eine Sicht der Psychopathologie und des Verhaltens Erwachsener ausschließlich in Begriffen der Kindheit erweist sich damit als reduktionistisch *[Colarusso, Nemiroff 1981]*.

Die Entwicklung von Frau Schweizer verdeutlicht sehr eindrücklich, wie das Dritte Reich (vor dem Krieg, während des Krieges und auch noch weit in die Nachkriegszeit hineinreichend), trotz der eindeutig antinationalsozialistischen Einstellung ihres Vaters als Prediger in einer evangelischen Sekte und entsprechendem Verhalten der Brüder, ihre individuelle Entwicklung in dieser Zeit hemmte, veränderte und auch förderte. Sie weist gleichzeitig darauf hin, welche Bedeutung für diese Generation junger Mädchen und junger Frauen der Bund Deutscher Mädchen (BDM) hatte. Er bot die Chance (abgesehen von Wandervogel, Deutsche Jugendbewegung und Arbeiterjugendbewegung – weitgehend ausgerichtet allerdings auf Jungen) erstmals für Mädchen, sich vom Elternhaus abzugrenzen, eine eigene – wenn auch im Rückblick gestörte und verstörte – Identität zu gewinnen und in anderer Weise – als durch die Vorbilder von Großmutter, Mutter, Tanten und Schwestern vorgegeben – an der Welt der Erwachsenen teilzuhaben und sie später mitzuprägen. Ihre befriedigende Tätigkeit als BDM-Führerin, ihre Absetzung aufgrund kritischer Äußerungen, die Zerstörung von Dresden, ihr Wechsel nach Westdeutschland und der Aufbau einer weiteren Existenz stellen den langen, mühseligen und schmerzlichen Versuch dar, sich mit allen Schädigungen und Brüchen in der Biographie weiterzuentwickeln: »Mit 35 Jahren war ich wieder so weit, wie ich mit 18 begonnen hatte.«

Neben vielen anderen Aspekten konfrontiert die Entwicklung von Frau Schweizer auch mit einer »sprachlosen« Generation von Eltern, Großeltern und Geschwistern. Sprachlos (trotz der Predigertätigkeit des Vaters): mit sich selbst klarzukommen, die Veränderungen der damaligen Welt zu verstehen und zu erklären, sich mit dem Nationalsozialismus auseinanderzusetzen und sich schließlich (nicht zuletzt) über Verzweiflung, Kummer und die eigene Trauer auszutauschen.

Schließlich weist dieser Bericht auch nachdrücklich darauf hin, daß ihr ihre eigenen Älteren (Mutter, Vater, Tanten und Großeltern) keine brauchbaren, d. h. nachzustrebenden Vorbilder für das Älterwerden (also insbesondere für die Zeit nach dem Ausscheiden aus dem Arbeitsprozeß) zur Verfügung stellten. Ihr Vater arbeitete symbolisch und real bis zu seiner Todesstunde; die Mutter zeigte erst spät (nach seinem Tod) vorsichtige, zögerliche Entwicklungsschritte; die (überlebenden) älteren Geschwister boten ebenfalls kein Modell, ebenso wie die Tante und die Großeltern (dazu fehlte im Alter die materielle Grundlage). Aufgrund dieser Vorbilder gab es in Wirklichkeit kein akzeptables, anzustrebendes Leben nach dem Ausscheiden aus dem Arbeitsprozeß; so erkrankte auch Frau

Schweizer zum zweitenmal (erstmals langfristig mit völligem Rückzug aus allen sozialen Bezügen) gewisse Zeit nach ihrer aufgrund des Ärgers am Arbeitsplatz selbstgesuchten, vorzeitigen Pensionierung.

Mein Bericht belegt weiterhin: die – auch für Alternde – fortbestehende *Wirkung der Zeitlosigkeit des Unbewußten* auf die hier verankerten unbewußten und intensiven Phantasien, Gefühle, Wünsche und Ängste, auf die unbewußt gebliebenen intrapsychischen, intra- und intergenerativen Konflikte und die unbewußt gehaltenen (Re-)Traumatisierungen. Nach unserer psychoanalytischen Sicht gilt die These der Zeitlosigkeit des Unbewußten natürlich lebenslang. Es ist aber immer wieder tief beeindruckend, diese These über das 80. Lebensjahr hinaus bis zum Lebensende bestätigt zu erleben. *[Zur Frage der Intensität s. Kapitel VII.]*

Frau Schweizer sprach oft bei der Beschreibung ihres Zustandes von einer »dürren Wüste«. Wer die Wüste kennt, weiß, daß sie nach kurzem und intensivem Platzregen einerseits im Nu aufblüht und andererseits aufgrund der Überschwemmungen an weit entfernten Orten lebensgefährlich (z. B. für die im Wadi Zeltenden) wird. Erst eine langfristige, systematische Bewässerung (wie ebenfalls in allen Wüstenländern zu beobachten) erzeugt eine dauerhafte Vegetation bei gleichzeitiger Veränderung des Mikroklimas. So bedurfte das im Unbewußten zeitlos – aber immerhin teilweise bis über 60 Jahre hinweg – abgelagerte (und durch entsprechende Abwehrmechanismen aktiv zurückgedrängte) Material einer langfristigen, mühsamen und sich häufig scheinbar wiederholenden Bewußtmachung, Klärung und Bearbeitung.

Einerseits war ich immer fasziniert, die Zeitlosigkeit des Unbewußten von Frau Schweizer so plastisch, so farbig, so nachdrücklich und so wirkungsvoll zu erleben (wobei das chronologische Alter praktisch keine Rolle spielte), und andererseits erlebte ich erstaunt, daß dieses zeitlose und sich gleichzeitig so hochwirksam manifestierende Unbewußte zu einer Frau gehörte, die am Anfang ihrer Behandlung 65, am Ende 69 Jahre alt war und jetzt 73 Jahre alt ist.*

Psychoanalyse arbeitet einerseits am Widerstand, um die unbe-

* Seit langem möchte ich daher 75jährige in Analyse nehmen, um diesen faszinierenden Prozeß in einer noch höheren Altersphase kennenzulernen.

wußt gehaltenen und damit abgewehrten Inhalte bewußtseinsfähig zu machen, und bedient sich andererseits der Übertragung (Klärung der sich langsam entwickelnden und im therapeutischen Prozeß genutzten Übertragungsneurose), in die unbewußt Anteile, Wünsche, (Trieb-)Bedürfnisse, Phantasien, Ängste und auch Interaktionsmuster einfließen, die früheren wichtigen Beziehungspersonen (vornehmlich aus Kindheit- und Jugendzeit, aber auch aus der Erwachsenenzeit) galten. Um sich bei diesen vielfältigen Übertragungen zu orientieren, erwies sich die Frage nach dem derweiligen *heimlichen Alter* als besonders hilfreich, d.h., wie alt erlebte, fühlte, phantasierte und träumte sich Frau Schweizer unabhängig von ihrem derzeitigen chronologischen Alter.

Widerstand und Übertragung strukturieren jede Behandlungsstunde: Immer wieder (insbesondere nach Wochenendpausen und weiteren längeren Unterbrechungen) muß dann – mit bewußtem und vorbewußtem Material beginnend – der Zugang zu unbewußtem Material mühselig erarbeitet werden. Dieser mühsame, sich Stunde um Stunde wiederholende Prozeß kann und soll in der Darstellung nicht vermieden werden; nur so kann die psychoanalytische Arbeit dargestellt werden.

Dieser Bericht vermittelt gleichzeitig einen Blick in eine sich langsam entwickelnde, sehr persönliche und nicht wiederholbare Zweierbeziehung. Die Intimität dieser Zweierbeziehung ist normalerweise durch die Behandlungssituation und den -vertrag nachdrücklich geschützt und erlaubt faktisch keine Informationen nach außen (möglicherweise teilweise an Angehörige und Freunde durch die Behandelte selbst oder in entsprechend verklausulierter Form an Kollegen während einer Supervision). Diese individuelle und intime Zweierbeziehung und der damit verbundene psychoanalytische Prozeß sind nicht wiederholbar bezüglich der jeweiligen Situation, des jeweiligen Alters und der jeweiligen Lebensumstände der beiden Beteiligten. Aus den dargestellten Gründen der Information der allgemeinen Öffentlichkeit, der fachlichen Öffentlichkeit und zur Ermutigung für potentiell behandlungsbedürftige Ältere wird diese Regel (bewußt von beiden Beteiligten) durchbrochen.

Der Bericht ist ebenso ein *Blick über die Schulter des Psychoanalytikers*. Jeder Leser kann auf diesem Wege Anteil an einer individuellen psychoanalytischen Arbeit nehmen.

Ich war mir lange Zeit unsicher, ob ich diesen Bericht so ausführlich und dazu in dieser gewählten Form veröffentlichen sollte.* Schließlich überwogen die angeführten Gründe. Ich wollte keinen »Behandlungsfall« publizieren, also auch keine Krankengeschichte schreiben. Berichte wie z. B. Argelander 1980, Augustin 1976, Barnes 1973, Drigalski 1980, Knight 1950, Moser 1974, 1988, Muhr 1978, Yalom, Elkin 1975 setzen bei der Darstellung andere Schwerpunkte. Schließlich wählte ich die vorliegende Form.**

Auch ich erlebe mich unsicher und ängstlich, mir so über die Schulter schauen zu lassen. Meine Notizen verraten doch viel (manchmal beim erneuten Lesen für mein Empfinden zuviel) über mich, meine eigenen Gefühle und meine eigene Lebenssituation (als damals zu Beginn dieser Psychoanalyse 50jähriger) und über die von mir in der Gegenübertragung wahrgenommenen und Frau Schweizer immer wieder so angebotenen weiteren Gefühle, Phantasien, Wünsche und Stimmungen dieser Analyse. Ich zeige meine psychoanalytische Arbeit auf, insbesondere durch meine Hinweise, Konfrontationen, Interpretationen und Deutungen, mit dem Ausmaß meines Nachfragens und mit meiner Absicht, diese Lebensgeschichte in ihren unbewußten Anteilen – wohl stärker als viele andere Kolleginnen und Kollegen es tun – zu rekonstruieren. Für mich (aber auch für die von mir behandelten Älteren) ist es wichtig, sich mit Hilfe dieser gezielten Erkundigungen auf der Landkarte einer über 65jährigen Biographie zurechtfinden zu können, um ein sicheres inneres und sich immer stärker vervollständigendes Bild dieser Biographie zu erhalten.

15 Jahre jünger als Frau Schweizer (also fast dem Sprung einer Generation entsprechend, wobei meine damals noch lebende Mutter zu Anfang der Analyse schon über 85 war), wurde ich durch die Wirkungen des Krieges und seine weit in die Nachkriegszeit hinein sich auswirkenden Nachwirkungen nachhaltig geprägt und entsprechend (früher Tod meines Vaters, Flucht und Verlust der Existenz)

* Um meine Praxissituation zu schützen, wird dieser Bericht erst jetzt zum Zeitpunkt der Beendigung meiner Praxistätigkeit publiziert.

** Inzwischen verfüge ich über Behandlungserfahrungen aus zehn Psychoanalysen an 50- bis 70jährigen (teilweise abgeschlossen, teilweise noch laufend). Ich hoffe, sie in zwei bis drei Jahren zusammenfassend veröffentlichen zu können.

geschädigt. Durch die Psychoanalyse von Frau Schweizer wurde mir die Zeit des Krieges und die Nachkriegszeit – die ich aus der Sicht eines Kindes erlebt und erlitten hatte – wieder in vielen spezifischen Aspekten bewußt (wie auch andere Aspekte in anderen langfristigen Behandlungen und Psychoanalysen Älterer erneut bewußt wurden). Damit verstand ich gleichzeitig weitere Aspekte der (älteren) Frauen, die meine Erziehung, meine weitere Entwicklung und ebenso meine Lehranalyse maßgeblich prägten. Dieses – zunächst unausgesprochene – gemeinsame Wissen über die Kriegs- und Nachkriegszeit erwies sich eindeutig als ein zusätzliches stabiles Fundament für die Durchführung dieser Analyse.

Dieser Bericht ist auch nicht als fachwissenschaftlicher (psychoanalytischer) Bericht beabsichtigt; er verzichtet deshalb weitgehend auf die psychoanalytische Nomenklatur und bemüht sich – bis auf wenige Fachworte – um eine allgemeinverständliche Sprache. Er ist so abgefaßt, daß ihn sowohl allgemein interessierte jüngere und ältere Erwachsene lesen, potentiell behandlungsbedürftige und die Möglichkeit einer psychischen Behandlung überlegende Ältere sich einfühlen (hoffentlich ermutigt und nicht irritiert ob der notwendigen Mühe) und auch interessierte Kollegen durch ihn ein Stück der notwendigen interessanten und faszinierenden Arbeit soweit kennenlernen können, daß sie selbst anfangen, Ältere psychoanalytisch zu behandeln.

Unverändert – in dieser Analyse aber besonders – erwiesen sich die zahlreichen Träume von Frau Schweizer als »via regia« (Königsweg) und damit als ein verläßlicher Wanderführer in das Unbewußte, sowohl für mich als auch zunehmend für Frau Schweizer selbst. Gerade angesichts der im bewußten Zustand vorherrschenden »dürren Wüste« wiesen die Träume von Anfang an auf ein lebendiges, plastisches, nuancen- und farbenreiches Innenleben voll unveränderter Wünsche, Phantasien und Ereignisse hin. Die mühselige und ermüdende Anfangsphase der Analyse konnte ich so aufgrund meines Wissens um diese Träume besser aushalten.

Eine letzte Frage gehört noch in diese Einführung zum Bericht. Warum suchte Frau Schweizer erst jetzt eine psychoanalytische Behandlung? Sie selbst hat vor vielen Jahren versucht, sich über eine psychoanalytisch orientierte Selbsterfahrungsgruppe besser für ihren Beruf kennenzulernen und auch dort bestimmte Schwierigkeiten bewußt wahrgenommen. Zur Zeit der ersten Depression (im Klimakterium 20 Jahre vor dem jetzigen Behandlungsbeginn) bestand in Kassel und der gesamten Region (an die sie beruflich gebunden war) kaum eine psychoanalytische Behandlungsmöglichkeit und damals erst recht nicht für eine schon über 40jährige.

Erst mit Hilfe des von der Bundesregierung im Modellprogramm Psychiatrie geförderten Projektes zur Psychotherapie Älterer *(1984–1987, Radebold et al. 1987)* wurde eine umfangreichere Behandlungsmöglichkeit (durch Tagesklinik und Institutsambulanz) geschaffen. Selbst entsprechenden Leidensdruck vorausgesetzt, hätte bisher für Frau Schweizer praktisch in der gesamten Region keine Behandlungsmöglichkeit bestanden. Die erstmögliche Behandlung – angestoßen durch die langanhaltende zweite Depression – wurde dann in Anspruch genommen.

IV. Therapieanfang

1. Erstinterview

Frau Schweizer rief mich in der zweiten Junihälfte 1985* an und bat um einen Termin zwecks einer psychoanalytischen Behandlung. Sie würde wegen einer ausgeprägten Depression seit einem halben Jahr behandelt.

Erstes Gespräch am 27. Juni 1985

Frau Schweizer ist eine schmale, kleiner als ihrer Körpergröße wirkende Frau mit grauen, kurzgeschnittenen, glatten Haaren. Aufgrund ihrer schmalen, unbeweglichen Gesichtszüge, ihrer blassen Hautfarbe und ihrer beigefarbenen Jacke und Hose wirkt sie auffallend unscheinbar. Dazu spricht sie sehr leise und deutlich bedrückt. Erst später im Gespräch lächelt sie einige Male vorsichtig. Auf meine Eingangsfrage, was sie mit mir besprechen möchte, weist sie auf ihre Depression hin, die mit Müdigkeit, tiefgreifender Resignation, weitgehender Lustlosigkeit einhergeht; sie lebt ohne Pläne und Interessen: »Am liebsten würde ich morgens aufwachen und gestorben sein.« Phantasien über die Zukunft und damit eine mögliche weitere Entwicklung bestehen nicht.

Ich frage sie dann nach eigenen Überlegungen, wie ihre Depression entstanden sei. Ihr fällt zunächst ihr Armbruch ein. Dann erwähnt sie, daß eine langjährige Freundin aus ihrer Nähe weggezogen sei. Anschließend fühlte sie sich zunehmend unsicherer und fürchtete z. B. auch das Autofahren. Infolgedessen verkaufte sie ihr (seit vielen Jahren für ihre Selbständigkeit wichtiges) Auto. Danach gab sie, vor einem halben Jahr, ihre heißgeliebte und seit vielen Jah-

* Im Rahmen des Modellprogramms Psychiatrie der Bundesrepublik Deutschland arbeitete eine Gruppe von Psychoanalytikern in der Institutsambulanz/Psychiatrischen Tagesklinik in Kassel mit und sah regelmäßig alle über 60jährigen Patienten (Radebold et al. 1987).

ren bewohnte Wohnung am Waldrand auf (ohne Auto schwer erreichbar) und zog in einen Außenbezirk ihrer Stadt (sie wohnt in einer kleineren Stadt im weiteren Umkreis von Kassel und muß zur Fahrt nach Kassel die Bahn benutzen). *Ich zähle die Fülle dieser mir auffallenden Veränderungen und Verluste auf und frage sie, ob sie nicht damit auch ein Stück ihrer Selbständigkeit aufgegeben und somit erstmals im Leben Hilflosigkeit erlebt habe und jetzt weitere Abhängigkeit befürchte.** Nie im Leben sei sie bisher abhängig gewesen. Auch habe sie nie über ihr eigenes Altern nachgedacht. Ihr sei jetzt klar, daß sie ihren Arbeitsplatz aufgrund tiefer Verbitterung aufgegeben habe.

Frau Schweizer spricht dann darüber, wie sie ständig aktiv war, sich ständig überbeanspruchte und auch am Wochenende sich kaum Zeit ließ (sowohl für Beziehungen als auch für sonstige Interessen), und stuft sich selbst als ehrgeizig ein. Im Klimakterium hatte sie schon einmal eine Depression, die sie dadurch überwunden habe, daß sich eine Freundschaft mit einer Frau ergab und sie sich »wieder in die Arbeit stürzte«. *Als ich nachfrage*, schildert sie ihre Kindheitssituation, nämlich ihre Konkurrenz zu ihren beiden Brüdern: »Man kann fünf und sieben Jahre ältere Brüder nicht mehr einholen, aber sozial habe ich einen überholt.« Später verstand sie sich mit ihnen gut. Bei einer Vorlesung wurde ihr klar, daß sie aufgrund des Abstandes von sechs bis acht Jahren nach oben und von vier und acht Jahren nach unten als Einzelkind aufgewachsen sei. *Möglicherweise wollten Sie ein Einzelkind sein, um darauf hinzuweisen, daß Sie überhaupt keine Geschwister brauchen.*

Sie übergeht meine Deutung und beginnt von ihrem Vater zu sprechen. Als Prediger in einer Sekte war er lebenslang sehr aktiv, sehr streng und habe wenig Zeit für seine Kinder und auch sie gehabt. Als alter Mann mit 67 Jahren gestorben, vermittelte er kein Vorbild, wie man im Alter leben solle. Das Ausmaß seiner Aktivität ließe sich daran ablesen, daß nach seinem Tod drei Leute eingestellt wurden, um seine Arbeit zu erledigen.

* Alle Äußerungen meinerseits, d.h. Fragen, Zusammenfassung, Konfrontationen, Interpretationen und insbesondere Deutungen werden im Text kursiv wiedergegeben (auch meine eigenen, nicht geäußerten Überlegungen), ebenso die Träume von Frau Schweizer.

Im Haus gab es wenig Spielkameraden von außerhalb. Mehrfach wurde sie vor und bei den Geburten der nächsten Geschwister und einmal aufgrund ihrer Kränklichkeit zu ihren Großeltern in die Nähe von Kassel »zum Auffüttern« gegeben. Bestimmt versuchte sie auch ihren Vater zu hintergehen und auch einmal zu lügen. Sie erinnere sich an einen Traum aus der frühen Kindheit, in dem sie aufgrund des Ratterns der vorbeifahrenden Straßenbahn dachte, jetzt sei das »Jüngste Gericht« gekommen. Sie weinte so im Traum, daß die mit ihr zusammenschlafende Schwester ihre Eltern holte. Sie war aber nicht in der Lage, mit dem Vater über eine ihr nicht mehr erinnerliche Lüge zu sprechen.

Der bisherige Ablauf unseres Gespräches stört mich zunehmend. Immer wieder antwortet sie auf meine Deutungen und zusätzliche Fragen nur kurz. Dann bricht der Kontakt ab, es tritt ein eher unangenehmes Schweigen ein, und ich muß nach einer Weile wieder nachfragen. Mein Gefühl wird stärker, daß ich mich sehr bemühen muß, sie zu erreichen und anzusprechen.

Sie spricht dann selbst über das so beunruhigende Schweigen und ihre eigenen Schwierigkeiten, mir etwas mitzuteilen »Der Kontakt bricht ab, und es ist eine Wand nach außen, aber insbesondere nach innen.« *Mir fällt ein »immer wieder unterbrochener Wasserstrahl« ein, ohne daß ich diesen Gedanken äußere.* Derweil sagt sie, »der Brunnen läuft nicht mehr«. *Ich ergänze, es darf dann auch nichts aus Ihnen herauskommen. Was würde passieren, wenn der Brunnen wieder zum Laufen kommt?* »Es gibt eine Überschwemmung, und ich kann es dann wohl nicht mehr aufhalten und bremsen, und ich weiß nicht, was daraus wird.« *(Beim Diktieren des Gespräches fällt mir ein, daß ich sie wohl für »eingetrocknet« halte, ich vermute, daß sie völlig von ihrem Unbewußten abgeschnitten ist und ihr der Austausch mit ihren Gefühlen, Wünschen und Bedürfnissen fehlt.)*

Danach berichtet sie einfühlbar, wie sie jeweils die Situation bei ihren Großeltern erlebt hat. Sie erinnert sich an tiefbeglückende, lange Ferien und daran, daß sie immer weinte, wenn sie anschließend nach Hause fahren sollte. Alle guten Kindheitserinnerungen, aber auch das Heimweh, kann sie im Wohnhaus und Garten dieser Großeltern lokalisieren (sie wohnte ebenfalls viele Jahre am Waldrand). Sie schildert umfassend den sie verwöhnenden Großvater. Er versorgte die Gaststätten der Umgebung mit Limonade und unternahm weite Fahrten mit seinem Lastwagen. Oft kam er dann mit Süßigkeiten nach Hause. »Es war eine Großfamilie. Zeitweilig waren dort 25 Kinder und Erwachsene, alle tobten rum, und dann hatte der zu Besuch weilende eigene Vater auch endlich Zeit.«

Ich spreche sie jetzt darauf an, daß dies für mich eine der typischen Schweigesituationen sei, wo der Kontakt abbreche. Sie bestätigt, daß es ihr auch aufgefallen sei, und versucht zu erklären, warum. Während sie die vielfältigen Aktivitäten des Vaters schilderte, hatte sie einen Gedanken, der sie sehr beschäftigte. Sie habe ihren Vater nie im Liegestuhl gesehen und könne sich für sich auch nicht vorstellen, was Ruhe und Entspannung heiße.

Als Frau Schweizer von dieser »goldenen Zeit ihrer Kindheit« berichtet, wirkt sie lebendiger und zeigt einige Male die Spur eines vorsichtigen Lächelns. *Auch ich fühle mich gegen Ende des Gespräches nicht mehr so aufgefordert, mich um sie zu bemühen.*

Diagnostische und prognostische Beurteilung

Diagnostisch *besteht eine lebenslange, aus der Kindheit resultierende neurotische Entwicklung mit entsprechenden Charakterveränderungen. Die lebenslangen Schwierigkeiten manifestieren sich insbesondere in den beschriebenen Kontaktstörungen, die sehr lange durch ihr Bemühen um Anerkennung, häufige berufliche und wenige außerberufliche Aktvititäten mit entsprechendem Ehrgeiz kompensiert werden konnten. Nicht zufällig zeigte sich während der Erwachsenenzeit (möglicherweise auch schon in der Kindheit?) erstmals im Klimakterium (Torschlußpanik?) die depressive Symptomatik, die Frau Schweizer jetzt wieder eingeholt hat.*

Das erste Gespräch wird bestimmt durch ihre vielfältigen Erinnerungen an und Prägungen durch Vater und Großvater. Sie identifiziert sich über ihre Arbeit und ihre lebenslangen Aktivitäten mit ihrem Vater und idealisiert ihn als »strengen Patriarchen«. Die verschiedenen männlichen Aspekte scheint sie nur über Aufspaltung wahrnehmen zu können, so die strengen, Über-ich-haften Anteile bei dem Vater, die verwöhnenden, liebevollen und großartigen bei dem Großvater und die konkurrierenden bei den älteren Brüdern. Dahinter läßt sich eine intensive ödipale Problematik vermuten.

Die während dieses Gespräches nur kurz erwähnte Mutter dürfte kaum eine Identifizierungsmöglichkeit geboten haben; ob sie Schwestern hat, blieb unklar.

Prognostisch *sehe ich ihre ausgeprägte längere depressive Symptomatik nicht als Kontraindikation an. Die dargestellten Männerbeziehungen dürften lange Zeit in einer Analyse die Übertragung prägen. Da in diesem Gespräch kaum weitere Bezugspersonen (außer der weggezogenen Freundin) sichtbar wurden, dürfte ich als ihr zukünftiger Analytiker für sehr lange Zeit die einzige Bezugsperson darstellen. Zur Zeit ist nicht sicher beurteilbar, ob Frau Schweizer fähig ist, neue Beziehungen aufzubauen.*

Die Bearbeitung ihrer schmerzlichen und sie offensichtlich tief enttäuschenden Vergangenheit könnte nach einem langen, intensiven Trauerprozeß eine gewisse Chance für ihre weitere Entwicklung bieten; gleichzeitig stellt sie auch eine Bedrohung für ihre mühsam erreichte und lebenslang gehaltene psychische Stabilität dar. Trotz aller in diesem ersten Gespräch erlebten Beziehungsschwierigkeiten möchte ich Frau Schweizer eine langfristige Psychoanalyse anbieten. Gerade selbst 50 Jahre alt geworden, möchte ich diese Chance für weitere eigene Erkenntnisse nutzen.

2. Biographie

Diese wird so wiedergegeben, wie sie sich zu Anfang der Behandlung (im ärztlichen Erstgespräch, bei der sozialarbeiterischen Erhebung der Anamnese und in den Fragebögen) darstellte. Geboren 1920 (zu Beginn der Psychoanalyse also 65 Jahre).

Familiengeschichte:
Der Vater verstarb nach dem Krieg, 67jährig, im 26. Lebensjahr von Frau S. akut an einer schweren und schnell fortschreitenden Kreislauf- und Bluterkrankung. Die 67jährige Mutter verstarb im 35.Lebensjahr von Frau S. an Herzversagen. Eine deutlich ältere Schwester ist Diakonisse, jetzt pensioniert. Zwei sechs und sieben Jahre ältere Brüder, ein vier Jahre jüngerer Bruder (in der Nähe lebend), ein acht Jahre jüngerer Bruder in Dresden. Eine jüngere

Schwester mit neun Jahren an einer Kinderkrankheit verstorben. Keine wichtigen familiären Erkrankungen bekannt.

Psychosoziale und psychosexuelle Entwicklung:

Der Vater erlebte als wandernder Geselle eine Bekehrung und absolvierte dann eine Predigerausbildung für eine strenge evangelische Sekte. Diese Situation bestimmte das gesamte familiäre Leben, in das Frau Schweizer hineingeboren wurde. Die neun Jahre jüngere Mutter (aus eher wohlhabendem und lebenslustigem Hause) wurde offenbar von ihrem Vater zu dieser Ehe gedrängt, da er auch die Kosten für die Predigerschulausbildung übernahm; ihre von vornherein festgelegten Aufgaben bestanden in Geburt und Aufzug möglichst vieler Kinder sowie der Führung des Haushaltes unter Aufsicht des Vaters.

Biographische Entwicklung: Vier Jahre Besuch der Volksschule, Besuch der höheren Schule, bis zur mittleren Reife (aufgrund der Versetzungen des Vaters häufiger Schulwechsel), 15 Monate Arbeitsdienst, halbtags Sprechstundenhilfe, Ausbildung zur Fremdsprachenkorrespondentin mit Anstellung 1938 bis 1942, dann Verwaltungsangestellte im öffentlichen Dienst. Externes Abitur 1943/1944 und 1944 Beginn des Studiums der Germanistik und Geschichte für das höhere Lehramt.

Aufgrund der früheren politischen Tätigkeit (höhere BDM-Führerin) nach dem Tod des Vaters Weggang nach Westdeutschland und verschiedene Berufstätigkeiten (Mitarbeit in der Landwirtschaft, Halbtagssekretärin etc.). 1951 bis 1954 Ausbildung als Sozialarbeiterin bei gleichzeitiger Halbtagstätigkeit als Sekretärin. Von 1954 bis 1980 Tätigkeit als Sozialarbeiterin im psychosozialen Bereich in unterschiedlichen Praxisfeldern. Seit fünf Jahren Rentnerin.

Bereits in der Kindheit mehrfach wegen Schwächlichkeit und Geburten von nachfolgenden Kindern bis zu einem Vierteljahr zu den Großeltern zur Erholung weggegeben (beginnend im 4. Lebensjahr). Wegen des großen Abstandes zu den Geschwistern sich weitgehend als »Einzelkind« erlebt, bei relativ guter (wenn auch erst spät bewußt werdender) Beziehung zu dem später gefallenen älteren Bruder. Früh aus der Familie weggestrebt (entgegen dem Wunsch des Vaters frühzeitiger Eintritt in den BDM und schnelle Karriere als Führerin).

Bis auf eine eher kurzfristige Beziehung zu einem verwitweten Mann in den 50er Jahren keine weiteren langfristigen Beziehungen zu Männern; stabile, wenn auch auf Distanz geführte Beziehungen zu Frauen.

Krankheitsanamnese:
Mehrfach Kinderkrankheiten, Operationen (Galle, Blinddarm, Mandeln). Im 39. Lebensjahr kurzfristige depressive Verstimmung.

Jetzige Lebenssituation:
Nach der Berentung zunächst weiter selbständig in ihrer langjährigen Wohnung lebend, danach sich (vermutlich im Rahmen der depressiven Erkrankung) in ihre jetzige Stadt umorientiert und sich weitgehend eingeschränkt (kleinere Wohnung, Verschenken vieler Gegenstände und Möbel, Verkauf des Autos etc.). Selbstversorgerin mit eigener Haushaltsführung, die zur Zeit noch mäßig bewältigbar ist. Gute finanzielle Absicherung. Bis zum Ausbruch der Depression ihren Interessen, insbesondere Sprachkenntnissen, Kunst und Reisen nachgehend.

Zweites Gespräch am 5. Juli 1985
Frau Schweizer berichtet zunächst, daß sie auf das erste Gespräch mit großer Angst reagierte. Nach ihrem Gefühl habe sie es nicht richtig gemacht und meinen Erwartungen nicht entsprochen. Daran anschließend läßt sich ein Stück weit klären, daß sich dieser Wesenszug durch ihr ganzes Leben hindurchzieht und sie immer wieder überlegt, ob sie den Ansprüchen der Umwelt gerecht wird. Dabei besteht immer wieder die Empfindung »wenn die mich richtig kennen würden, dann würden sie erst sehen, wie schlimm ich bin«. So gelang es ihr lebenslang, sich durch Leistungen und übermäßige Aktivitäten beruflich und privat Anerkennung zu verschaffen. Gleichzeitig bestand immer das Gefühl, von allen Menschen nicht richtig gemocht zu werden. Trotz dieser Angst kommt sie jetzt zu dem verabredeten Gespräch, weil sie sich auf der anderen Seite doch ein Stück verstanden und akzeptiert fühlte.

Oft habe sie sich gefragt, was ihre Identität sei. Sie war die Ausnahme in der Mitte zwischen den Geschwistern, und auch ihre Mutter bot ihr zu wenig Möglichkeiten, »eine Frau zu werden«. Damit gibt sie erstmals einige Informationen über die Mutter. Sie stand ganz im »Windschatten des Vaters«, erfüllte alle seine Aufträge und wagte nie zu widersprechen. Die Beziehung zur Mutter gestaltete sich erst nach dem Tode des Vaters besser.

Auch dieses zweite Gespräch ist durch die gleichen Schwierigkeiten charakterisiert wie das erste: Frau Schweizer gibt einige Informationen, liefert einige Einfälle, und dann bricht unser Gespräch wieder ab. Sie kann aber besser bemerken, daß es abbricht. Sie berichtet dann von der Zeit ihrer ersten Depression (1968/1969), in der es ihr auch schon sehr schlechtging – aber nicht so schlecht wie jetzt – und sie sich sowohl mit neuen Aktivitäten als auch mit Hilfe ihrer damals laufenden Selbsterfahrungsgruppe aus der Depression herausgeholt habe.

Dann stockt das Gespräch wieder. Ihr zunächst weggeschobener, beunruhigender Gedanke ist, daß sie sich gar nicht mehr daran erinnern kann, was sie mir in der letzten Stunde berichtet hat, z. B. über ihre Schwierigkeiten mit der Faulheit. Gleich denkt sie – wie schon häufiger in der letzten Zeit –, daß sie Gedächtnisausfälle aufgrund ihres fortschreitenden Alters habe.

Der Verlauf unseres zweiten Gespräches verändert in keiner Weise meine bereits fixierten diagnostischen und prognostischen Einschätzungen. Einerseits erlebe ich gewisse Schwierigkeiten, mit Frau Schweizer psychoanalytisch zu arbeiten, und andererseits kann ich sie auch so weit erreichen, daß eine langfristige psychoanalytische Behandlung erfolgreich sein dürfte. Ich bespreche daher am Ende unseres zweiten Gespräches mit ihr noch einmal die prinzipiellen Möglichkeiten, d. h. eine langfristige psychoanalytische Psychotherapie (ein bis zwei Wochenstunden im Sitzen über mindestens ein Jahr) oder eine Psychoanalyse (vier Wochenstunden im Liegen über mehrere Jahre). Dabei ist die zweite Möglichkeit charakterisiert durch eine sehr lange Behandlungszeit mit der gleichzeitigen Chance, sich besser kennenzulernen und möglicherweise weitere Entwicklungsschritte zu machen. Ich könne allerdings keine Garantie für eine grundlegende Besserung abgeben. Möglicherweise würde auch der Gutachter der Krankenkasse bei dem Vorschlag einer Psychoanalyse Schwierigkeiten machen.

Frau Schweizer fühlt sich dadurch nicht abgeschreckt. Ihr Leben bestehe aus Kampf; sie habe auch früher einmal mit einer Kollegin eine Klage bis zur höchsten Instanz geführt, um eine bessere Einstufung im Beruf zu erreichen. Sie weiß um ihre eigenen Schwierigkeiten; sie weiß auch, daß praktisch nie Patienten über 50 Jahre zur Psychoanalyse angenommen werden.

Zwei weitere Gespräche am 11. Juli und 22. Oktober 1985. Wir verabreden bis Weihnachten zwei Stunden wöchentlich im Sitzen; danach wird die Psychoanalyse mit zunächst drei Stunden im Liegen in der Woche beginnen.

Frau Schweizer (Rückblick im April 1991):

Am 5. Jahrestag des Reaktorunfalls von Tschernobyl sprach man von der Angst, die damals umging, und ich wußte: Ich hatte nichts gespürt, keine Angst, keine Unruhe. Ich empfand zugleich Entsetzen und Glück: Entsetzen, wie zugemauert ich damals war, und Glück, daß ich jetzt offen bin und stark genug, das Nicht-Gefühl von damals heraufzuholen.

Im April 1986 lebte ich schon zwei Jahre in einer lähmenden Depression: ich fühlte nichts, die Welt um mich war hinter Glas, es gab keine Berührung, und ich konnte auch meine eigenen Gefühle nicht empfinden. Ich war erstarrt, was sich bis in den Gang zeigte, der steif war, die Arme schwangen nicht beim Gehen, hingen wie leblos hinab. Ich gab in einem Zustand, in dem ich eigentlich nicht fähig war, eine Entscheidung zu treffen, meine geliebte Wohnung in einem am Wald gelegenen alten Haus auf, verkaufte einen großen Teil meiner Bücher, verschenkte vieles, was mir nicht mehr wichtig schien, unter der angstvollen Vorstellung, daß ich in einer neuen kleineren Wohnung dafür keinen Platz mehr hätte. Nach dem Umzug in eine komfortable Neubauwohnung ohne Flair fiel ich in eine noch tiefere Depression. Ich war ganz eingetrocknet im Gefühl, es drang nichts mehr nach außen. Ich tat, was man mir sagte, ohne Anteilnahme und ohne Interesse an mir. Früher war ich leidenschaftlich gern Auto gefahren, hatte mich nie daran gewöhnt, daß die Maschine tat, was ich wollte; jetzt konnte ich den Wagen nicht mehr beherrschen, hatte Angst vor dem Einparken in der Tiefgarage, gab ihn ab. Das Leben, nein, das war kein Leben, es war ein Noch-nicht-gestorben-Sein, wurde immer enger.

Obschon ich durch meinen Beruf psychologische Kenntnisse hatte, suchte ich zunächst Hilfe beim Hausarzt, und das Antidepressivum, das er mir gab, verdünnte die lastende Schwere, die ich vor allem morgens empfand, solange ich es nahm. Setzte ich es ab, kehrten Angst und Druck zurück. Das Leben schleppte sich nur so hin, ohne Anreiz, ohne Freude, mit dem einzigen Wunsch, es möge nicht mehr zu lange währen.

Endlich, ein und ein viertel Jahr nach dem Sichtbarwerden meiner Krankheit, suchte ich die Hilfe eines Psychoanalytikers, der mir nach einigen Vorgesprächen einen Therapieplatz zusicherte. Einem Freund gegenüber begründete ich meine Entscheidung für eine Psychoanalyse so: »Ich kann an meiner Situation nichts ändern, ich muß meine Einstellung zu ihr ändern.« Und: »Antidepressiva nehmen den Druck, aber sie geben nichts.« Ein kleiner Rest von Leben-Wollen war noch da.

Im Warten auf die Vereinbarung des ersten Termins, das ich schwer ertrug, habe ich den folgenden Traum: Ich gehe auf der Straße, an der ich wohne, am Ende einer Menschenkette. Die Straße ist durch Bauarbeiten so eingeengt, daß wir nur hintereinander gehen können, kein Überholen möglich ist. Ich kenne niemanden von denen, die da außer mir unterwegs sind. Aber ich weiß, an der Spitze geht der Analytiker, ich kann ihn nicht sehen, ihn nicht erreichen. Meine Angst steigt, und sie bleibt auch nach dem Erwachen. In der 1. Sitzung, zwei Tage danach, sage ich nichts von diesem Traum.

V. Die Behandlung

Erster Behandlungsabschnitt (im Sitzen) vom 5. November 1985 bis zum 17. Dezember 1985 (13 Stunden):
wiederbelebte Wünsche und ansteigende Ängste

Einige der nachfolgenden Behandlungsstunden werden so ausführlich wiedergegeben, um einerseits die von Anfang an die Analyse begleitenden, reichhaltigen und teilweise lebendigen Träume und andererseits die zunächst weitgehend intellektuelle Mitarbeit darzustellen. Die im Text eher angefüllt wirkenden Stunden sind charakterisiert durch häufige, lähmende Schweigepausen, Nachfragen zu Details und sich ständig wiederholende Abbrüche des Kontaktes.

5. November 1985 (1): Sie fühlt sich ängstlich und unsicher. Immer besteht das Gefühl, daß sie anderen Menschen fremd ist und mit anderen Menschen nicht klarkommt – »ein Entenküken *(ich frage mich, ein zunächst häßliches und denke an das Märchen)* schwimmt auf einem See, und die Mutter als Hühnerglucke mit den anderen Hühnerküken steht draußen am Ufer und versteht nicht, was los ist«. *Offenbar sind Sie ein Einzelkind unter vielen Geschwistern, das seine eigenen Wege gehen will.* Viele Erinnerungen werden wach, daß sie sich schon von älteren Frauen angenommen und geschätzt fühlte, aber immer das Gefühl hatte »wenn die mich erst richtig kennenlernen, dann verjagen sie mich«. Zu diesen Frauen gehören ihre früheren Klassenkameradinnen, ihre Führerin beim BDM, die Leiterin und die Kolleginnen eines Fortbildungskurses u.a. Gleichzeitig erinnert sie sich an eine zu große Vertrauensseligkeit gegenüber Frauen, die dazu führte, daß sie aus dem BDM als Führerin ausgeschlossen wurde. Mitte des Krieges erzählte sie auf einer hohen Dienststelle des BDM beim Mittagstisch einigen anderen Sekretärinnen, daß sie das Vorgehen gegenüber Rußland für charakterlos halte: erst Ablehnung, dann Bündnis, dann Frieden und dann Einmarsch. Sie wurde angeschwärzt und fristlos gekündigt.

Ihre Botschaft an mich ist unüberhörbar: Sie brauche als alleinstehendes und damit besonderes Kind sehr viel an mütterlicher Zuwendung. Sie habe aber grundsätzliche Zweifel, ob sie diese bei mir bekommen könne. Zu vertrauensselig sein ist gefährlich. (Diese Botschaft entspricht meinem Gefühl – das mich noch viele Stunden begleiten wird –, daß ich mich sehr lange um sie bemühen muß, um ihr Vertrauen zu gewinnen.)

6. November 1985 (2): Die vielen Erinnerungen an die Frauen gestern erfüllten sie mit Wärme und beglückten sie. Traum: *Sie erlebt als Außenstehende reiche Familien, die ihren Kindern alles geben und schenken können (sie ergänzt, es handelt sich nicht um eine Familie, sondern eine Zusammenballung von Familien). In der nächsten Szene erhält sie als Kind (13 oder 14 Jahre?) ein braunes Pferd geschenkt. Dieses Pferd wird ihr in einem Kastenwagen gebracht. Der Begleiter (ein ihr unbekannter Mann) läßt das Pferd heraus und will es ihr geben; das Pferd läuft heraus und ist gleich weg. Sie kommt nicht nach und kommt auch durch die vielen Leute nicht zu ihrem Pferd. Sie ist bedrückt, aber sie denkt sich (fast schon mit Vernunft, wie so oft), daß sie nur diesen Reiter ansprechen müsse. Wenn er umkehre, dann würde auch das Pferd zurückkommen und für sie da sein.*

Um ihren so plastischen und auch lebhaften Traum als »via regia« ins Unbewußte benutzen zu können, versuche ich Frau Schweizer durch relativ häufiges Nachfragen einen Zugang zu eröffnen und interpretiere vorsichtig.

Die reichen Familien mit den Kindern erinnern sie an ihre eigene Armut, die durch die Strenge des Vaters noch verstärkt wurde. Über jede Mark Taschengeld mußte Buch geführt werden und der Verbrauch nachgewiesen; dies ermunterte dazu, Vater zu »beschummeln«. Spielsachen wurden nur für die Puppenstube geschenkt und diese hatte sie von der Schwester geerbt. Ebenso erbte sie die ganze Kleidung von der Schwester. Ihre älteste Schwester wurde später Diakonisse, und auch die Mutter legte keinen Wert auf das Aussehen (viele Jahre später ließ sie sich allerdings von ihr Stoffe schenken und zog sich dann, nach dem Tod des Vaters, netter an). Gern hätte sie reiten gelernt. Auf einer Wanderfahrt sah sie mit 18 Jahren in Ostpreußen Pferde. Als sie mit 40 hätte reiten können, traute sie sich nicht mehr. Sie geht oft zu Pferden auf einer Koppel in der Nähe, streichelt sie und fühlt ihre warme Haut. Größere Geschenke erhielt sie in ihrem Leben, bis auf ein Schmuckstück *(von einem Mann?)* nicht. *Offenbar erleben Sie in Ihrem Traum viele tiefverborgene, noch unverständliche Wünsche. Falls Sie diese zulassen, wissen Sie nicht, ob sie Ihnen wieder versagt würden; wie Sie es bei dem Pferd erleben. Vielleicht ist das Pferd auch ein Teil von Ihnen. Auf jeden Fall hängt es offensichtlich von Männern ab, ob und was Sie bekommen.*

12. November 1985 (3): Am Wochenende traf Frau Schweizer auf einem Kongreß frühere Kollegen – »teilweise war ich in der Gruppe und teilweise draußen«. Am Abend war sie bei einem früheren Kollegen und seiner Frau eingeladen, »wieder gehörte ich nicht ganz dazu«. Darauf folgender Traum: *Auf einem Wanderweg läuft hinter ihr eine Gruppe, aber sie weiß nicht, ob sie dazugehört. Sie sah sich vorher auf der Landkarte den unbekannten Weg an. Dieser führt durch ein Dorf. Dann klettert sie einen Graben sehr steil hinunter und am anderen Rand nur mühsam wieder hoch. Zu einer bestimmten Zeit muß sie an einem Parkplatz sein, da dann von dort ein Bus in die Stadt fährt.*

Sie bezieht diesen intensiv erlebten Traum auf das Wochenende mit der früheren Kollegengruppe. Trotz langer Schweigepausen gelingt es mir, mehrere Aspekte anzusprechen: *Der unbekannte Weg ist der Ihrer Psychoanalyse bei mir. Sie befürchten, daß Ihr Weg durch Ihre Lebensräume und durch Ihre Vergangenheit mühselig wird, d.h., daß beim Gehen in frühere Lebensräume der steile Graben gleichzeitig ein befriedigender Wanderweg zu sein habe. Sie brauchen die Zusicherung, daß aus dieser früheren Welt ein Autobus in Ihre heutige Welt zurückfährt.* Wieder versuche ich, sie durch Deutungen zu erreichen.

14. November 1985 (4): Frau Schweizer konnte mit meinen Überlegungen zu ihrem letzten Traum wenig anfangen. Gefühlsmäßig erlebte sie den ganzen Tag über ihr Ausgestoßensein aus dem Kollegenkreis nach. *Als ich versteckten Ärger vermute und nachfrage,* wird allmählich ihr großes Ausmaß an Verbitterung sichtbar.

19. November 1985 (5): Nach der letzten Stunde erstmals angeregt gefühlt. »Es tat weh und gleichzeitig war mir innerlich warm.« Sie selbst bezieht es auf das Gespräch über ihre Familie und ihre dort erlebte Einsamkeit (die Sie dann viele Jahre im Kollegenkreis ebenso erlebten). Anschließend geträumt: *Ich fahre mit meinem Fiat zur Werkstatt. Plötzlich reißt etwas in dem Auto kaputt. Dennoch komme ich bis zur Werkstatt; dort ist niemand. Nach zwei Stunden kommt eine 40jährige Frau. Die Frau kümmert sich aber nicht um mich; viele Menschen kommen in den großen Raum; die von ihnen mitgebrachten Kinder lägen teilweise auf dem Fußboden herum oder würden dorthin gebettet. Eine Theke wird aufgemacht. Dort stehe ich in der zweiten Reihe und komme nicht ran. Wieder wird eine neue Theke aufgemacht, und ich komme wiederum nicht ran.*

Aus dem Traum wachte sie mit verzweifelter Wut auf: sie erinnert sich an ihre Kindheit, wo ihr niemand bei ihrer Wut gegenüber den älteren Brüdern half. Sie durfte sich nicht streiten, und der Vater unterstützte sie nicht. Einmal ärgerte der ältere Bruder sie so sehr, daß sie sich an seiner Brust festbiß; die Eltern konnten noch die Abdrücke der Zähne sehen. Die Kinder auf dem Betonfußboden erinnern sie an die Bahnhofshalle in einer Stadt, von der sie zum erstenmal nach dem Krieg gen Westen aufbrach. *Sie beschreiben in Ihrem Traum und in Ihren Einfällen zwei Aufbruchstimmungen: Sie fahren wieder Ihr Auto, und Sie wollen in den Westen gehen (wo es Hilfe und auch die Psychoanalyse gibt!). Die Kinder auf dem Betonfußboden verdeutlichen Ihre unerträgliche Verlassenheit als Kind und auch später. Gleichzeitig ist Ihr Aufbruch gefährlich: Ihr Auto wird fast auseinandergerissen, und der Weg über die grüne Grenze in den Westen ist aufgrund der Bewachung ebenso gefährlich.*

Frau Schweizer berichtet dann verzweifelt, daß sie jetzt wiederum keine Gefühle bei meiner Interpretation spüre. Sie kann die eigenen Schweigepausen schwer ertragen: Sie versuche es mir immer wieder recht zu machen, Material zu bringen, aber verzweifele innerlich immer mehr.

26. November 1985 (6): Wieder ohne Grund ängstlich. Aus der letzten Stunde vergaß sie etwas Wichtiges. Sie fühlt sich, als ob sie ihre Schularbeiten nicht richtig gemacht hat und dabei nicht fleißig genug war. *Sie wollten möglicherweise etwas vergessen, was Ihnen nicht gefiel.* »Ich hatte Zweifel über den Fortgang der Analyse und erlebte mich so: Der Professor sagt der Sozialarbeiterin etwas Wichtiges, und sie hat es zu befolgen.« Dann äußert sie ganz vorsichtig einen Vorwurf, daß ich die letzte Stunde ausfallen ließ, um auf einen Kongreß zu fahren. »Es ist ebenso wie bei mir zu Hause, da hatte ich auch nichts zu sagen, so ist es eben.« *Ich bestätige: Der Vater befiehlt.* Wiederum folgen viele Einfälle zum Vater: Er verkörperte immer das Gesetz; sie erlebte ihn als »alten Vater« (sie wurde in seinem 40. Lebensjahr geboren); sie kann sich nicht vorstellen, erst recht nicht daran erinnern, daß sie nach Ansicht der Geschwister der Liebling des Vaters gewesen sein soll. Sie fühlte immer die jüngere Schwester vorgezogen und bekämpfte sie voll Zorn.

28. November 1985 (7): Traum: *Ich sitze in einem Zug, der nach Griechenland fährt. In Belgrad suche ich einen Atlas. Die Reiseleiterin verweist mich an ein Büro; ich finde auf dem Schreibtisch einen Atlas, schlage ihn auf und sehe meine Reiseroute durch Jugoslawien und weiter; ich finde mich gut zurecht und bin zufrieden.*

Ein Teil von Ihnen hat den Wunsch, in den Süden auszufliegen und dort die Wärme zu genießen. Sie machen sich in Ihrem Traum selbst auf die Reise und überprüfen, wo der Weg langgeht. Im Atlas suchen Sie, wo Sie sich zur Zeit in Ihrer Analyse befinden. Sie möchten, daß auch hier ein warmes, angenehmes Klima herrscht; aber Sie flüchten doch lieber nach Griechenland.

Frau Schweizer ist darüber verblüfft, daß sie solche Wünsche hat. Sie erlebt diesen Traum als Hoffnungsschimmer und bestätigt meine Deutung gefühlsmäßig weitgehend. Dann erinnert sie sich an ihre Kindheit in Dresden und wie sie die fremden Viertel mit Neugier auf dem Fahrrad erkundete. (Dabei vermittelt sie mir erstmals ein Stück Lebendigkeit ihrer Kindheit.)

30. November 1985 (8): Ein weiterer (aufgeschriebener) Traum: *Ich befinde mich in einem großen Raum unter vielen Menschen und bin eingesperrt. Meine Freundin soll hingerichtet werden. Als es am Morgen soweit ist, wird aus Versehen ihr Sohn genommen und auf* *den elektrischen Stuhl gesetzt. Ich rufe: Nein, nicht ihn, sondern diese da. Dann wird sie auf den elektrischen Stuhl gesetzt (und die Szene verschwimmt). Später höre ich, daß sie nur verletzt ist und wohl wieder zu sich kommen wird.* Einfälle: Diese Freundin ist ihre »beste« Freundin, die vor zwölf Jahren innerhalb von sieben Wochen an einem Nierenkrebs starb. Sie erinnert sich an die langjährige Beziehung, wie die Freundin ihre Krankheit meisterte, wie sie im Tod ausgesehen habe und daß diese Freundin diesen Sohn hat. *Wieso setzen Sie Ihre »beste« Freundin im Traum auf den elektrischen Stuhl?* Zuerst reagiert Frau Schweizer erschrocken. Dann argumentiert sie, daß sich sonst immer die Freundin für ihren Sohn aufgeopfert habe, dazu sei ja die Freundin die Kranke und der Sohn der Gesunde, schließlich werde ja der Sohn gerettet. Außerdem sei im Traum klar, daß die Freundin rechtskräftig verurteilt sei.

In dieser Stunde fallen Frau Schweizer nur sehr wenige Einzelheiten ein; ich muß häufig nachfragen, da sonst das Schweigen für mich unerträglich wird. Nach meinem Eindruck habe ich viel mehr Phantasien über ihre Träume als sie selbst; dadurch scheinen die Träume Leben zu bekommen. Gleichzeitig traue ich mich nicht, sehr tiefgreifende Impulse zu deuten, um sie im Anfang nicht zu verletzen. Wer ist die Frau, die sie auf den elektrischen Stuhl bringt (die Mutter, die ältere oder jüngere Schwester, meine Frau)?

5. Dezember 1985 (10): Ein weiterer Traum beunruhigt sie, und sie fürchtet, von mir deswegen ausgeschimpft zu werden: *Ich bin in Ihrem Haus. Es liegt weit weg, am Hang einer Schwarzwaldlandschaft. Zunächst bin ich in Ihrem Arbeitszimmer, aber Sie sind noch nicht da. Dann bittet mich eins Ihrer Familienmitglieder herunter, und ich werde an den Familientisch gesetzt und bekomme Kartoffelpuffer aufgetischt. Plötzlich stehe ich auf der Straße draußen und muß warten. Schließlich bin ich in einem Raum mit lauter Bänken ohne Lehnen. Ich stehe auf und suche etwas. Als ich zurückkomme, ist mein Platz besetzt, und ich finde nur mit Mühe einen anderen Platz. Schließlich sagt jemand aus der Menge, da kommt er, und dann sei ich (ihr Behandler) erschienen. Sie erkennt mich zunächst nicht, denn ich trage einen großen Hut mit Rand und beachte sie nicht. Bei der Familie, in der sie mich besucht, handelt es sich um meine Kindheitsfamilie.*

Aufgrund ihrer Einfälle *spreche ich folgende Themenbereiche deutend an: ihr Interesse, mehr über mich zu wissen und über mein Haus außerhalb (von der Telefonnummer her weiß sie, daß ich in einem kleinen Dorf lebe). Sie sei verunsichert, daß ihre Analyse nach Weihnachten an einem anderen Ort und in einem neuen Raum stattfinde (viel schwerer für sie vom Bahnhof erreichbar). Der jüdische Glaube meiner Familie weise darauf hin, daß ich fremd für sie sei (oder sein solle) und sie nicht verstehen könne. Eigentlich dürfe sie gar nicht in meine Welt hineinkommen. Meine Familienangehörigen würden sie zwar hereinbitten, aber wie immer hätte ich keine weitere Zeit für sie.* Sie wisse, daß sie aufgrund der mir von der Krankenkasse bezahlten Stunden meine Zeit in Anspruch nehmen könne; sonst hätte ich bestimmt kein Interesse für sie. Der Mann im Traum mit dem Schlapphut erinnert sie an den Vater mit dem Predigerhut. Die Kartoffelpuffer erinnern sie an die, die die Mutter zu Kriegsende machte und die sie gern aß. Sie möchte schon gern in meinem kleinen Dorf sein, aber sie fürchtet auch diese Situation und die damit mögliche Begegnung.

10. Dezember 1985 (11): Nach dem Besuch der Freundin am Wochenende ist unklar, ob sie zusammen im Februar nach Mallorca fahren. *Sie leben im Zwiespalt Ihrer Wünsche: mit der Freundin weit wegzufahren oder Ihre Situation mit Hilfe Ihrer Analyse bei mir zu verändern.*

Bisher überwog ihr Gefühl, zu kurz gekommen zu sein; »immer wenn ich meine Bedürfnisse äußerte, wurde ich hereingelegt«. Sie erinnert sich an die Katze bei den Großeltern, die sie gern hatte; als sie neun war, gab es auch kurzzeitig eine Katze im Hause. Keiner verstand, daß sie bei der Katze die Wärme und Geborgenheit suchte, die es nie zu Hause gab. Als der älteste Bruder – nachdem er bereits als vermißt gemeldet wurde – nach Hause zurückkehrte, ging die Mutter ihm auf der Straße entgegen und gab ihm einen Kuß. Ihm war es peinlich, er wehrte die Mutter ab und wischte sich die Wange ab. Als ihre Freundin sich jetzt am Sonntagabend mit einer Umarmung verabschiedete, erstarrte sie selbst. Schließlich fällt ihr eine Bildergeschichte über den Wolf mit dem Rotkäppchen ein. Sie phantasierte mit sechs oder sieben, daß der Wolf unter ihrem Bett läge und eine Tante (die als strenge Schwester ihrer Mutter den

Haushalt der Großeltern führte und in deren Zimmer sie schlief) auffressen könnte. Sie schrie panisch in der Nacht auf, alle stürzten herbei und lachten sie aus. Bis zu ihrem 12. Lebensjahr habe sie immer wieder diesen Wolf gesehen, aber niemandem mehr von ihren Ängsten erzählt. *Der Wolf sollte wohl die Tante auffressen, nachdem Sie sich häufig als Kind über sie geärgert hatten!*

12. und 17. Dezember 1985 (12, 13): Unverändert schlimmer Zustand. Für Frau Schweizer besteht die einzige Hoffnung auf Besserung aufgrund der nach Weihnachten jetzt dreistündigen Behandlung. Traum: *Ich fahre mit einer Frau zusammen Fahrrad. Deutung: Sie suchen die Gegenwart von Frauen, da sich der Mann aufgrund der jetzigen Pause als unbrauchbar erweist.* Sie ist irritiert und vermag ihren Zustand und ihre Träume nicht auf die anstehende Pause zu beziehen. Gleichzeitig wundert sie sich, daß in ihrem Innenleben, wie durch die Träume vermittelt, so viel geschieht. Dabei fällt ihr auf, daß sie sich in ihren Träumen mehr auf Menschen einläßt, denn diese werden plastischer, und sie lebt nicht mehr in einer anonymen Menge.

Diese 13 Stunden der Anfangsphase vermitteln mir in der Gegenübertragung deutlich, daß ich – um mich zunächst als gute, stabile und verläßliche Beziehung zu installieren – Frau Schweizer viel geben muß, indem ich sie stütze, schütze und ermuntere, also insgesamt fürsorglich bin. Gleichzeitig sorge ich mich sehr, in welchem Zustand ich sie nach dieser ersten Pause vorfinde.

Frau Schweizer: Bericht über den ersten Behandlungsabschnitt (im Rückblick)

5.11.: Ich erzähle von einem für mich sehr wichtigen Fortbildungsjahr, berichte von Frauen, die in meinem Berufsleben eine bedeutende Rolle gespielt haben und »mich gern hatten, obwohl sie mich kannten«. Wie das Gespräch von diesen auf meine Mutter kam, wußte ich gleich nach der Stunde nicht mehr. Ich schilderte sie als Hühnerglucke, die Enteneier ausgebrütet hatte und sorgenvoll und verständnislos am Ufer herumlief, während die Entchen fröhlich in dem gefahrvollen Wasser schwammen. In meinem Tagebuch steht: Im Gefühl ist mir danach warm. In der folgenden Nacht träumte ich vom geschenkten Pferd (s. S. 38)

6.11.: Das Besprechen dieses Traumes löst viele Einfälle aus, wie karg meine Kindheit war und wie ich versucht habe, doch etwas herauszuholen: durch raffiniert gefälschte Kontoführung über mein knappes Taschengeld; durch – von der Familie sehr verübelte – Bittbriefe aus einem Kinderheim usw.

In mehreren Sitzungen geht es um ein Grundthema: Mir hat die Familie, in der ich aufgehoben gewesen wäre, gefehlt. Im Gespräch darüber fühle ich einen Schmerz, der auch nach der Stunde anhält. Daß ich das überhaupt fühle, tut mir gut: Es ist doch wenigstens lebendig, während sonst alles tot ist in mir, auch wenn es weh tut.

Meist brauche ich zum Einstieg ins Gespräch einen Traum, und ich habe in dieser Zeit viel und lebhaft geträumt, bin aufgewacht, habe den Traum aufgeschrieben aus Sorge, ihn sonst bis morgens zu vergessen – und dann keinen Anfang in der Sitzung zu wissen. Der Analytiker liest aus den Träumen, zu meiner halb ungläubigen Überraschung, Wünsche und Aktivitäten, von denen ich nichts verspüre. Und das tut mir doch gut: Nicht alles scheint tot zu sein in mir. Ich habe ihm wohl auch schon einiges von meinem bisherigen Leben berichtet; mein Tagebuch enthält darüber nichts, aber in den Assoziationen zu den Träumen kommen die wichtigsten Menschen und Begebenheiten aus meiner Biographie vor.

Während eines winterlichen Aufenthaltes bei den Großeltern, ich muß um fünf Jahre alt gewesen sein, hatte ich den Traum vom Wolf, den ich heute noch sehe: Der Wolf hat mich durch Jahre hindurch begleitet, teils ängstigend, teils ganz vertraut. Der Analytiker sagt, ein Kind, das sich einen Wolf träumt, der die Erwachsenen frißt, hat Stärke.

3.12. Und er versteht den Traum von der Hinrichtung meiner sehr geliebten, mütterlichen Freundin, die vor zwölf Jahren starb, so daß ich sie mir jetzt besonders stark herbeiwünsche, weil ich mich so hilflos, so ausgeliefert fühle, mir jemanden wünsche, der mich an die Hand nimmt und sagt: So machen wir das; zugleich aber lehnt sich etwas in mir gegen eine solche Fürsorge auf. Der Analytiker sagt, daß wir dies erst einmal so nebeneinander stehenlassen sollten.

Er fragt, ob ich phantasiere, daß er mit einem Zauberwort meine Nöte beseitigen könne und warum er es dann nicht tue? Ja, das wünsche ich mir.

5.12.: Nach der Sitzung träume ich vom elterlichen Haus des Analytikers (s. S. 42). Das anheimelnde Schwarzwaldhaus und daß mir Essen angeboten wurde, daß ich dieses aber mit meinem Altbekannten: »Keines für mich« sogar im Traum zudecken müsse. Häufiges Thema: Ich konnte zu Hause nie Rat und Hilfe erbitten. Es gab überhaupt keine Zärtlichkeit. Alles, was ich brauchte, mußte ich mir selbst beschaffen. Von daher, meinte der Psychoanalytiker, würde es für mich schwierig sein, mir helfen zu lassen.

17.12.: Es stehen die Weihnachtsferien bevor. Mir geht es nicht gut, der Analytiker meint, das hänge mit der Pause zusammen, was mich – damals noch – wundert.

Zweiter Behandlungsabschnitt (ab hier im Liegen) vom 14. Januar bis zum 7. Juli 1986 (52 Stunden): *Das kleine Wesen in der Hundehütte nimmt wahr, daß es existiert.*

13. Januar 1986 (14): Die letzten drei Wochen (der Weihnachtspause) im Schneckenhaus verkrochen und nur mit Mühe heute hierher gekommen. Sie wünscht sich Hilfe, wie für ein kleines Kind, d.h., daß eine Frau sie versorgt, bekocht, Wäsche macht und aktiviert. Als sie depressiv war, habe ihre Freundin sie so versorgt. In ihrer eigenen Familie stellte man seine Wünsche zugunsten anderer zurück. »Ich habe auch jetzt gar keine Wünsche mehr, und wenn ich welche hätte, bringt es nichts mehr. Daher will ich auch keine mehr haben«. *Aufgrund der Sie tiefverzweifelt machenden dreiwöchigen Pause dürfen Sie mir Ihre schon in sich abgewehrten Wünsche gar nicht zeigen.* Als ihr bewußt wurde, daß sie nicht mehr heiraten würde, baute sie sich abends in ihrer Phantasie immer Häuser mit Schwimmbädern (obwohl sie erst mit 60 Jahren schwimmen gelernt hat). Frau Schweizer klagt fast die ganze Stunde über immer wieder, daß sie ganz leer sei und überhaupt nichts mehr fühle.

14. Januar 1986 (15): Sich nach der gestrigen Stunde wohler gefühlt. Traum (vor der gestrigen Stunde geträumt): *Ich komme in die elterliche Wohnung, in der ich als Kind aufgewachsen bin. Ich sehe weder das Schlafzimmer noch das Arbeitszimmer meines Vaters. Meine Mutter liegt in einem anderen Zimmer krank im Bett, und ich gebe ihr die notwendige Augensalbe. Als ich in mein eigenes Zimmer komme, liegt dort die kleine Schwester in meinem Bett. Sie ist pitschnaß, und ich lege sie trocken und dann in ein anderes Bett. Auf dem Flur stehen Koffer herum, offenbar ist Besuch da.* Einfälle: Sie ist etwa 20 Jahre alt; ihre Mutter kränkelte während ihres Klimakteriums oft; sie lag wegen Migräne drei von vier Wochen im abgedunkelten Zimmer im Bett, sie mußte mithelfen, obwohl ein Mädchen im Hause war; dagegen die jüngste Schwester nie. *Gestern ging es in der Analyse um Ihre Schwierigkeit, sich Hilfe, Unterstützung und Fürsorge von mir und insgesamt zu wünschen. Dieser davor geträumte Traum soll wohl Sie und mich darauf hinweisen, daß Sie überall gefordert wurden und überall helfen müssen; aber weder beim Vater im Arbeitszimmer noch bei der Mutter im Schlafzimmer sei Platz.*

17. Januar 1986 (16): Sich wieder völlig zurückgezogen und voll (An-)Klagen über ihren Zustand. *Sie haben am Montag ein Gefühl erlebt, das Sie sich am Dienstag noch etwas zugestehen durften und heute offenbar überhaupt nicht mehr.* Ihr fällt das erste Konzert von Mozart ein: »Eine Symphonie voll getragener Traurigkeit, wie ich sie das erste Mal an einem grauen, warmen Sommerabend allein zu Hause hörte und die mich tief ergriffen hat.« *Sie spüren jetzt Traurigkeit über etwas Vergangenes. Sie können diese aber nur allein zulassen. Niemandem dürfen Sie davon Mitteilung machen, also auch mir nicht.* Am Abend nach der letzten Stunde setzten sich ihre Häuserbauträume fort: Es war ein Haus mit einem Chauffeur (der mit seiner Frau unten lebte); er fuhr, sie kochte, kaufte ein und verwöhnte. Sie lebte oben in einem Zimmer mit einem großen Balkon und in einem Schlafzimmer mit einem Bad voll warmer Sole. *Sie versuchen, sich in Ihrer Tagesphantasie weiter zu verwöhnen. Sie müssen allein für sich sorgen, obwohl Sie sich doch insgeheim wünschen, daß ich sowohl als Chauffeur als auch als dessen Ehefrau für Sie tätig bin.* Nach längerem Schweigen fällt ihr ein, daß sie am

Montag in der ersten Stunde fühlte, daß ich Mitleid mit ihr hätte: Ich hätte mich mit ihrem Traum identifiziert und verstanden, daß sie so viel (zu viel!) in ihrem Leben hätte arbeiten müssen, um sich zu behaupten. Bisher habe es nie jemand bemerkt.

20. Januar 1986 (17): Noch ängstlicher gekommen. Traum: *Ich bin in einem Haus von früher und sitze mit meiner Mutter am Abendbrottisch. Ich bin etwa 20, meine Mutter aber alt. Mein Vater und die Geschwister sind nicht da. Ich suche die anderen und versuche zu einer älteren, freundlichen Frau ein Stockwerk höher zu gehen. Das Treppenhaus ist völlig vereist: ein Block von Eis. Ich finde aber trotzdem einen Weg hinauf, und diese Frau teilt mir mit, daß Vater und Geschwister wohl aufgehoben in einer Art Tagesstätte sind. Ich komme herunter und höre sie dann unten an der Tür reden.* Sie beschäftigt sich mit der älteren, freundlichen Frau: aufgrund des Alters möglicherweise die Großmutter. Der Weg hinauf ist wie ein Gletscher, den sie von ihren Reisen aus der Schweiz kennt. Sie erinnert sich, daß sie vor zwei Jahren auf dem Eis ausrutschte und sich den Arm brach. *Sie klammern den ersten Teil des Traumes aus, in dem Sie zusammen mit der Mutter am Abendbrottisch sitzen.* Dies sei in ihrem Leben eine unvorstellbare Situation gewesen; erst später im Erwachsenenleben erlebte sie, daß die Mutter sie unterstützte. »Nie bekam man von der Mutter etwas Besonderes, sie teilte zu, immer gerecht.« In ihrem eigenen Traum laufe sie ja auch los und bemühe sich, die anderen herbeizuschaffen, und sei im Traum ja auch froh, daß der Vater mit den Geschwistern käme. Hier in ihrer Analyse sei sie dreimal 50 Minuten mit mir allein. *Sie wünschen sich, von der Mutter und jetzt auch von mir verwöhnt zu werden, aber der Weg zu einer älteren, freundlichen Frau, die Züge der Großmutter tragen soll, ist spiegelglatt, und man kann sich dabei sehr weh tun. Irgend etwas hat sich wohl über das Wochenende zwischen uns geschoben.* Mit schlechtem Gewissen könne sie sich nicht mehr an die letzte Stunde erinnern (ihr Wunsch, durch mich wie durch das Chauffeurpaar in ihrem Traum verwöhnt zu werden); außerdem sei es so schrecklich lange, von Donnerstag bis heute, Montag. *Wieder habe ich das Gefühl, ihr mehr geben zu müssen. Ist es ihre Schuld, daß die ältere Frau im Stockwerk höher so schwer erreichbar ist? Ich überlege mir, ob ich ihr nicht noch eine 4. Behandlungsstunde anbieten soll.*

21. Januar 1986 (18): Die Stunde schleppt sich mühselig durch viele Schweigepausen, in denen ich mich immer wieder aufgefordert erlebe, nachzufragen. Frau Schweizer weiß nicht, wie sie mit der Mutter sprechen soll, »im Traum und in der Wirklichkeit gab es und gibt es die Sprachlosigkeit«. Nach ihrer Annahme hat sie in den ersten vier Jahren (bis der jüngere Bruder geboren wurde) gut mit der Mutter zusammengelebt. Sie wundert sich aber, daß sie keine Erinnerungen an gemeinsames Einkaufen, an irgendwelche gemeinsamen Aktivitäten, geschweige denn an Spiele hat. Ihre erste Erinnerung ist, daß die Mutter sie mit zweieinhalb Jahren zu der Beerdigung eines 17jährigen Jungen aus dem gleichen Hause mitnahm, der an Tuberkulose starb. Zunächst meint sie rationalisierend, daß sie eben keine Zeit hatte und daß es unmöglich war, ein Geschwisterkind von der Schule zu nehmen, um auf es aufzupassen. Dann fragt sie sich, ob sich die Mutter wieder dem Vater gebeugt habe, der meinte, »Kinder müssen von Anfang an hart erzogen werden, also auch mit dem Tod konfrontiert«. Schließlich bekommt sie in der Stunde intensive Angst, »das Bild der Mutter weiter anzukratzen«.

23. Januar 1986 (19): Der sich jetzt erstmals aufdrängende Gedanke, daß sie keine gute frühe Kindheit hatte, erschreckt sie zur Zeit nicht. Sie erinnert sich an die »schlimmen« Brüder: Vor Weihnachten schrieben diese ihre kleinen Sünden auf Papier, steckten es in eine Metallzigarettendose und wollten sie dem Weihnachtmann geben, um sie zu verpetzen. Sie leckte die Tinte des Papiers ab und dachte, diese sei vergiftet, da ihr die Brüder das eingeredet hätten. Dann verstummen ihre Einfälle. *Als ich schließlich frage, was sie von dem Weihnachtsmann erwartet habe*: »Angst vor der Bestrafung, denn der brachte eine Rute mit. Weihnachtsmann und Christkind gab es in der Ideologie meines Vaters nicht.«

4. Februar 1986 (21): Unverändert geht es ihr schlecht. Traum: *Ich bin mit einer Reisegesellschaft unterwegs und sitze an einem großen runden, schwarzen Tisch (wie in einer bayrischen Gaststätte). Zunächst stehen Suppenteller da, und ich warte auf die Suppe, während die anderen bereits das Hauptgericht essen. Während ich immer noch nichts bekomme, sehe ich, daß die anderen fertig sind. In meiner Verzweiflung esse ich die Blumen auf, die auf dem Tisch stehen.*

Sie ist die völlig Korrekte, da sie wartet und sich an die Speisenfolge hält. Nur die anderen sind so gierig, nehmen sich, berücksichtigen sie nicht; ihr bleiben nur kümmerliche Reste. Ärger spürt sie nicht, aber ihre deutlichen Erwartungen an die anderen, »die müssen doch sehen, was ich brauche«. *Als ich nachfrage: »Ich erwarte das von Ihnen auch. Wenn man seine Pflicht tut, haben sich die Eltern um einen zu kümmen.«* Ganz vorsichtig wird wieder etwas Ärger spürbar. Sie wundert sich, daß sie auf Reisen ist, und träumt sich noch jünger als ihr bisheriges Lieblingsalter von 40 Jahren.

6. Februar 1986 (22): Langsam versteht sie besser, wie wenig sie sich verwöhnt, sondern im Gegenteil ständig erzieht. Es fällt ihr selbst auf, wie schwer es für sie ist, es sich auf der Couch bequem zu machen. Nach einer Weile Schweigen rückt sie sich das Kissen etwas bequemer zurecht. *Als ich sie daraufhin anspreche,* hat sie es nicht bemerkt. Sie ist darüber ganz irritiert und merkt, daß sie mich ständig zum »Oberzensor« macht. Dann, nach einer Weile Grübeln, »ich habe es mir klargemacht, aber was nützen denn die Worte«.

Ich habe den Eindruck, daß sie doch auf das richtige Wort von mir wartet, das ihr helfen solle und deute, daß zutreffende, richtige Worte wohl nur in der Bibel stünden, aber ob sie nicht aufgrund ihrer Erfahrung gleichzeitig gegenüber Worten sehr skeptisch sei. Zu Hause hätte man nur von Liebe geredet, aber nicht entsprechend gehandelt, und sie mißtraue den Worten sehr, obwohl die Bibel so schöne Texte habe. Außerdem fürchtet sie, ausgelacht zu werden, wenn sie ihre Bedürfnisse äußert. Ihr fallen die Brüder ein, die sie häufig als Kleine auslachten.

10. Februar 1986 (23): In der Straßenbahn beobachtete sie Kinder, die sich zum Fasching angezogen hatten; sie spürte, daß ihr irgend etwas fehle. *Als ich nachfrage,* phantasiert sie ein Kostüm, das sie zum Fasching anziehen würde: ein hellblaues Seidenkleid im Empire-Stil, lang, fließend (so wie ihr langer Rock zum Theater), mit Dekolleté und einem Schmuck wie die Königin Luise (d. h. ein Diadem). Ihr fällt auf, daß sie in diesem Bild etwa 30 Jahre alt ist.

Sie möchten sich nicht mit Ihrer Phantasie als 30jähriger Frau befassen! Zu 30 Jahren fallen ihr die anlaufende Ausbildung als Sozialarbeiterin und ihre jeweils nachmittägliche Arbeit als Sekretärin (zum Geldverdienen) ein. Dann mußte sie ihre Ausbildung unterbrechen und arbeitetete, zwei Jahre als Sekretärin, um zu sparen. Nach langem Schweigen fällt ihr dann allerdings ihr Liebesverhältnis zu einem Arzt ein, dessen Frau verstorben war. Sie verbrachte mit ihm einen intensiven Urlaub, und dann zog er sich zurück. »Wiederum hatte ich das Gefühl, ich tauge nichts, ich kann nichts und keiner mag mich.«

Das Ballkleid, die Liebesbeziehung zu dem Arzt und die Wahl des Analytikers sind als Übertragungsaspekte unübersehbar, wenn ihr auch noch nicht bewußt. Offensichtlich testet sie unbewußt aus, wie ich reagiere. Manchmal merkt Frau Schweizer aber deutlicher, wo und wie sie Widerstand leistet, z. B. daß sie keine weiteren Träume hat, daß ihre Einfälle abreißen.

12. Februar 1986 (24): Trotz ihrer Angst fühlte sie sich nach der letzten Stunde sehr verstanden (Stichwort: blauseidenes Empire-Kleid!). In der Nacht diffuse Herzschmerzen. Traum: *Ich bin in der Wohnung und werde von einem Mann bedroht. Ich bin allein und laufe daher durch die Wohnung und trete ihm dann gegen den Magen (ich weiß, daß er ein Magengeschwür hat); schließlich springe ich aus Angst aus dem Fenster im 1. Stock. Erstaunlicherweise schwebe ich herunter und fühle mich dabei sehr wohl.* Zunächst wenige Einfälle, lange Schweigepausen und Ablenkung durch Lärm draußen. Der Mann ist ihr unbekannt, er verfolge sie und wolle sie auf jeden Fall umbringen. Sie sei jünger als jetzt, aber wie alt, wisse sie nicht. Sie betont noch einmal, daß sie diesen Mann nicht kennt, dabei fällt ihr selbst auf, daß sie allerdings um sein Magengeschwür weiß (sie kennt aber niemanden mit einem Magengeschwür). Ihr Schweben im Traum habe sie als schön erlebt und heute morgen an ein Lied gedacht »Auf Adlerschwingen trägst du mich«.

Ihr Traum hatte wohl eine Vorgeschichte, die durch die Herzschmerzen ausgedrückt wird (zuletzt Herzschmerzen vor über 20 Jahren). *Möglicherweise sei der Mann auch ganz harmlos; sie habe ihn begleitet oder er sie. Erst in der Wohnung habe er sie dann bedroht.*

Ich vermute, daß dieser Mann bestimmte Aspekte des Vaters, der Männer insgesamt und von mir repräsentiert. Daher deute ich weiter, daß sie wohl gestern weiterphantasiert habe, wie sie wohl mit

Männern in solch einem Kleid umgehen würde. Jetzt habe sie sich im Traum einen Mann mitgenommen, aber dann muß er wohl zunächst gefährlich werden. Herzschmerzen kann man auch haben, wenn einem das Herz bricht. In ihrem Traum habe sie sich auch ohne Mutter wehren können. Nach dieser Deutung fühlt sich Frau Schweizer zunehmend durch den Lärm auf der Straße und durch das Gespräch der Frauen der Therapiegruppe auf dem Flur gestört und ärgert sich deutlich. *(Stören die Frauen immer im unpassenden Moment?)*

13. Februar 1986 (25): Voll Kummer realisiert sie, daß sie nie jung gewesen sei. »Immer mußte ich erwachsen sein und habe diese Anteile des Lebens weggepackt.« In den letzten Jahren habe sie häufiger von »dem früheren Leben« gesprochen, d. h. über die Zeit ihrer Kindheit bis zum Aufbruch nach Westdeutschland. »Möglicherweise kann ich auch deswegen nicht alt werden, da ich nie jung gewesen bin.« *In Ihren Träumen zeichnen Sie aber das Bild einer Frau von 30, 40 Jahren, die sich offenbar gar nicht als alt erlebt.* Sie weist mich dann lange darauf hin, daß sie alles vergesse, also ihr Gedächtnis schlechter werde, ihre Fähigkeiten schwinden würden etc. *Derweil denke ich an ihre Fähigkeiten, sich auseinanderzusetzen, und daran, daß ich sie noch gar nicht so alt erlebe.* Nach langem Schweigen merkt sie plötzlich, daß ihr rechtes Auge tränt (nachfolgend noch mehrfach in dieser Stunde), »ich empfinde aber nichts«. Dann erinnert sie sich an ein Ereignis, als sie 16 war und das sie 50 Jahre lang vergessen hatte: Auf dem Rückweg vom Bahnhof stellte sich ein junger Mann »wohl um 20, aber für mich schon uralt« vor sie hin, legte den Arm so um die Mauer, daß sie nicht wegkonnte, und sagte, er wolle sich bitte wieder mit ihr treffen. Sie sei voller Panik unter seinem Arm davongeschlüpft und habe gedacht, daß er etwas Böses von ihr wolle. Sie konnte sich nicht vorstellen, daß sie jemand leiden konnte (sie erinnert sich an ihre Zöpfe, an ihre unmöglichen Kleider etc.).

Nach langem gemeinsamen Schweigen (in dem ich intensiv ihren Kummer spüre) erinnere ich sie daran, daß diese Szene dem Beginn ihres letzten Traumes ähnele: ein Mann, der etwas will und vor dem sie nur in Panik davonlaufen kann und dann ganz allein ist. Nach erneutem langem Schweigen erinnert sie einen Liedtext des Vaters (mit vier bis fünf Jahren gelernt): Als Kind solle man brav und lieb sein, immer fröhlich, dann würde der Vater im Himmel bei einem sein; wenn man ihn jedoch verließe, würde die Welt öde, grau und leer. *So wie sie jetzt erscheint.* Sie überlegt, ob sie gegen das Verbot verstieß und deswegen jetzt bestraft wird. Wiederum schweigt sie die letzten zehn Minuten, atmet durch, und ständig tränt jetzt ihr Auge.

Auch heute ist ihre Botschaft unüberhörbar. Gegen alle Bedürfnisse der Pubertät (und frühen Kindheit) stehen Ängste und fehlende weibliche Identität. Der Vater stellt unerfüllbare Forderungen, und die Mutter ist abwesend. Nur vorsichtig rührt sich ihr Kummer über den fehlenden Anteil der Kindheit.

17. Februar 1986 (26): Der lebhafte Traum von heute nacht sei unter den Händen zerflossen, sie könne sich nicht erinnern. Unverändert falle ihr nichts ein, ihr Leben sei eben »grau in grau«. *Sie klammern den Beginn der Stunde aus!* Sie hatte in der Winterkälte eine Viertelstunde vor Beginn geklingelt, und ich konnte – da ich zur Praxistür gehen muß – wegen einer anderen Behandlung nicht öffnen. Relativ energisch berichtet sie über ihr Warten, ihr Frieren und daß sie im Wartezimmer weiterhin gefroren habe und sich schon überlegte, wieder einen Mantel anzuziehen.

Sie packen jetzt sowohl Ihren Ärger als auch Ihr Gefühl des Frierens weg und stellen sich statt dessen als jemand dar, der seine Hausaufgaben nicht mitbringt, d. h. seinen Traum vergessen hat.

Nach langem Schweigen weint sie erstmals – selbst bewußt wahrgenommen – mit beiden Augen. »Ich erlebe mich immer noch als ein Nichts und Sie offenbar als sehr streng, daß ich mich noch nicht mal getraut habe, über mein Frieren zu berichten.« Die Februarsonne scheint in das Zimmer und auf die Couch; sie liegt dann längere Zeit schweigend da und weint weiter intensiv. Nach einer Weile rückt sie sich das Kissen etwas mehr in die Sonne, genießt die Wärme und denkt an die Vögel, die jetzt den beginnenden Frühling signalisieren. Zunehmend merkt sie dann, wie wenig sie die Wärme und die Sonne genießen kann. Erstmals merkt sie ihre Trauer »um ein ungelebtes Leben«.

18. Februar 1986 (27): Gegenüber dem anderen Morgen heute etwas freudiger aufgewacht. Traum: *Ich bin auf einer Tagung einer Evangelischen Akademie in Süddeutschland. Ich frage die Leiterin, ob ich noch an der Veranstaltung teilnehmen kann, und diese stimmt zu. Als ich zum Mittagessen in meine Pension komme, bin ich zwar nicht angemeldet, aber selbstverständlich gibt es für mich zu essen: zwei große Klöße, Schweinekotelett und Soße. Ich vermisse dann plötzlich meine Handtasche und überlege, ob ich sie auf einer Bank liegengelassen habe. Da liegt sie auch noch, und die Leute haben sie nur zur Seite gelegt.* In ihrem Traum fühle sie sich erstaunlicherweise überall verstanden und anerkannt. Jeder helfe ihr. Sie bezieht den Traum auf die gestrige Stunde, wo sie einerseits ihre Traurigkeit erstmals merken konnte und sich andererseits von mir (als fröstelnde und wartende Frau) verstanden fühlte. *Welche Bedeutung hat Ihre Handtasche?* Darin sind die Schlüssel zu ihrer Wohnung sowie ihre Adresse. Sie hat Angst, die Handtasche könnte ihr entrissen werden. *Damit könnte auch ein Räuber in die Wohnung kommen, und dann sei wieder, wie in dem damaligen Traum, ein fremder Mann in der Wohnung.*

Nach dieser Deutung merkt sie selbst, wie ihre Abwehr zunimmt und sie ständig ihre Gedanken zensiert. Sie denkt an neu anzufertigende Schlüssel, überlegt, welcher Vogel draußen singt, denkt an den Süden und die Wärme und schließlich an einen Film, in dem gestern ein Patient ohne Gedächtnis in die Psychiatrie eingeliefert wurde. Dann werden ihre Magen-Darm-Geräusche unüberhörbar; sie schlägt mit der Hand auf ihren Magen, ohne es weiter zu kommentieren. In den letzten Minuten ist sie »ganz draußen«. Trotz ihres inneren Widerstandes möchte sie unverändert mitarbeiten, um keinen Tadel zu bekommen. (Der Vater wollte sie aufgrund eines Tadels in der Schule nicht auf der höheren Schule lassen.)

Die massive Abwehr setzte nach meiner Deutung ihrer Wünsche an einen Mann ein. Möglicherweise berücksichtigte ich andere Aspekte ihres Traumes, nämlich die verwöhnende Seite und daß sie endlich genug zu essen bekommt (Thüringer Klöße!), nicht genügend. Die Magen-Darm-Geräusche weisen jedenfalls darauf hin.

20. Februar 1986 (28): Sie fühlte sich völlig erstarrt, ist hoffnungslos: »Ich mußte mich heute morgen an den Haaren selbst aus dem Bett zerren.« *Sie müssen es selbst tun, weil ich Ihnen nicht helfe. Etwas später: Klagen sind gleichzeitig Anklagen an mich.* Allmählich können die Vorwürfe stärker zugelassen und präzisiert werden, insbesondere, daß ich zu sehr die Beziehung zu einem Mann deute und nicht verstehe, was der Traum sonst an Verwöhnung bringe. Dann erinnert sie sich, wie sie früher mit ihrer Wut umgegangen sei, nämlich daß sie den Wolf aus dem Märchen Rotkäppchen unter das Bett der Tante (nicht unter das eigene, wie ich ursprünglich annahm) phantasierte. »Ich konnte mit ihm reden, aber ich wußte nie, ob er gehorchte oder nicht gehorchte.« *Nicht Sie hatten Zorn, sondern Sie schafften sich einen bissigen Wolf an. Sie wußten aber nicht, ob er so reagiert, wie Sie wollten.*

Es fällt mir offenbar selbst sehr schwer, die massiven Enttäuschungen, die Vorwürfe und den erbitterten Zorn von Frau Schweizer auf mich, auch als Stellvertreter der Eltern, in der Stunde anzuerkennen. Als ich ihren Zorn in dem Protokoll beschreiben will, verspreche ich mich beim Diktieren dreimal.

24. Februar 1986 (29): *Ich sage zunächst, daß ich die Stunde am nächsten Tag kurzfristig ausfallen lassen muß (obwohl ich es schon länger weiß, habe ich offenbar Angst, es ihr mitzuteilen).* Am Wochenende sei der Zustand besser gewesen, da sie wohl in der letzten Stunde Kritik und Ärger herauslassen konnte. Sie selbst will am Thema »Einbrecher« weitermachen, aber sie bekommt keine Einfälle. Nach langem Schweigen erinnert sie sich daran, daß sie als kleines Kind, wenn sie unartig war oder ihren eigenen Willen durchsetzen wollte, immer dachte, sie stamme von den Zigeunern ab. Die Angehörigen der Pfarrgemeinde ihres Vaters hätten sie aufgrund ihrer schwarzen Haare immer damit aufgezogen. Sie las dann über die Zigeuner nach: Die waren arm, unordentlich, brauchten nicht zur Schule zu gehen, sich nicht zu waschen und wanderten in einem Karren durch das Land. Sie selbst war auch nicht immer artig, habe sich oft wie eine Fremde gefühlt.

Wieder fällt mir auf, daß ich Phantasien und Empfindungen für sie übernehmen muß: Es könnte für ein Zigeunerkind sehr schön sein auszureißen, sich nicht zu waschen, keine Schularbeiten zu machen und rumzustromern. Sie lehnt alle meine Vorschläge ab, sagt aber plötzlich, ganz spontan beim Nicht-waschen: »Oh, das wäre schön gewesen.« Dann phantasiert sie lange darüber, was sie sich alles als Kind nicht erlauben durfte.

27. Februar 1986 (30): Nach langem Schweigen: »Ich spiele eine Analysandin, die sich fleißig bemüht, aber mir fällt nichts ein, und ich bin in Wirklichkeit für die Analyse ungeeignet.« Langes Schweigen. Schließlich mit mehr Ärger: »Die analytische Methode ist eben, daß mir als Patientin etwas einfallen muß. Sonst könnten Sie Ihren Nimbus als Psychoanalytiker nicht aufrechterhalten und müßten Ihre Methode verstecken. Ich erwarte immer noch, daß etwas mit mir passiert, sozusagen vom Himmel fällt.« *Sie sind unverändert mit der Frage beschäftigt, ob Sie ein fremdes Zigeunerkind sein dürfen, aber deswegen keine Hilfe bekommen!*

3. März 1986 (31): Frau Schweizer hat ein schlimmes Wochenende erlebt. Sie war völlig erstarrt und gab sich innerlich auf. Sie hält sich als Patientin für ungeeignet und die Analyse als Methode für sie nicht geeignet. *Sie sind voller massiver Vorwürfe gegen mich, vor allem, weil ich unfähig zu sein scheine, Ihnen richtig zu helfen.* Das bestätigt sie spontan. An den weiteren Verlauf der Stunde kann ich mich kaum erinnern. Den Hauptteil nimmt ihr »Zigeunermädchenanteil« ein, d.h., daß sie sich immer anpassen, unterwerfen muß, damit sie nicht fortgeschickt wird. *Als ich versuche, ihr mein Bild eines Zigeunermädchens zu beschreiben und als ich als Eigenschaft die mögliche Spontaneität erwähne,* fühlt sie sich plötzlich sehr betroffen, fängt leise an zu weinen und erlebt sich anschließend wohler.

Vom Lebensalter wird Frau Schweizer immer jünger. Sie ist nicht mehr die 40- oder 30jährige Frau, auch nicht das Mädchen in der Adoleszenz, sondern ein ausgestoßenes Zigeunerkind im Alter von vier bis sechs Jahren. Die »dürre Wüste« braucht offenbar viel Wasser und Wärme, um zum Leben zu erwachen.

4. März 1986 (32): Obwohl sie sich wohler fühlt, frage sie sich ständig, ob sie für die Analyse ungeeignet sei. Sie merkt gleichzeitig, daß sie immer wieder versucht, hier als Patientin vernünftig und brav zu sein. *Möglicherweise müssen Sie allmählich akzeptieren, daß mehrere Anteile von Ihnen hier auf der Couch liegen. Da gibt es* *einen braven, der unbedingt mitarbeiten will, regelmäßig zur Stunde kommt und versucht, Einfälle zu haben, und zumindest einen weiteren, der zornig ist, der wie damals protestiert, der sich ärgert, und noch einen weiteren, der im Rückblick tieftraurig wird.*

10. März 1986 (34): Nach dem Wochenende wieder lange Klagen über den schlechten Zustand. Plötzlich fällt ihr ein Bild ein: »In einer Hundehütte liegt ein kleines Wesen, ganz zusammengekauert in der Ecke. Es sieht die Sonne, kommt aber nicht heraus, obwohl es nicht an der Kette liegt. Das Wesen ist dreijährig, Kind oder Hund?« *Nach einem langen, von mir kummervoll erlebten Schweigen fordere ich sie auf, sich näher mit diesem kleinen Wesen zu befassen.* Voll Verzweiflung und Traurigkeit: »Weder Essen noch Wind und Wetter, noch Sonne oder Frühling können das kleine Wesen herauslocken, obwohl die Sonne durch das Loch scheint und das kleine Wesen die Vögel hört.« Nach den Familienerzählungen wurde sie zum erstenmal mit drei Jahren zu ihren Großeltern und der Tante weggegeben, da die Mutter mit dem nächsten Kind schwanger war. Als Frau Schweizer geht, wirkt sie deutlich traurig, lächelt mich aber von der Seite an.

Endlich verstehe ich, daß es im Augenblick nicht um die Frau von 40, die Frau von 30, das Mädchen in der Pubertät, die kleine Prinzessin und das Zigeunerkind geht, sondern – wenn zugelassen – um ein kleines, ausgesetztes dreijähriges, verschüchtertes Wesen.

11. März 1986 (35): Gestern abend konnte sie keine Gefühle des kleinen Wesens mehr nachempfinden. Mit Hilfe eines Traumes weist sie mich darauf hin, daß sie schon als zwölfjähriges Mädchen unbeschützt war. »Das kleine Wesen gestern war unbeschützt; immer, wenn ich bei der Tante trotzte, wurde ich in die dunkle Besenkammer eingesperrt und mußte um so länger drin bleiben, je länger ich schrie.« *Eine grausame Methode der Tante und der Großeltern!* Sie wirkt ein Stück erleichtert und deutlich entspannt. Sie kann mich aber an dem Kummer des kleinen eingesperrten Kindes nicht teilhaben lassen, da sie ihn selbst nicht spürt. Nach einem langen Schweigen: »Mein Körper drückt etwas aus, was mein Kopf offenbar noch gar nicht denken darf.«

Schon das verletzte zwölfjährige Mädchen ist mit seinen Ängsten und Problemen alleingelassen; erst recht das dreijährige Kind in der dunklen Besenkammer. Neben aller Verzweiflung spüre ich ohnmächtige, trotzige Wut. Für mich lag heute ein kleines Kind auf der Couch, welches sich zu behaupten versuchte, um zu überleben.

17. und 18. März 1986 (37, 38): Unverändert fühlt sie sich als ungeeignete Patientin »wie eine Nuß« oder eine »Muschel«. Immer intensiver fragt sie sich selbst, ob sich nicht hier ein Teil von ihr sträube und gar nicht wolle. *Anhand der Beispiele der Nuß und Muschel deute ich, daß Sich-öffnen offenbar Zerstörung und Tod heißt; Wegbleiben heißt, meiner Zuwendung verlustig gehen.* »Ich sehe aber noch keinen Weg, mich angstfrei zu öffnen, um nicht zerstört zu werden.« Die beiden Stunden sind mühselig, zäh, verlaufen mit langen Schweigepausen. Immer wieder fühle ich mich ausgeklammert, aber nicht weggestoßen. Sie könne sich nicht vorstellen, daß ich das kleine Wesen in der Hundehütte mögen könnte. Zumindest versteht sie jetzt intellektuell, daß sie mir deswegen immer wieder die tüchtige, fleißige oder die tolle Patientin anbieten muß. Zorn, Wut und Ärger werden in diesen beiden Stunden auf die störende Außenwelt (das Klingeln an der Haustür, die hupenden Autos, die Müllabfuhr) verschoben.

20. März 1986 (39): In der letzten Stunde vor der Osterpause Traum: *Ich sehe ein Haus am Waldrand und stelle fest, es ist Ihr Haus. Ich bin Mitarbeiterin bei Ihnen. Ich komme jetzt am Sonnabendmittag zu Ihnen herein, da es ein Gewitter gibt und ich nur ein leichtes Sommerkleid anhabe. Ich werde von Ihnen empfangen und nehme Platz. Dann kommt ihr fünfjähriger Sohn dazu, mit dem ich etwas spiele. Da der Regen lange anhält, brauche ich doch Geld für ein Taxi nach Hause. Leider kann ich Sie nicht mehr finden, aber ich gehe durch alle Räume. Diese werden immer größer, fast saalartig, und ich treffe dort viele Leute, die mir aber unbekannt sind. Es gibt in Tonschüsseln serbische Bohnensuppe (die ich sehr mag), aber da mir nichts angeboten wird und ich als Mitarbeiterin auch nicht eingeladen bin, nehme ich nichts. Ich treffe dann Ihren Bruder, der sehr nett ist und mir anbietet, mich zu begleiten, um Sie zu suchen. Wir beide finden Sie aber nicht.*

Zunächst rationalisierende Einfälle: ihre frühere Sekretärinnensituation, als sie von dem damaligen Chef manchmal zum Tee eingeladen wurde und auch mit den Kindern spielte; die Taxipreise in Kassel etc. *Sie träumen mich jetzt nach langer Zeit in einem besonderen, für Sie gemütlichen Haus mit einer bestimmten Familienstruktur (Sohn, jüngerer Bruder). In Ihrem Traum sind Sie mir einerseits als Mitarbeiterin nahe, aber andererseits nicht zum Fest und zum Essen eingeladen. Wie schon in Ihrem ersten Traum finden Sie mich nicht; möglicherweise dürfen Sie mich vor der Pause nicht finden.*

Sie möchte schon Vertrauen gewinnen; ihr falle schon auf, daß es in ihren Träumen immer wieder mit mir schiefgehe. Dann fällt ihr voll Ärger ein, daß sie mich im vergangenen Sommer am Eingang des Konzertsaales gesehen habe, wo ich auf eine ihr bekannte Schriftstellerin zugegangen sei und sie und eine Kollegin völlig übersehen habe (m/eine mich begleitende Frau darf ihr offenbar nicht einfallen).

Das kleine, verlassene Wesen fühlte sich offenbar schon in den letzten Stunden durch die bevorstehende Unterbrechung zutiefst bedroht. Dieser Traum ist einerseits ein Geschenk (und wohl auch eine Hoffnung für die Zukunft!) zum Abschied, d. h., sie darf sich in mein Haus träumen und hat auch Kontakt zu mir, aber andererseits ist es eine professionelle Beziehung (die Behandlung) und keine private. Sie weiß unverändert nicht, ob sie bei mir im Haus willkommen ist. Als ich mir den Inhalt des Traumes vergegenwärtige, fühle ich mich auch bedrängt. Frau Schweizer kann sich (zu?) gut in viele Einzelheiten meines Lebens einfühlen: Ich lebe in einem Haus an einem Waldrand, ich habe einen (wenn auch längst größeren) Sohn und einen (allerdings älteren) Bruder – selbst wenn dieser Bruder möglicherweise einen gewünschten anderen Anteil von mir verkörpern soll. Will ich Frau Schweizer wirklich in meine Welt hereinnehmen?

Frau Schweizer: **Bericht im Rückblick**

13. 1.: Nach drei Wochen Pause die erste Stunde in einem anderen Raum mit Couch. Wie ich das empfand, weiß ich nicht mehr, aber in meinem Tagebuch steht: »Es ging besser, als ich dachte.« Es fällt mir mehr ein, und ich spreche es auch aus. Wir phantasieren Wünsche, und mir ist danach wohler zumute: ein Stück offener. Aber es geht nicht gleich so weiter. Morgens beim Aufstehen ist mir elend zumute; es drängen sich uralte Lieder, oft sehr fromme, in meinen Kopf und lassen sich nicht vertreiben, in endloser Wiederholung, so daß meine Angst, vorzeitig dement zu werden (wie meine ältere Schwester), noch gesteigert wird.

Ich schweige viel in den Stunden, halte mich an den »erprobten« Mitteln fest, mit denen ich bisher zurechtgekommen bin: Pflichttreue, Pünktlichkeit. Aufgaben machen, das wäre: Einfälle haben. Der Analytiker zeigt mir, wie streng ich mit mir umgehe. Wünsche dürften nicht aufkommen, das wäre gefährlich. Ich paßte mich zu sehr an.

Anhand mehrerer Träume kommen wir auf meine Beziehung zu meiner Mutter zu sprechen. Ich war immer der Meinung, daß sie mit ihren Kindern, solange sie klein waren, gut umgehen konnte: Ich habe ja gesehen, wie es meinen drei jüngeren Geschwistern erging. Wenn ich davon berichte, verteidige ich sie und erkläre meinen Vater dafür verantwortlich, daß ich mich nicht so beschützt gefühlt hatte. Aber es kommen mir dann doch Zweifel, ob meine frühe Kindheit wirklich so glücklich gewesen ist.

28. 1.: Immer wieder beginne ich die Stunden damit, daß ich nichts Rechtes zu sagen habe, keine Assoziationen kommen. Vielleicht sei ich nicht geeignet für diese Methode? Der Analytiker wundert sich, warum ich nicht frage, ob die Methode für mich geeignet sei, und zieht die Parallele zu meiner Familie, die ich an sich für gut halte, aber ich war nicht die Richtige für sie.

In immer wieder neuen Formulierungen, offen oder zugedeckt, frage ich, wie es mit der Therapie weitergehe, weil ich gern die Strecke übersehe, die ich zurückzulegen habe. Dahinter stehen Angst und Verzweiflung; mein Wunsch nach einem Wunder, das mich erlöst, bleibt unerfüllt, und ich weiß nicht, wie ich das aushalten soll. Ich rede vom Jammer, jede Stunde neu, aber ich fühle ihn nicht. Der Psychoanalytiker sagt: »Noch nicht«.

Ich gestatte mir einmal das Erleben, verstanden zu werden, um in der Nacht danach vom Angriff eines Mannes auf mich zu träumen, dem ich nur durch einen Sprung aus dem Fenster entkommen konnte.

24.2.: Mein Vater taucht oft in den Gesprächen auf, schlaglichtartig zeichne ich einzelne Züge: streng, sehr fromm, sehr korrekt, verantwortungs- und pflichtbewußt.

Immer, wenn ich anders behandelt wurde, als es mir recht schien, hatte ich die Vorstellung, ich sei ein Zigeunerkind, das meine Eltern aus christlicher Nächstenliebe aufgenommen hatten. Ich war immer »anders« als die Geschwister, habe nie richtig dazugehört. Der Analytiker schlägt vor: »anders« ist vielleicht auch besser? Das kann ich nicht annehmen. Er fragt: Vielleicht sei ich vor der Aufnahme in das christliche Haus spontan, ungebändigt, selbständig gewesen? Bei dem Wort »spontan« tut es mir weh: Meine Spontaneität mußte ich unterdrücken, habe mein Leben mittels Vernunft im erlaubten Rahmen gehalten.

4.3.: Wenig später taucht ein anderes Bild aus der Kinderzeit auf: Ich habe oft »Prinzessin« gespielt. Der Analytiker fragt, wie das Leben von Prinzessinnen sei. Mir fällt nur ein: Was sie sagen, wird getan, aber Vorstellungen über das Ausmaß ihrer Macht kommen mir nicht. Der Analytiker sagt, Prinzessin zu sein sei eine Möglichkeit für Kinder, sich aus einer schwierigen Lage in eine schönere hineinzuträumen: Eine Prinzessin hat mit der Armut der realen Familie nichts zu tun.

10.3.: Wenige Stunden danach kommt das Bild, das mich dann lange begleitete: Ich sehe mich als »Wesen« in einer Hundehütte, aus der ich nicht herauskann, obschon ich nicht angebunden bin. Draußen ist das schönste Wetter, aber mir bangt. Der Analytiker fragt, wie ich herauskommen könnte? Ich sage: wenn einer die Hütte wegnähme. Aber dann wäre die Angst zu groß, keine Unterkunft zu haben. Daß jemand in meine Hütte hereinkommt, um mich herauszuholen – geht auch nicht, die Angst vor dem Eindringling wäre zu groß. Also nur: von außen locken. Der Psychoanalytiker sagt, ich beschreibe mit diesem Bild (das ich in mir fühle) meine Situation ganz genau. Wir sollten also besehen, warum ich nicht herauskönne. Ich sage: Es ist jeder Mut verlorengegangen. Er sagt: »Trotzdem machen wir morgen weiter.«

11.3.: In der nächsten Stunde fällt mir zu der Hundehütte ein, daß ich ja wirklich im Haus meiner Großeltern von meiner Tante in die Besenkammer gesperrt wurde, wenn ich ungezogen war, und welche Angst ich in dem fensterlosen, engen Verlies hatte. Ich erlebe diese Situation wieder, seufze, atme tief, aber das spürt nur mein Körper, dringt nicht ins Mitteilbare, ich kann meinen Kummer dem Psychoanalytiker nicht mitteilen. Das belastet mich sehr, daß ich keinen Zugang zu dem finde, was sich in mir rührt und durch Tiefatmen anzeigt. Der Analytiker findet, nach der Versteinerung, von der ich am Anfang gesprochen habe, zeige das Seufzen doch eine Bewegung. Ich stellte mir »Erfolge« zu großartig vor, wie einen Dammbruch bei einer Staumauer, es sei eher wie eine Wüste, die zu bewässern sei.

20.3.: In der Nacht vor der letzten Stunde vor der Osterpause träumte ich vom Haus des Analytikers am Waldrand (s. S. 58). Mein Tagebuch enthält nichts darüber, was er zu diesem Traum gesagt hat, nur mein »auch dazu habe ich keine Assoziationen«.

Fortsetzung des zweiten Behandlungsabschnittes

14. April 1986 (40): Äußerlich braungebrannt – »mein Zustand ist schlimmer denn je; durch die Glasscheibe geht nichts mehr hindurch, weder von außen nach innen, noch umgekehrt«. Während der ganzen Zeit im Urlaub keine Einfälle gehabt. *Sie möchten mir über Ihren Urlaub offenbar nichts mitteilen.* Sie kann schließlich zugestehen, daß es Zeiten gab, in denen sie sich sehr wohl fühlte: »Wenn ich wie eine Katze zusammengerollt in der Sonne lag.« Es sei keine besondere, sondern eine ganz normale Katze; sie habe einen Stammplatz an der Sonne oder am warmen Ofen; sie werde von einer mütterlichen Frau versorgt; dort im Hause gebe es nur zwei Katzen, auf keinen Fall sei sie eine unter vielen. Sie habe die Möglichkeit, gestreichelt zu werden, aber sie müsse nicht ständig gestreichelt werden. Zu Hause stritt sie sich immer mit den Brüdern um die Katze. Die hörte auf Pfeifen, und ein Kind pfiff sie dem anderen immer weg. »Die schlief mit in meinem Bett, war mein Lieblingstier, und mit der konnte ich als einzige schmusen.« Ebenso gab es bei den

Großeltern auf dem Grundstück auch eine Katze. Frau Schweizer bringt diese Einfälle deutlich beteiligt und endet dann mit der stereotypen Frage »Wozu dient mir denn das alles?« *Sie möchten sich hier nicht mit bestimmten Anteilen, die Sie im Urlaub genießen durften, auseinandersetzen.* »Ich kann doch nicht lebenslang eine Katze sein.« Sie habe das eindeutige Gefühl, im Urlaub keine Schularbeiten gemacht zu haben.

15. April 1986 (41): Nach der Stunde fühlte sie sich gestern deutlich besser. Sie kommt noch einmal auf die Katze zurück. *Wie oft durften Sie in Ihrem Leben wohl eine Katze sein?* Sie sagt lächelnd: selten. *Möglicherweise gibt es eine Chance zum Nachholen.* Allmählich kann sie in der Stunde mehr Gefühle wahrnehmen: Sie hört das Singen der Vögel, träumt sich den Frühling herbei und überlegt, ob sie mit ihrer Gruppe wieder wandern gehen soll. *Bei der Beschreibung ihrer Gruppe verstehe ich erstmals, in welcher Form diese für sie Geborgenheit und Schutz bietet: Sie läuft mit, fühlt sich in der Gruppe zu Hause, alles ist vorgegeben, sie wird umsorgt; ich kommentiere es dann entsprechend. Ich träume diese Träume mit, und dann fühlen wir uns zunehmend mehr durch den Krach der Autos draußen gestört.* »Es geht wohl darum, daß ich mehr von mir zulassen muß und mich mehr selbst erfahren darf.« Bisher habe sie die Gestaltung der Stunde, trotz ihrer Schularbeiten, mir überlassen. Langsam begreife sie, daß sie die Chance habe, den Verlauf der Stunde selbst zu gestalten.

28. April 1986 (42): *Noch einmal müssen, aufgrund eines Kongreßbesuches – schon langfristig angekündigt – einige Stunden ausfallen.* »Es ist nicht günstig, daß jetzt wiederum eine lange Pause war, ich habe einen stärkeren Rückzug gemerkt.« *Sie drücken Ihren Ärger über meine erneute lange Abwesenheit vorsichtig aus.* Sie merkte zwar körperliche Reaktionen, aber keine Gefühle. Gestern in der Sonne beim Lesen habe sie sich nicht wie eine Katze, sondern wie ein Hund gefühlt: »Ein Hund, der auf die Stimme seines Herrn lauscht.« *Bestimmte Anteil von Ihnen wollen wie eine Katze unabhängig sein, diese möchten mal gestreichelt werden und möchten sich manchmal verweigern. Weitere Anteile wollen und müssen unbedingt auf die Stimme des Herrn hören.* »Es sind sogar zwei Herren, damals mein Vater und heute Sie als mein Analytiker.« Sie weiß immer noch nicht, wie sie mit mir umgehen soll, da es außer dem Umgang mit dem patriarchalischen Vater und dem verwöhnenden Großvater keine Erfahrungen mit Männern gibt. Sie kann sich nicht daran erinnern, daß sie je spontan zum Vater hinsprang, ihm etwas zeigte, malte oder ihm brachte. Mit 16 Jahren wanderte sie einmal mit ihm zehn Tage lang im Urlaub im Erzgebirge. Sie sei aber immer zwei Schritt hinter ihm gegangen, habe ihn nie erreichen können, aber auch nicht angesprochen. *Beschreiben Sie mit Ihrem Einfall auch die Situation hier?* »Es sind noch viel mehr Schritte, die Sie vor mir herlaufen.«

29. April 1986 (43): Gestern fühlte sie sich durch meine Bemerkung, daß ich hinter ihr säße, daß ich nicht vor ihr weglaufen würde, beschützt. Wieder folgen die bekannten Zweifel und ihre Selbstvorwürfe. In der Zwischenzeit klingelt es zweimal an der Praxistür Sturm (offenbar zu früh kommende Mitglieder der Therapiegruppe am Dienstag). Sie geht darauf nicht ein und beklagt sich, daß ihr nichts einfalle. *Als ich sie auf das auch mich störende Klingeln aufmerksam mache, wird die abgelaufene Sequenz deutlich und auch deutbar.* Zunächst wollte sie mich auffordern, hinauszugehen, dann fand sie es unwichtig. *Als ich noch einmal nachfrage,* zeigen sich massiver Ärger und zunehmend Neid: Es sei ihre Stunde, wo niemand stören dürfe; insbesondere keine anderen Frauen aus der Gruppe. Wie immer habe sie aus ihrem Ärger das Gegenteil machen wollen, indem sie mich auffordern wollte, hinauszugehen und zu helfen.

Sie beklagen sich immer wieder, daß Sie nichts spüren, aber an dieser Szene wird deutlich, daß Sie selbst die Mauer um sich herum aufbauen. Selbst wenn etwas eindringt, mauern Sie das Loch sofort wieder zu. Es darf nichts raus und rein. Sie seufzt tief und schweigt bis zum Ende der Stunde. Als sie geht, hat sie verweinte Augen.

Sie weiß offenbar wirklich nicht, wie man mit einem Vater umgeht. Von früh an hat sie in seinem unbewußten Auftrag gelernt, nur »wichtige« Dinge an ihn heranzutragen. Ihr Alltag, die alltäglichen Wahrnehmungen, ihre Vergnügungen, Phantasien und Ängste sind damit »unwichtige« Dinge.

5. Mai 1986 (44): Traum: *Ich habe ein Zimmer in einem südlichen Land. In dem Haus leben mehrere Frauen mit schwarzen Gewändern, und zwar eine Mutter und ihre Schwestern. Mein Zimmer soll aufgeräumt werden, aber durch das Aufräumen kommt es in Unordnung. Ich soll etwas Künstlerisches schaffen, aber mir ist klar, daß ich es nicht kann, und ich schaffe es auch nicht.*

Einfälle: Die Frauen erinnern sie an den Süden von Griechenland; im Hause ist kein Mann. Sie wünsche sich schon ihre Ordnung etc. *Möchten Sie nur mit einer Mutter und anderen Frauen leben?* Die Mutter entwickelte sich nach dem Tod des Vaters noch weiter, aber selbst dann benötigte sie noch lange Hilfe.

Der rivalisierende Neid der letzten Stunde ist wieder verdrängt. Sie träumt sich als 25jährige Frau, die in Harmonie mit Mutter und Schwestern lebt. *Ich bin enttäuscht, als ich mir klarmache, daß für die Patientin »inneres Aufräumen« Unordnung bedeutet. Möglicherweise ist die Psychoanalyse Älterer als intensive Behandlung deswegen so schwierig, weil einerseits riesige Erwartungen an Vater und Mutter wach werden, was sie alles (endlich!) wieder gutmachen sollen. Vorwärts kommen heißt andererseits, höchst unerfreuliche und schwer aggressive Anteile in der Übertragung zuzulassen, dazu als Analytiker zu stehen und diese (als Jüngerer!) noch abgeklärt und liebevoll zu bearbeiten. Einige Stunden vorher wurde ich mit dem Ansinnen einer 72jährigen Patientin in ihrer Anfangsphase der Analyse (kurze Zeit später eben wegen dieser nicht erfüllbaren Erwartungen an mich abgebrochen) konfrontiert, daß ich wie ein gütiger, alter, weiser Mann (ich sollte 20 Jahre älter als jetzt und damit deutlich älter als sie selbst sein) alle Sünden und Schuldgefühle vergeben sollte. Trotz der mir attestierten Kompetenz wurde ich eindeutig als Jüngerer als für diese Aufgabe unbrauchbar eingestuft.*

6. Mai 1986 (45): Frau Schweizer beginnt die Stunde mit einem deutlichen Vorwurf: Gestern hätte sie mir einen Traum mitgebracht, aber es habe sich gefühlsmäßig nichts bewegt. Möglicherweise habe sie mir nicht genügend vermittelt, daß die Unordnung in dem Traum sie tief beunruhigt hätte. Etwas drängelt sich in ihren jetzigen Lebensbereich hinein, sie verändere sich und sie habe es nicht in der Hand, was passiere. *Nach meiner Ansicht drängt sich nichts in Ihr Leben herein, sondern ich nehme an Ihrem Leben teil;*

Sie haben Angst, daß das, was passiert, von Ihnen nicht mehr kontrolliert werden kann. Ich habe gestern wohl gemerkt, daß der Traum etwas von Ihrer allgemeinen Angst ausdrückt. Sie selbst haben das Zimmer in den Süden, d.h. weit weg von hier, verlegt. Sie können offenbar nur im Traum Angst zulassen. Mir ist aufgefallen, daß Sie in diesen Tagen nach der Katastrophe von Tschernobyl in keiner Weise über wahrgenommene Angst sprechen. Sie spürt nichts. Sie überfordere offenbar die Männer – wenn sie ihnen schon begegne –, weil sie zu viel haben wolle, und so ginge sie wohl auch mit den Frauen um. *Gestern hatten Sie keine Vorwürfe an Männer, heute sind die Vorwürfe unüberhörbar. Sie klagen den Vater an, daß er nur für die Brüder da war; Sie klagen die Brüder an, daß sie Ihnen die Zuneigung des Vaters weggenommen haben; Sie klagen Ihren Analytiker an, daß Sie das Vertrauen zu ihm verloren haben. Offenbar ist es schwierig, sich innerlich diesen Gefühlen zu stellen.*

12. Mai 1986 (46): *Offenbar ist ihr aufgewachter Zorn über die Männer und damit auf mich so groß, daß ich ihn nicht an mich heranlassen darf.* Die Behandlungsstunde wird zu einem ermüdenden Clinch über Medikamente.

13. Mai 1986 (47): Heute unvorbereitet gekommen, aber mit der gleichen Angst wie sonst. *60 Jahre lang durften Sie Ihre Angst und Ihren Ärger nicht zulassen. Jetzt lassen Sie sie zu. Ich kann mir nicht vorstellen, daß sie jetzt einfach weg sein sollen.* Sie schweigt betroffen, merkt dann aber, daß ihr meine spontane Reaktion guttut. Dann überlegt sie selbst, warum sie mir gestern nicht – wie sie wollte – über die schönen Anteile ihrer BDM-Zeit berichten konnte. *In der weiteren intensiven Behandlungsstunde können wir darüber sprechen, daß sie Angst hat, von mir als Jüngerem verurteilt zu werden.*

Deutlich und deutbar wird, daß Frau Schweizer bei dem BDM viele intensive Wünsche an Heimat, an Geborgenheit, an Zuversicht und an Weiterentwicklung gehabt, aber auch Möglichkeit, der Familie zu entrinnen, gesucht und gefunden hat.

20. Mai 1986 (48): Frau Schweizer möchte mich zunächst mit der Frage, ob Passivität Faulheit bedeute, zu einem intellektuellen

Gespräch verführen. *Als ich dann ihre Abwehr deute, sich mit ihren Gefühlen nach dem gerade beendeten Pfingstwochenende zu befassen,* wird deutlich, welches Ausmaß sie an einsamer Verzweiflung und ohne Kontakt erlebte.

27. Mai 1986 (49): Nach der letzten Stunde wieder lebhafter. Sie merke, daß ihr Zustand doch etwas mit unterentwickelten Gefühlen zu tun habe. Vorhin freute sie sich zu Hause noch auf ihre Behandlungsstunde, vor der Tür war die Freude wieder weg. Wieder hat sie das Gefühl, nichts geleistet zu haben. Sie kann erstmals über die Schweigepausen sprechen »sie sind mir unerträglich, da sie mir jeweils verdeutlichen, daß ich nicht weiterkomme und nichts einbringen kann«. Nur wenn ich weiterfragen könne, könne sie daran arbeiten und hätte das Gefühl, beteiligt zu sein, wenn es oft auch bitter sei.

3. Juni 1986 (50): Aufgrund einer einwöchigen Pause und einer noch dazu kurzfristig verlegten Stunde läßt sich wieder sehr mühsam und zäh an ihrem nichtzugelassenen Ärger arbeiten. Als die Brüder sie in der Kindheit wieder bis zur Weißglut gereizt hatten, fiel ihr noch nicht einmal ein Schimpfwort ein; nur das Wort »Ziech«. Auch jetzt fällt ihr dazu kein passendes Schimpfwort ein. *Als ich ergänze »Ziege«:* »Na, ja, die Frau als Ziege.« Immer sei sie wegen ihrer kindlichen Wut ausgelacht und damit aufgezogen worden. Wieder darf sie nicht verstehen, daß ihre (noch immer abgewehrte) Wut mit dem Ärger auf mich über die lange Pause zu tun hat.

4. Juni 1986 (51): Heute morgen mit einem »schwachsinnigen« Liedtext aufgewacht: Man müsse sich auf Gott, den Herrn, stützen, er sei stark, ein Führer, ein Stern am Himmel, der beglücke etc. Zuerst habe sie sich gefragt, ob darin nicht auch Erwartungen an mich steckten, die sie sich zu ihrem eigenen Erstaunen und Erschrecken wünschen könnte. Seit einigen Stunden wieder stärkeres Vertrauen zu mir und zur Analyse. Sie wünschte sich zu Hause immer »ein warmes kuscheliges Nest mit Kontakten, kein kaltes unfreundliches Bett, wo sie nur allein liegt und keine Wärme bekommt«. Schon selbständig, aber behütet. Frau Schweizer kann sich immer mehr ihren Einfällen überlassen: »Ich stehe jetzt mit erhobenen Fäusten zitternd vor meinen Eltern, möchte ihnen etwas sagen, aber traue mich nicht.« Mit drei Jahren wurde sie das erste Mal weggegeben, weil sie so schwächlich gewesen sei. Vielleicht wollte man ihr etwas Gutes tun, aber sie sei von der Mutter weggeschickt worden, die ihren Platz für das Nächstgeborene brauchte. *Sie dürfen sich unverändert Ihre Bedürfnisse nach Fütterung und nach Wärme nicht zugestehen, und so stehen Sie eben verzweifelt, mit geballten Fäusten vor ihren Eltern.* »Ich bin erschrocken, daß ich derartige Wünsche haben könnte.«

5. Juni 1986 (52): Sie fühlt sich heute wieder völlig verschlossen. Als ihr dann die gestrige Strophe einfällt »Ich schließe die Augen und vertraue mich dir ganz an«, kommentiert sie sofort voller Abwehr: »Hier ist das unvorstellbar. Ich muß alles – auch im Dunkeln – um mich herum sehen und unter Kontrolle haben. Wenn ich die Augen zumache, geht alles unter.« *Dabei erst wird mir bewußt, daß sie im Zimmer irgend etwas anderes überhaupt nicht wahrnimmt, um sich nicht ablenken zu lassen. Ich fordere sie dann – schon selbst über diese Kontrolle verzweifelt – auf, sich im Zimmer umzusehen.* Sie sieht dann plötzlich die Wolken am Himmel, und dann gehen ihre Gedanken mühselig nach Mallorca in die Wärme, auf die Kanarischen Inseln und schließlich nach Griechenland. Plötzlich merkt sie ihre Lust zu verreisen. Gestern in der Zeitung las sie, daß es jetzt auf Mallorca warm ist, aber ihr Inneres kommentiere sofort, daß sie gar keine Reiseträume habe.

Die lebenslang abgewehrten regressiven Wünsche werden bewußtseinsnäher, müssen aber aufgrund der dabei erlebten tiefen Enttäuschungen weiter bagatellisiert werden.

9. Juni 1986 (53): Über das Wochenende wieder völlig erstarrt und sich schlecht gefühlt. Sie fragt mich, ob ich dem Verlängerungsantrag zustimmen würde. Sie möchte die Therapie weitermachen, fürchtet aber aufgrund ihrer Mitarbeit eine »5« zu erhalten (die schlechteste, je in der Schule an Mitschüler vergebene Note war eine 4, sie selbst erhielt nur ein einziges Mal eine 3). »Ich möchte, daß Sie anders sind als mein Vater, und habe gleichzeitig Angst, daß Sie wie er eine eisige Miene aufsetzen und ob meines Wunsches erstarren.«

Die Stunde verläuft noch mühsamer und langsamer als sonst. Ich fühle mich durch die unausgesprochenen Vorwürfe gequält und frage immer wieder nach, damit die Stunde nicht im Schweigen versinkt. Ihr fällt dazu der passende Liedtext ein: »Jetzt möchte ich sterben und dann ist alles still.« *Wie konnte man Sie früher trösten?* Der Vater hätte mit ihr gebetet und auf Jesus verwiesen; die Mutter sei traurig geworden und habe sich zurückgezogen; frühere Freunde sagten, es geht mir noch schlechter; ihr Psychoanalytiker versuche nur zu verstehen, wo es herkomme. *Sie möchten hier etwas anderes haben, nämlich von mir getröstet und auf den Arm genommen zu werden, wie es der Vater und wohl auch die Mutter offenbar nicht konnten.* Frau Schweizer seufzt tief und sagt nach langem Schweigen, daß dieses Angebot zuviel gewesen sei. Es habe sie geschüttelt: »Der Vater konnte es eben einfach nicht.« Sie will schon, daß ich den Kummer schnell wegnehmen und sie trösten soll, und weiß gleichzeitig, daß sie es nicht annehmen kann. Frau Schweizer geht mit rotgeweinten Augen.

10. und 12. Juni 1986 (54, 55): Noch verzweifelter und erstarrter als gestern. Dann fallen ihr Strophen eines Liedes von Eichendorff ein (die sie vollständig aufsagt): Ein Mann verliebte sich vor vielen Jahren in ein Mädchen, das ihm aber seinen Ring zurückgab. Er versuchte dann auf vielerlei Weise, damit fertig zu werden, und übernahm viele Aufgaben, vom Musiker bis zum Soldaten, aber er kam nie zur Ruhe. Seine Sehnsüchte bestehen unverändert fort, und jetzt möchte er alles vergessen (d. h. wohl sterben). Sie kann sich mit diesem Mann völlig identifizieren und versteht erst allmählich, daß auch eine Frau so intensiv leiden kann. *Dieses ist hier der entscheidende Aspekt. Offensichtlich hängt es hier von Ihrer Beziehung zu mir ab, ob es Ihnen besser oder schlechter geht. Entscheidend ist, ob Sie trotz aller Ängste und schlimmen Vorerfahrungen sich allmählich darauf verlassen können, daß Sie sich ohne Beschädigung und ohne Beschämung mit mir zusammen Ihre Lebenssituation ansehen können – auch mit Hilfe der Verlängerung – oder nicht.* Nach langem Schweigen erinnert sie sich, daß ihre Mutter nie mit ihr irgend etwas gemacht und sie nie getröstet habe. Sie selbst mochte eine andere Mutter so sehr gern, weil die so warmherzig, freundlich und lebenslustig gewesen sei. Diese andere Mutter hätte nur eine schwierige Seite gehabt, da sie einmal sehr freundlich und warmherzig war und einmal schweigend erstarrte. *Sie möchten sich von mir als Mann eine solche mütterliche Hilfe holen, aber Sie wissen nicht, wie ich reagiere und ob ich dazu fähig bin. Sie befürchten, wie bisher immer in Ihrem Leben, auch von mir mit diesem Wunsch abgelehnt zu werden.* In der nächsten Stunde völlig erstarrt, berichtet sie über die letzte zerbrochene Freundschaft zu einer Frau vor 15 Jahren.

24., 26. und 30. Juni 1986 (57, 58, 59): Nach einer kurzfristig von mir abgesagten Stunde und dem darauffolgenden Wochenende (fünf Tage Pause) fühlt sich Frau Schweizer wieder völlig erstarrt. *Alle Deutungen, daß ihre Klagen Anklagen wegen der langen Pause seien,* erreichen sie nicht. In der Stunde herrscht eine eisige Atmosphäre. *Ich habe den Eindruck, sie möchte mich nicht verstehen.*

In der nächsten Stunde realisiert sie selbst: »Die gestrige Stunde war deswegen so schwierig, da meine Beziehung zu Ihnen unterbrochen war.« *Ich deute (in zwei Schritten), daß ich mir zunächst offenbar als Ausdruck einer Wiedergutmachung nach der Pause sehr viel Mühe geben und daß sie mich immer wieder durch Abbrechen der Beziehung bestrafen müsse, weil ich offenbar zu wenig mütterlich handele.* Danach verbessert sich die Atmosphäre in der Stunde deutlich. Ich solle, so wie in der letzten Stunde, mit ihr fortfahren, aber sie weiß nicht *(auf Nachfrage)* wie. Immer wieder fällt ihr das Lied ein »Du bist mein Stern, Du bist mein Stab, Du bist mein Quell, Du bist mein Brot«. Heute wünscht sie sich mich als Stern, dem sie nachwandern kann. *Als ich sie darauf hinweise, daß ein Stern ein sehr entferntes, nie erreichbares Ziel ist, und frage, ob sie sich solche Beziehung zu mir wünsche,* ist sie über diesen Vergleich irritiert, merkt aber, daß sie sich mich schon als fernes Ziel wünsche und Angst vor einer direkten Beziehung habe. »Es wäre einfacher, Sie wären ein großes Stück Brot, was ich essen kann, dann hätte ich etwas von Ihnen.« *Wenn ich ein Stück genießbares Brot bin, dann haben Sie mich sicher in sich, und gleichzeitig können Sie sich darauf verlassen, daß Sie durch dieses Brot kräftiger und stärker werden. Schließlich braucht das kleine Wesen in der Hundehütte Essen, um zu überleben und um größer zu werden.*

1., 2. und 3. Juli 1986 (60, 61, 62): Die beiden ersten Stunden verlaufen ein wenig intensiver, und Frau Schweizer bringt auch mehr Einfälle. Sie wirkt aufgeschlossener. Sie kann Ärger über und Eifersucht auf den Bruder zulassen; dazu stellte sie sich plötzlich viele Fragen: Jahrzehntelang schaute sie als große Schwester auf ihn, den kleinen Bruder, herab; schaut er jetzt auf sie herab, weil sie nichts geschafft hat? Muß sie sich weiter um ihn kümmern oder darf sie jetzt die Kleine sein, die versorgt wird? Vertritt sie wirklich einen eigenen Standpunkt? Lebt sie möglicherweise doch insgeheim stärker nach den Normen der Familie, um damit wenigstens an dem kargen Familienleben noch immer teilzuhaben, da es (noch?) nichts Besseres gibt? Ist ihr Beruf als Sozialarbeiterin doch zu sehr durch die religiöse, pflegerische und pädagogische Ausrichtung geprägt, und wäre ihr früherer Beruf, der Fremdsprachenkorrespondentin, nicht ihr wirklicher Weg gewesen? *Dadurch, daß Sie sich selbst Vorwürfe machen, bekämpfen Sie in Wirklichkeit die in Ihnen verankerten Normen Ihrer Familie!*

7. Juli 1986 (63): Nach der Wochenendpause (die Ferienzeit steht an) Traum: *Ich bin atomverstrahlt und komme mit elf Leidensgenossen in eine Klinik. Sie ist ganz weiß und wirkt wie eine Aula. Jeder liegt so, daß er den anderen mit seinen Verbrennungen nicht sieht. Ich werde behandelt (unbekannt durch wen), und lauter Partikelchen kommen aus meinem Körper heraus. Eine große Gruppe von Kollegen aus meiner früheren Dienststelle kommt zu Besuch; sie möchten mich besichtigen und drängeln sich durch die Räume. Ich frozzele mit meinen Leidensgenossen über diesen Besuch, den ich nicht haben will.* Ihre Einfälle beziehen sich zunächst auf die erstarrte, kalte Atmosphäre, die sie auch an Räume ihrer früheren Dienststelle erinnern. Mehr zufällig realisiere ich, daß Frau Schweizer diesen Traum bereits vor 14 Tagen träumte (d.h. in der Erstarrungssituation!) und ihn jetzt als »Lückenfüller« mitbringt. *Dieser Traum vor 14 Tagen offenbarte die damalige schlimme Situation des drohenden Abbrechens des Kontaktes zu mir, auch daß Sie ihn jetzt vor der Pause mitbringen, heißt wohl, daß Sie mich damit auf Ihre Situation, die Sie für die Pause befürchten, aufmerksam machen wollen.* »Ich merke, daß ich mich zunehmend in einem Kokon einspinne.« In ihrem Leben möchte sie nie wieder von einem

Menschen (also auch nicht von mir, ihrem Analytiker) abhängig sein; heute morgen überlegte sie, wozu sie überhaupt in die Analyse gehen solle.

Unangesprochen verdeutlicht mir dieser Traum zusätzlich, wie geschädigt sie sich erlebt. Der angebotene Kontakt durch die Kollegengruppe kann nur als Besichtigung erlebt werden. Völlig zerstrahlt – nur so kann sie ihre schreckliche Situation verdrängen – frozzelt sie noch. Gleichzeitig vermittelt sie mir, welch eine Katastrophe ein Abbruch der Beziehung und damit auch die kommende Pause darstellen wird.

8., 9. und 10. Juli 1986 (64, 65, 66): In den letzten drei Stunden vor der Sommerpause zieht sich Frau Schweizer immer weiter in ihren »Kokon« zurück. *Alle meine Deutungen, daß die Ursache dafür die sechswöchige Sommerpause sei, prallen zunächst ab. Erst später verstehe und deute ich, daß eine Art Machtkampf stattfindet: ob ihr Gefühl, daß die bevorstehende Sommerpause keine Rolle zu spielen habe, siegt oder ob sie sich meinem Eindruck, daß es eine entscheidende Rolle spielt, unterwerfen muß. Gleichzeitig sucht Frau Schweizer Trost bei mir und fühlt sich etwas besser, als ich darauf hinweise, daß wir nach der Pause mit beantragter Verlängerung die Arbeit fortsetzen werden. Ich fühle mich in diesen Stunden ständig aufgefordert sie zu trösten, ihr gut zuzureden und mich als stabile, verläßliche Beziehung zu präsentieren, wobei ich ihr erlauben soll, gleichzeitig wegen der Pause auf mich wütend zu sein.*

Frau Schweizer: **Bericht über diesen Behandlungsabschnitt (April bis Juli 1986) im Rückblick**

14.4.: Dann sind drei Wochen Ferien, ich bin mit einer Freundin auf Mallorca. Danach fühle ich mich noch mehr »zu«. Das Glas zwischen mir und der Welt und zwischen meinen Gefühlen und mir ist noch dicker geworden, sage ich in der ersten Stunde nach den Ferien. Verlockt durch Fragen, berichte ich dann aber, daß ich es genossen habe, in der Sonne zu liegen wie eine Katze. Ich mag Katzen sehr. Der Analytiker meint, mit diesen Äußerungen sei etwas aus meinem Unbewußten zutage gekommen. Ich sage, wenn das meine Wünsche seien, gar nichts zu tun, käme ich ja in Konflikt mit der Welt, die Arbeit wolle, selbst in der Analyse. Er sagt, »Arbeit« bedeute hier, daß ich alle Einfälle ohne Vorzensur bringe; Schularbeiten brauchte ich nicht zu machen. Das höre ich wohl, kann mich aber nicht »wohlig dehnen« wie eine Katze; mache, wenn ein Gefühl, das ich bisher nicht kennen »durfte«, an mich heranzukommen droht, sofort dicht, füge Stein um Stein in die Mauer um mich ein. Ich frage, ob das vergehe, wenn ich mir auf die Schliche komme; er sagt, wir müßten es versuchen. Es müsse einiges in mir erst in Unordnung geraten, ehe sich etwas verändern könne, und diese Unordnung mache mir angst, weil ich nicht mehr Herr über mich sei.

4.6.: Es zeigen sich nun auch in meinem Tagebuch erste Anzeichen von Angst vor Abhängigkeit: Einerseits will ich vertrauen, aber das bedeutet Beziehung, und ich fürchte Enttäuschung. Andererseits wünscht sich etwas in mir, daß jemand mein Leben in die Hand nimmt und ich mich in ein weiches, warmes Nest einkuscheln kann. Der Analytiker sagt, das seien Kinderträume; wie alt dieses Kind sei? Ich sage erst: unter sechs, dann genauer: drei Jahre, weil ich drei Jahre alt war, als ich von zu Hause fortgebracht wurde. In immer neuen Ansätzen sprechen wir vom Verlassenwerden, das ich immer wieder erlebte, so daß ich mich enttäuscht und verbittert zurückzog und, wie er sagt, nun nicht mehr in eine Falle locken lassen will. Dies sei ein Problem, ob ich mich darauf einlassen könne, ihm zu vertrauen. Unsere Gespräche würden sehr schmerzhafte alte Wunden berühren, und ich schützte mich davor durch Verschließen. Vielleicht wehre sich etwas in mir, nachdem ich so lange allein zurechtkommen mußte, jetzt der Hilfe zu bedürfen.

2.7.: Viele Gespräche gehen um meine Situation in meiner Familie. Alle Geschwister haben sich in ihrer Berufswahl und ihrer Lebensführung in die von der Familie gegebenen Normen eingefügt; ich bin als einzige ausgebrochen, bin das schwarze Schaf. Ich habe auch zu keinem einen wirklichen Kontakt. Der Analytiker zeigt, daß auch ich meinen Beruf nach dem Vorbild des Vaters gewählt habe: für andere Menschen etwas zu tun.

7. 7.: In die nächste Therapiestunde bringe ich folgenden Traum, den ich aber 14 Tage vorher geträumt habe über meinen Aufenthalt im Atomkrankenhaus (s. S. 71).

Auch die nächste Stunde beginne ich mit der Klage, daß ich »zu« bin, und der Analytiker sagt, das sei eine bittere Anklage gegen mich selbst und gegen ihn, weil er mich nicht heraushole. Als er auf meine Frage, was ich denn tun könne, sagt: »Nichts, nur nach der Pause wiederkommen und weitermachen«, und daß er doch da sei, auch wenn ich zu bin, empfinde ich das als Trost. Da reagiert doch überhaupt etwas in mir.

Dritter Behandlungsabschnitt vom 25. August bis zum 26. November 1986 (47 Stunden): *Die Welt außerhalb meiner Hundehütte ist doch unbrauchbar oder sogar bedrohlich, besser ich bleibe drin.*

25. und 26. August 1986 (66, 67): *In der Sommerpause habe ich in einem restaurierten mehrstöckigen Jugendstilhaus einen großen hellen Praxisraum bezogen; inzwischen ist auch die zweite Bewilligung der Krankenkasse eingetroffen.* Noch erstarrter und zurückgezogener als sonst nach der Pause. *Wieder spüre ich die Aufforderung, mich zu bemühen, einzusetzen und damit wiedergutzumachen.* Sie weiß um die zweite Genehmigung der Kasse, kann es aber nicht genießen. Allmählich wird ihr bewußt, wie schlimm wieder diese erneute Unterbrechung der Beziehung zu mir war.

Offenbar als Geschenk – auch um die Arbeit zu intensivieren und zu stabilisieren – biete ich ihr eine 4. wöchentliche Behandlungsstunde an.

8., 9., 10., 11., 15. und 16. September 1986 (68–73): Nach ihrer Frankreichreise erlebt sich Frau Schweizer noch erstarrter, noch resignierender und äußert deutliche Suizidgedanken. Ihre Reise in ihr (sonst) Lieblingsreiseland wurde durch die fehlende Beziehung zur Schwägerin und zum Bruder enttäuschend; sie kann sich die deutliche Konkurrenz mit dem Bruder um die Schwägerin nicht zugestehen. Gleichzeitig registrierte sie allerdings einige vorsichtige Annäherungsversuche des Bruders, der sie nach seiner Pensionierung jetzt einige Male besuchte. Die Stunden sind durch die Drohung überschattet, aus ihrer Wohnung (aufgekauft als Eigentumswohnung) ausziehen zu müssen. Obwohl sie die Wohnung nach ihrem bewußten Eindruck überhaupt nicht mag, fällt es ihr schwer, wieder »zu wandern«. Voll Unruhe, Angst und sogar Panik kreisen die Gedanken nur noch um diesen Aspekt. *Ich deute, daß Rausgesetzt-zu-Werden eine panikartige Erinnerung sei, und verbinde dieses mit ihren Kindheitserfahrungen der häufigen Umzüge und der Weggabe zu den Großeltern.* In den beiden Stunden nach dem Wochenende fühlt sie sich von Panik überflutet. *Erst als ich mit ihr versuche, die unterschiedlichen Teile, die Panik bedingen können, zu sortieren und ihrer Biographie zuzuordnen, wird sie innerlich ruhiger.* Vor dieser Panikattacke ging es immer wieder um ihren Wunsch, von mir mütterlich beschützt zu werden. Sie weinte vorübergehend, wehrte die Empfindungen dann wieder ab. Einige Tage später kann sie allerdings formulieren: »Ich fühle mich wie ein kleines Kind auf der Suche nach der Mutter, und ich weiß nicht, wo sie ist.« In der letzten Stunde wird plötzlich das Essen zum Thema: Sie kann das Essen nur noch genießen, wenn sie mit anderen Leuten geht. Als sie das Thema schnell wieder wegschieben will, *schlage ich vor, weiter darüber nachzudenken, ob das »Essen im Familienkreise« nicht viel wichtiger sei, als sie sich bisher zugestanden habe.*

17. September 1986 (74): Das Thema »Essen« beschäftigt sie weiter. Während sie früher gern essen ging, ißt sie jetzt sehr ungern. An die Kindheit erinnert sie sich besonders wegen der Eintöpfe ihrer Mutter. *Erst auf energisches Nachfragen* viele Einfälle: Bei aller Dürftigkeit des Essens kochte die Mutter gern und versuchte, die Kinder auf diesem Wege zu verwöhnen. Das Mittagessen war der einzige Termin, zu dem sich alle trafen. Mittags war es erlaubt, miteinander zu reden, sich auszutauschen und manchmal etwas lustig zu sein. Sie brachte sich selbst das Kochen bei, um sich wenigstens dadurch etwas zu verwöhnen.

Ich erlebe sie in dieser Stunde deutlich lebendiger. Sie kann mir ihre Vorlieben und Lieblingsgerichte vorstellen. *Wieder fällt mir auf, wie lange Zeit sie sich mit den Anschauungen des Vaters identifizierte, der lebenslang dem Essen kaum Bedeutung zumaß. Erst spät konnte sie sich über das Essen etwas verwöhnen, aber jetzt offenbar auf keinen Fall mehr. Wieder tauchen in meiner Phantasie zahlreiche Aktivitäten auf, die ich ihr zutraue, so z. B. ein Französisch-Kochkurs, eine Reise zu den Curry-Märkten von Indien etc. Unverändert sehe ich für sie in größerem Umfang Lebensmöglichkeiten, die sie sich selbst noch nicht zugestehen kann.*

22., 23., 24. und 25. September 1986 (75–78): Der Rhythmus der vierstündigen Behandlung ist jetzt akzeptiert. Am Montag Traum: *Ich bin unterwegs, um Praktikantenstellen zu besuchen. In einem Jugendamt gehe ich mit einer jüngeren Frau (braune, glatte Haare, freundlich lächelnd, lebendig und lebhaft) zu der Leiterin zur Besprechung. Sie wisse, daß sie für ihre Praktikanten kämpfen und diese Leiterin im Endeffekt von ihrer Qualität überzeugen könne. Die Atmosphäre werde zunehmend kalt und unfreundlich. Der Traum wechsele, und sie sei in ihrer Wohnung zu Hause. Während sie etwas aufschreibe, komme ihre längst verstorbene Freundin aus Dresden herein.*

Nach zweieinhalb Monaten träumte Frau Schweizer erstmals wieder und bringt ihn (ohne ihn aufschreiben zu müssen) *als Geschenk* mit. Das Mädchen ist ihre heißgeliebte Freundin aus der Kindheit. Sie liebte die Mutter dieses Mädchens heiß und innig. Erstmals kann sie sie mir auch plastisch schildern und vermittelt mir eine lebendige, befriedigende Familiensituation, an der sie immer wieder teilnehmen durfte.

In der darauf folgenden Stunde ist Frau Schweizer wieder in Panik und spricht lange von Suizidgedanken, wobei sie alle – auch mich – anklagt, daß ihr keiner Tabletten gäbe, sie keiner verstünde und sie keiner einschlafen lassen wollte. *Die Stunde ist so deprimierend, daß auch mir kurz der Gedanke kommt, diese Analyse aufzugeben und ihr damit nachzugeben. Ist die Erinnerung an die »gesuchte« Mutter aufgrund einer erneuten Ablehnung so schmerzlich?*

In der nächsten Stunde erlebt sie sich als völlig erstarrt und unverändert suizidal. *Ihr Traum verdeutlicht eine Situation und wohl auch ein Gefühl, vor dem Sie sich offenbar durch Erstarrung schützen müssen. Für mich ist die sehr einfühlbare Szene die mit der Mutter der Freundin, als neuer gesuchter Mutter.* Alle weiteren Einfälle bestätigen meine Deutung, aber sie fühlt sich »verschlossen wie ein Eiterpfropfen«. *Als ich frage,* wie eine Mutter mit dem Eiterpfropfen umgehen soll, sagt sie spontan »Seifenumschläge«. Voll Erschrecken merkt sie, daß ihr keine ärztliche Maßnahme, sondern eine mütterlich-liebevolle einfällt, und distanziert sich sofort wieder davon. Sie hat sich lebenslang mit der Legende getröstet, daß ihre Mutter bis zum 4. Lebensjahr wirklich intensiv für sie da war und dann erst aufgrund der Geburt des nächsten Geschwisters nicht mehr. Jetzt frage sie sich zunehmend, ob die Mutter nicht immer ablehnend war, nie verfügbar war, da ihr keine einzige Szene an Zärtlichkeit, Freundlichkeit und Liebe von seiten der Mutter einfällt. *Ich füge hinzu, daß ich oft innerlich erstarre, wenn sie über ihre Kindheit und ihre Beziehung zur Mutter spreche. Ich erinnere sie noch einmal an den Traum und deute, daß die Frau in dem Raum vermutlich die so schwer erreichbare Mutter sei. Sie kümmere sich wohl deswegen so intensiv um die Praktikantinnen, um in Umkehrung etwas zurückzubekommen.* Nach langem Schweigen: »Jetzt geht es mir deutlich besser.« Dann wird ihr allmählich bewußt, daß sie ihre Bedürfnisse immer an andere abtrat. Aber diese Helfer-Position hielt nur kurz vor; anschließend überforderte sie ihre Umwelt dadurch, daß sie so viel wollte; die hätte sich wieder zurückgezogen. Anschließend mußte sie wieder die starke Einzelkämpferin sein, und kein Mensch durfte nach einer Enttäuschung für lange Zeit wissen, wie es in ihr aussah.

Frau Schweizer geht es am Ende der Woche wieder deutlich besser; der gefährliche suizidale Zustand verschwand wieder. *Trotz aller Irritation und Resignation auf meiner Seite erscheint mir mein Gefühl doch verläßlich, daß ich diese Psychoanalyse mit Frau Schweizer machen kann und sie trotz aller meiner negativen Gegenübertragungsgefühle nicht aufgeben werde.*

29. September bis 2. Oktober 1986 (79–82): Zunächst schildert sie mir durch Einfälle zum Alltag mehr von ihrer Alltagswelt, d.h., sie läßt mich mehr an sich heran. *In diesem Zusammenhang wird mir deutlich und ihr deutbar, daß sie von ihren Eltern kein brauchbares Vorbild für das eigene Altern mitbekommen hat.* Der Vater hat bis zu seinem Todestag am Schreibtisch gesessen und für die Gemeinde gearbeitet. Die Mutter hat erst nach dem Tod des Vaters angefangen zu lesen, aber bot insgesamt auch kein brauchbares Bild im Alter. Als sie sich dieses klarmacht, wird sie erstmals richtig wütend: »Ich habe ja schon gewußt, daß ich eine schlimme und schwierige Kindheit hatte, aber daß die Eltern nun noch daran Anteil haben, daß ich mit dem Altern nicht zurechtkomme, das übersteigt alles.« Traum: *Ich fahre mit dem Auto zu der Einweihung eines Hauses einer Kollegin. Ich wundere mich, wie sicher ich mit dem Wagen über die Wiese fahre (eine Waldwiese zwischen Bäumen). Das nur teilmöblierte, große Haus ist ein wunderschönes Gebäude im Fachwerkstil. Auf der Party sind sehr viele Leute, die ich nicht kenne; erstmals fühle ich mich nicht als völlig Ausgeschlossene, sondern gehe als selbstverständlich mit durch, beteilige mich an den Gesprächen und spreche auch kurz mit meiner Gastgeberin.*

Dieser Traum beschäftigt uns in den nächsten Stunden immer wieder. *Deutbar ist, daß sie im Traum im Augenblick (nur in dem im Traum geträumten Alter von 40 Jahren?) selbstverständlich handelt, noch Auto fährt, auf die Leute zugeht und sich sogar gegenüber der Gastgeberin (die sie als unfreundlich und zu großartig erlebt) abgrenzt.* Sie selbst wohnte früher am Waldrand in einem Fachwerkhaus. *Ich deute dann, daß sie möglicherweise in dieses Haus selbst einziehen wolle, aber die Räume stünden zum Teil noch leer und unbenützt da (symbolisierte das Haus auch ihre Innenwelt?)*

20., 21. und 23. Oktober 1986 (83, 84, 85): Frau Schweizer überstand meine 14tägige Abwesenheit nur dadurch, daß sie sich »wie betäubt in die Welt des Lesens zurückzog«. Wieder erlebt sie sich erstarrt »wie eine Puppe«; in der Wahrnehmung ihrer Umwelt dagegen wirkt sie lebhafter. Sie las das Buch von Gräfin Marion Dönhoff über Ostpreußen und fühlte sich plötzlich in dieser Atmosphäre wohl: In ihren Tagträumen lebte sie auf dem Gutshof mit, ritt, fühlte sich verwöhnt und genoß die Sicherheit einer so langen Familientradition *(Größenphantasien zur Abwehr ihrer aktualisierten eigenen ungenügenden Kindheitssituation?).*

Auch in der nächsten Stunde hält für mich ihr Verhalten an: Äußerlich relativ freundlich, wirkt sie innerlich wie ein trotziges Kind, das auf die Wiedergutmachung wartet. Ihre Stimmung schwankt zwischen deutlicher Verärgerung und Resignation. Ich vermute, daß sich viele Menschen bei ihr so den Kopf einrannten und dann aufgaben. Ihr selbst fällt ein: »Geschieht meinem Vater ganz recht, daß ich friere, warum kauft er mir keine Handschuhe.« *Ich deute ihr dann wohl spürbar vorwurfsvoll, daß sie mich jetzt wieder zwei Stunden lang für meine Abwesenheit bestrafe, um durch mein Bemühen eine Wiedergutmachung zu bekommen.* Sie hat durch meinen unüberhörbaren Vorwurf gemerkt, daß ich an ihr und der Arbeit interessiert bin. Seitdem ist sie wieder lebhafter und munterer, hat mehr Einfälle und fühlt sich weniger erstarrt. Dieser Zustand darf länger anhalten.

27., 28., 29. und 30. Oktober 1986 (86–89): Sie erinnert sich an einen Traum aus ihrem 5. Lebensjahr: *»Ich sehe im Schlafzimmer lauter Vitrinen mit vielen Edelsteinen und Kostbarkeiten, die schillern und strahlen.«* Diesen Traum träumte sie einen Tag, bevor sie als Fünfjährige wieder zu den Großeltern verschickt wurde. *Verkörpern die schillernden Kostbarkeiten die herbeigesehnte Märchenwelt der Großeltern, oder dient der Traum dazu, den Abschied von der Familie zu versüßen?*

In der nächsten Stunde kommt es zu einem lebendigeren Austausch über ihre Leitbilder des Alters. »Immer habe ich mir gewünscht, dann gibt es keine Wünsche mehr, ich kann mich von allem zurückziehen, es gibt auch keine Gefühle mehr. Ich erschrecke immer wieder, wie ausgeprägt meine Wünsche sind.« Immer wieder ist sie anhand ihrer mitgebrachten Träume erstaunt, wieviel Leben offenbar noch in ihr stecke. Im Traum waren die Kostbarkeiten in Vitrinen verschlossen, und sie konnte nicht daran. Sie erinnert sich an die biblischen Geschichten von Salomon. Insgesamt in unser beiderseitigen Wahrnehmung eine allmähliche Besserung.

In der nachfolgenden Stunde berichtet Frau Schweizer einen weiteren Traum: *Ich packe einen Koffer. Ich befinde mich in eigenen Räumen, aber irgendwo in einem südlichen Land. Meine beiden Räume sind voll von Menschen, insbesondere Männern, die ich aber nicht kenne. Dann muß ich mich endgültig fertig machen und will duschen; ich rufe meinen Vater zu Hilfe, daß er die ganzen Leute vor die Tür setzt, speziell aber die Männer. Mein Vater erscheint (es ist aber ein jüngerer Mann, der mich an einen Schauspieler aus einem Film von gestern abend erinnert); er geht selbstverständlich mit mir um und entspricht meinem Wunsch und setzt die Leute wirklich vor die Tür. Ich dusche dann, aber die Dusche hat keinen Vorhang; es ist ein einfaches Becken, wie im Süden.* Ihr gefiel der jüngere Schauspieler. Sie weiß nicht, ob sie im Augenblick auf Männer zugehen kann und warum sie sich solch einen Mann als Vater wünscht. Sie hat ihren Vater nie so jung erlebt, denn er war bei ihrer Geburt 40; als sie zehn war, war er also 50 und damit ein alter Mann. Sie geniert sich, daß so viele Männer im Zimmer sind, sie wundert sich, warum sie den Vater als Schutz holt. *Sie wünschen sich einen anderen, jetzt attraktiven und Sie beschützenden Vater, aber gleichzeitig haben Sie auch Angst, mit Ihren Wünschen vor einem Mann nackt und bloß dazustehen.*

Allmählich lassen sich aufgrund einiger Nachfragen auch bestimmte Aspekte der Beziehung mit ihrem Bruder deuten. Zunächst ihre Ablehnung des Nächstgeborenen, den sie während der Kindheit ständig tyrannisierte; er versuchte immer wieder, sich später an ihr zu rächen. In ihrer Phantasie (in Umkehr ihrer Rachephantasien) macht sie ihn zu einem älteren Bruder, obwohl er vier Jahre jünger ist. Erst allmählich kann sie die Frage zulassen, wieweit sie ihren Bruder wohl gehaßt habe. Man hat ihr erzählt, daß sie anläßlich der Taufe nicht auffindbar war, sondern sich unter dem Schreibtisch des Vaters verkrochen hatte. *Sie flüchtete an den einzig sicheren Platz, wo sie sich in der Familie wenigstens in Notsituationen hinflüchten konnten.*

Hinter dem Ärger über den ungeliebten, gehaßten jüngeren Bruder wird ihre tiefe Zuneigung zu den älteren Brüdern (trotz aller Neckereien und Unfreundlichkeiten) deutlich. Diese kümmerten sich in ihrer Pubertät eifrig um sie, und sie stand im regen, geistigen Austausch insbesondere mit ihrem ältesten Bruder, der später im Krieg fiel. In seinem letzten Urlaub wohnte sie Tür an Tür mit ihm, und sie unterhielten sich viele Nächte über ihre Situation. Soll ich jetzt in der Übertragung ein älterer Bruder werden (auch gleichzeitig ein jüngerer Vater?), der sich intensiv um sie kümmern soll, aber auch von sich selbst erzählt?

3., 4. und 6. November 1986 (90–92): Unverändert geht es ihr besser; sogar ihre Umwelt stellt fest, daß sie manchmal lächelt. In der Montagsstunde ärgert sie sich über eine Fernsehaufführung eines Stückes von Schiller, die einen anderen Schluß erhielt: »Ich habe große Angst davor, daß eine alte und mir vertraute Geschichte durch eine neue Sicht ersetzt wird.«

In der Dienstagsstunde Traum: *Ich habe Präsident Reagan mit seiner Tochter und einigen Männern in meiner jetzigen Wohnung zu Besuch. Für mich verwunderlich,* erstaunt es sie gar nicht, daß der amerikanische Präsident sie besucht. *Erst aufgrund einiger nachgefragter Details kann ich deuten, daß sie sich einen sehr mächtigen Vater in das Haus geholt hat: Er ist selbstverständlich bei ihr.* Schließlich erinnert sie sich, daß sie in diesem Traum ein unbeschreibliches Glücksgefühl erlebte: »Ich habe etwas Derartiges seit vielen Jahren nicht mehr verspürt. Es war so überwältigend, daß ich es Ihnen gar nicht beschreiben kann.« Weiterer Traum: *Ich besuche Herrn (Ministerpräsidenten) Börner und seine Frau in Kassel. Ich bin formal in dem kleinen Reihenhaus untergebracht, aber der Frau ganz offensichtlich nicht willkommen. Herr Börner sieht etwas jünger aus, so wie früher, vor 15 bis 20 Jahren. Das Bad muß ich erst mühselig suchen und warte, bis es frei ist. Das Frühstück am Morgen ist auch nicht toll. Es gibt kaum etwas zu essen, und ich bin eindeutig auch jetzt nicht willkommen.* Sie hält politisch nicht sehr viel von Herrn Börner, aber wundert sich, daß sie sich wieder einen respektablen, autoritären Mann gesucht hat. Schon im Traum spürte sie die Kälte, die das ganze Haus innerlich und äußerlich durchzog, und wollte am liebsten nach dem Traum gleich weiterschlafen. *Parallel zu allen Ihren intensiven Wünschen an den Vater werden auch Ihre schlimmen Erinnerungen an ihn wach, in denen er Sie nicht annahm, sogar ablehnte; ebenso mochte auch die Mutter Sie als Konkurrentin nicht.* Schließlich wird ihr bewußt, wie oft sie als Kind weggeschickt wurde »einfach weil das nächste Kind kam«. Bis zum 6. Lebensjahr war es nach ihrer eigenen Rechnung insgesamt ein dreiviertel Jahr. Ebenso wurde der vor ihr geborene Bruder sehr früh zu den Großeltern gegeben und kam erst mit zehn Jahren als ein weitgehend Fremder nach Hause zurück. »Immer wurde damit argumentiert, daß sich die Mutter schonen müßte, um für die anderen Kinder da zu sein; in Wirklichkeit war die Mutter aber wenig bereit, für ihre Kinder da zu sein.«

10., 11., 12. und 13. November 1986 (93–96): Am Wochenende habe sie sich in das Buch *Lady Hamilton* geflüchtet, »es ist wie Opium«. Sie fand sich in dieser Frau, der Geliebten von Lord Nelson, ein Stück wieder, »obwohl ich es noch nicht einmal in der

Phantasie denken darf«. Diese Geliebte vieler Männer machte Karriere, bildete sich und wird als Frau des englischen Gesandten in Sizilien eben die Geliebte Lord Nelsons. Frau Schweizer ist in ihrem Traum mit sich als 40jährige Frau zufrieden, aber möchte in Wirklichkeit nicht in dieser Zeit leben. Es ist ihr heute schwergefallen herzukommen, sie sieht im Augenblick kein Ziel und hat sich offenbar in ihrer Depression (zur Zeit weniger schwer) eingerichtet. »Das Tier in der Hundehütte fühlt sich wohl und blickt vom Licht weg« – »Ich habe Angst zurückzublicken, ich habe Angst vor allen neuen Veränderungen und möchte mich gegen alles abschotten, auch hier in der Analyse.«

Mir wird allmählich bewußt, daß sie offensichtlich eine damalige Situation unbewußt wiederholt: sich einzurichten mit ihrem Schmerz und Kummer (aufgrund des Weggegebenseins zu Hause), in »wilde« Phantasien (z. B. als die Geliebte des Vaters!) zu flüchten, es aber niemandem (weder dem Vater noch mir) zu zeigen. Offenbar haben weder Ihre Eltern noch die Großeltern Sie als Kind mit Ihrem Kummer über die Weggabe verstanden, noch vermochten sie Sie wirklich in den Arm zu nehmen und zu trösten. Sie wiederholen hier Ihre damalige Situation als Kind. Danach steht sie kurz vor dem Weinen.

Am Dienstag Traum: *Ich bin in Wien, in einem großen Saal bei einer Akademietagung, Frau K., Frau R. (zwei ihr bekannte Psychotherapeutinnen) sind auch dort (das Bild der Vikarin setzt sich aus zwei Frauen zusammen, die sie früher in zwei Großstädten kennengelernt hatte). Ich gehe mit meinem Problem und meiner Schwäche auf die Vikarin zu, aber diese weiß damit nichts anzufangen. Ich frage, wo dieses Problem in der Bibel stehe, und sie sagt »Matthäus, 6« (wohl die Bergpredigt). Die beiden anderen Frauen wissen auch nichts mit meiner Frage anzufangen. Der Mann bringt mich dann zu einem Mann in einem Zimmer mit dunklen Möbeln. Er sitzt hinter dem Schreibtisch und hört sich an, was ich darüber sage, aber er kann auch nichts damit anfangen.* Frau K. mochte sie sehr, hatte aber das Gefühl, sie aufgrund der Eifersucht von Frau R. nicht ansprechen zu dürfen. Der Mann verkörpert den Vater *(auch Sigmund Freud in Wien?)*, der an seinem Schreibtisch hinter dunklen Möbeln saß, bei dem sie auch keine Schwäche zeigen durfte. Im Gegensatz zur Familie kümmerte er sich sehr um seine Gemeinde. »Ich kann mich an keine Situation erinnern, wo ich ihn je um Rat oder Hilfe angesprochen hätte.« Die Mutter liebte nur kleine Kinder. »Bei ihr bekam ich nie Rat und Hilfe.« *Das, was die Bergpredigt an möglicher Unterstützung verheißt, bekommen Sie weder bei den Frauen – die Sie zum Teil schon mögen – noch bei dem Vater.* Sie habe jetzt in ihrem Schweigen nur immer daran gedacht, daß so, wie sie mit den Geschwistern umging, wohl auch mit ihr umgegangen sei. *Als ich ihre große Verzweiflung spüre, seufze ich auch tief auf.*

Dann schweigen wir beide lange Zeit; *ich merke, daß ich zunehmend traurig werde (auch ich bin kurz vor den Tränen) und mir lauter Gedanken kommen, wie ich sie trösten könnte. Es ist vermutlich eine typische Situation für Sie: Sie merken Ihren Kummer und Ihre Verzweiflung, seufzen darüber und schweigen. Ich will Ihnen aber sagen, daß auch ich darüber seufze und traurig wurde und mir gleichzeitig überlege, wie ich Ihnen helfen kann. Dies ist wohl eine der früheren Situationen, in denen Sie als Kind dringend Hilfe brauchten.* Frau Schweizer schweigt, seufzt wieder und erinnert sich an den Traum, in dem die Frauen nichts tun und mit ihrer Schwäche nichts anfangen können. »Ich bin tief erschrocken, Sie haben geseufzt, und offenbar wissen Sie auch nicht mehr aus und ein.« *Als ich darauf hinweise, daß ich noch mehr gesagt habe,* schiebt sie es zur Seite. Schließlich wiederhole ich: *»Ich laufe nicht weg, ich schweige nicht; ich bin da, heute und auch in der nächsten Stunde.«* Sie erinnert sich, daß ihre Mutter nie spontan sein konnte und auch die Geschwister nicht.

Sie beschäftigte sich den ganzen Tag intellektuell noch mit dieser Stunde. Bei Matthäus 6 fand sie in der Bergpredigt einerseits den Hinweis auf das Gottvertrauen und andererseits viele Vorschriften. Immer forderte ihr Vater das absolute Vertrauen und habe dazu (wenn möglicherweise auch liebevolle) Vorschriften gemacht. Sie fühlt sich wieder verschlossen. *Sie haben offenbar große Angst vor Veränderungen und vor innerlicher Unruhe.* Jetzt kann sie sich auch zugestehen, daß sie sich in ihrer Depression eingerichtet hat; sie versteht auch ihren erreichten »Krankheitsgewinn«. Immer wieder fragt sie sich, warum sie nur intellektuell reagiert. *Ich spreche noch einmal das Bild des Mannes in ihrem Traum an, der hinter dem Schreibtisch sitzt und offenbar auch intellektuell reagiert. Ich fragte mich, ob nicht eine Schwierigkeit hier in ihrer Analyse darin be-*

stünde, daß sie versuche, mit mir immer vernünftig, sachlich und argumentierend umzugehen und alle anderen Formen der hier bestehenden Beziehung ausklammere. Vor 14 Tagen veränderte sich ihr Zustand dadurch, daß sie von mir einen Vorwurf erlebte. Ich hätte oft den Eindruck, wenn ich ein Gefühl oder eine andere Reaktion von mir beschriebe, würde sie dieses nicht wahrnehmen wollen. »Doch, ich habe schon Ihr Seufzen gehört und gedacht, aha, er seufzt jetzt, weil ich praktisch unbehandelbar bin und er es als aussichtslos ansieht.« *Sie legen sich sofort wieder eine bestimmte Interpretation zurecht, nämlich die der unbehandelbaren Patientin! Ich seufzte aber über Ihre Kindheit. Offenbar muß ich stellvertretend für Sie Gefühle übernehmen und deutlich aussprechen.* Sie erinnert sich dann, daß der Vater als Erwachsener durchaus half. Er bereitete z. B. alles für sie für das Studium vor, nachdem sie an einer Abendschule ihr Abitur nachgemacht hatte. Sie erinnert sich an eine Erzählung aus der Kindheit, daß Leute im Zug (als sie alle zu den Großeltern fuhren) darauf hinwiesen, daß diese Kinder doch sehr an ihrem Großvater (in Wirklichkeit dem älteren Vater) hingen. Ihr fallen Fotos ein, wo sie auf seinen Schultern sitzt etc. *Sie merken offenbar erst jetzt, wie viele verwirrende und widersprüchliche Einfälle, Gefühle und Erinnerungen Sie an Ihren Vater haben. Diese müssen zuerst in der Analyse deutlich werden. Dann können wir untersuchen, was Sie von Ihrem Vater wollten, wo Sie mit ihm umgehen konnten oder wo er nicht reagierte.* »Lebenslang habe ich immer so perfekt sein wollen wie der Vater und habe ihn nachgeahmt und mein Leben entsprechend geführt. Jetzt muß es anders werden.« Voll Zorn erinnert sie sich an den Tod des Bruders. Nachdem dieser gefallen war, verspürte der Vater keine Lebenslust mehr und verstarb ein halbes Jahr später an einer perniziösen Anämie. *Als ich erschrocken einwende, daß es doch noch sie als Kinder und die Mutter gegeben hätte,* antwortet sie: »Um uns lohnte es sich ja nicht.« *Erst als ich wieder tief seufze und darauf hinweise, daß sie etwas sehr Schlimmes beschrieb,* reagiert sie betroffen und realisiert überhaupt erst, was sie gesagt hat.

17. und 18. November 1986 (97–98): Immer wieder beschäftigt sie sich mit ihrer Angst vor Veränderungen. *Sie fürchten die Wiederholung einer Situation ihrer Kindheit: Als Sie wieder nach Hause* *kamen, war die Welt nach einem Vierteljahr völlig verändert; Sie waren die Fremde.* »Keiner hat verstanden, was das für mich bedeutet«; anschließend erlebt sie intensiv ihren Kummer. Als sie aufsteht, ist ihr plötzlich ganz schwindelig zumute; ihr bleibt aber unverständlich, »ob welcher Gefühle mir schwindelt«.

24., 25. und 26. November 1986 (99–101): Nach einer längeren Pause (Wochenende und zwei ausgefallene Stunden) Traum: *Ich bin zu Hause in meiner Kindheitswohnung. In einem Zimmer schläft die Mutter. Ich schlafe in dem ehemaligen Wohnzimmer zusammen mit meiner Freundin; eine weitere Freundin in einem anderen Zimmer. Die beiden Freundinnen unterhalten sich. Anschließend lädt die eine die andere ein; sie aber nicht. Keiner hört auf mich, als ich sie bitte, alle schlafen zu gehen, da ich den Schlaf brauche. Zum Schluß spüre ich meine kalten Füße und hole mir selbst eine Wärmflasche.* Frau Schweizer merkte lediglich ein wenig Eifersucht *(auf die anderen, um die ich mich während der ausgefallenen Stunde kümmerte?)* und ein Stück Enttäuschung über die Pause. Sie versteht meine Deutung gut *kein weibliches Wesen kümmert sich um Sie, keines nimmt Sie ernst, keines lädt Sie ein. Ich bin weg. Sie müssen sich selbst die Wärmflasche für Ihre kalten Füße und für Ihr Leben holen.*

»Komischer« Traum: *Ich lebe in einem südlichen Land zusammen mit einem Mädchen (Marianne?). Ich soll dieses Mädchen heiraten und denke, wenn sie später einen Freund hat, bin ich schon alt und gestorben. Warum denn nicht? Zum erstenmal erlebe ich in meinem Traum, daß ich so alt bin, wie ich jetzt bin.* Ihre Einfälle beziehen sich auf die Enkeltochter ihrer guten Freundin. Ihre Freundin stellte sich als sehr mütterliche Frau immer sofort auf ihre Seite. Die Tochter dieser Frau und der Sohn einer bekannten Familie heirateten; dieses Mädchen im Traum ist die Tochter aus dieser Ehe. Sie zog dieses Mädchen praktisch als ihre Vizetochter groß. Oft hätten sie zusammen auf dem Fußboden gesessen und gespielt; dann konnte sie selbst noch ein Stück Kind sein. *Sie holen sich im Traum eine Tochter als nahe Partnerin; offenbar wünschen Sie sich anstelle einer unbrauchbaren eigenen Mutter eine derartige Partnerin. Die geträumte Altersdifferenz benutzen Sie einerseits als Argument für eine Beziehung und als Argument gegen diese Beziehung. (Die Hei-*

rat einer Frau als Wunsch nach einer intensiven – auch sexuellen – Beziehung deute ich heute nicht.) In ihren weiteren Einfällen wird mir die Wärme und Herzlichkeit der mütterlichen Freundin und ihrer Tochter sehr zugänglich. Sie fand eine derartige Zuneigung sonst nie in ihrem Leben. Dort konnte sie sich auch ganz anders, nicht so abgekapselt wie sonst, verhalten. Nachdem ihre Freundin vor mehr als einem Jahrzehnt an Krebs starb, suchte sie sich vorübergehend eine männliche Bekanntschaft. Dieses Mütterliche und Freundliche konnte er nicht in die Beziehung einbringen. Dann fängt sie an zu weinen: »Ich habe damals beim Tod der Freundin nicht getrauert.«

1., 2., 3. und 4. Dezember 1986 (102–105): Traum: *Ich bin am Ort meiner früheren Ausbildung. Ein Kollege beauftragt mich, mich um eine Dozentin anläßlich einer Tagung zu kümmern. Er kümmert sich um andere Dinge, obwohl es doch seine Aufgabe ist; dann geht er mit einer Kollegengruppe essen, ohne mich einzuladen. Die Dozentin ist eine ältere, asketische Frau mit grauen Haaren und Dutt, die ihre Brote und den Käse selbst mitgebracht hat und im Zimmer essen will. Um den Ofen zu heizen, suche ich verzweifelt in dem ganzen Gebäude Holzwolle.* Beim Aufwachen verspürte sie erstmals Wut über diese Aufgabe im Traum, die sie nicht erfüllen wollte. Zunächst merkte sie den Ärger über diesen Kollegen, der ihr etwas auflädt, was sie nicht will. »Früher habe ich das immer ganz selbstverständlich übernommen, war noch stolz drauf und habe meine Gefühle dabei überhaupt nicht gemerkt.« Die Frau erinnert sie an frühere weibliche Vorgesetzte, für die sie schon wieder rennen muß. *Sie müssen sich um die Wärme für andere Frauen kümmern, obwohl Sie doch selbst die Wärme suchen. Ist das die Situation Ihrer Kindheit, wo Sie selbst für die Mutter sorgen mußten, anstatt umgekehrt?* Nach längerem Schweigen: »Im Augenblick fühle ich mich wie ein Säugling und möchte auch wirklich einer sein: keine Aufgaben, keine Aktivitäten, einfach nur vorhanden sein.« Sie ist dann selbst erschrocken, daß sie solch eine Wut hat und sie dazu noch laut vor mir ausspricht.

Heute vermittelt die hereinscheinende Dezembersonne eine ruhige, gelöste Stimmung, wie es auch dem Zustand von Frau Schweizer entspricht. Sie selbst bezieht es auf ihre zugelassene gestrige

Aussage (Baby-sein-wollen!). Sie kann sich ihren Einfällen überlassen und erinnert sich zunächst daran, daß sie lebenslang nicht loslassen konnte und immer unter intensiven neurovegetativen Störungen mit Verkrampfungen litt, dazu an schweren Ein- und Durchschlafstörungen (jetzt weitgehend geschwunden). Sie kann sich allmählich mehr ihre früheren Wünsche zugestehen: umsorgt und gefüttert zu werden (wie in einer Phantasie durch Köchin und Chauffeur), in der Sonne zu liegen und nichts zu tun oder auf einer Blumenwiese zu liegen, um gewärmt zu werden (das Wesen in der Hundehütte). Dann fällt ihr plötzlich wieder ein Traum von heute nacht ein, in dem *eine mächtige, grauhaarige, kalte und unfreundliche Stiefmutter ein neunjähriges Mädchen gefangenhält. Sie müssen offenbar immer wieder von schlimmen, grausamen, kalten und hartherzigen Frauen träumen, um mir und sich selbst zu beweisen, daß es sich gar nicht lohnt, bestimmte Wünsche an Frauen zu haben.* Sie kann sich dieses einen kurzen Augenblick zugestehen; dann fallen ihr wieder alle Familienmitglieder ein, von der kleinen Schwester bis zum Vater, die pausenlos ihre Pflicht taten.

8., 9., 10., 11. und 12. Dezember 1986 (106–109): Viele Erinnerungen aus Kindheit, Jugendzeit bis hin zum mittleren Erwachsenenalter tauchen in diesen Stunden auf, teilweise erfreuliche, wie die Kutschfahrten mit dem Großvater, aber größtenteils schwierige bis schmerzliche. Dazu zählen die fassungslose Mutter beim Tod der neunjährigen Schwester, die unbrauchbaren und langweiligen Sonntage im Haushalt eines Predigers und die Nachricht vom Tod der Freundin in Dresden. Sie merkt, daß sie jetzt erst viele Gefühle zulassen kann. Ihre früher fehlenden Gefühle bringt sie jetzt mit ihren massiven vegetativen Beschwerden (Ein- und Durchschlafstörungen sowie heftige Magen-Darm-Beschwerden) in Beziehung. »Ich muß offenbar lernen, daß ich Gefühle habe, und muß lernen, diese wahrzunehmen.« *Ganz offenbar haben Sie viele Gefühle, wie die Träume des letzten Jahres zeigen: Wut, Beglückung, Trauer, Kummer. Ich frage mich allerdings, ob Ihre Träume nicht eine Botschaft an mich sind, daß Sie immer noch sehr klein und verletzlich sind und sich sehr alleingelassen fühlen.*

Die Pausen in den Stunden dürfen länger werden, und Frau Schweizer fällt auch deutlich mehr ein; sie wirkt spontaner, häufig direkter und merkt gleichzeitig, daß sie sich immer noch vor ihren Affekten und Gefühlen (wohl tief beunruhigenden und gefährlichen) fürchtet.

15., 16., 17. und 18. Dezember 1986 (110–113): Die deutliche negative Stimmungsänderung wird von ihr selbst mit der bevorstehenden Weihnachtspause in Verbindung gesetzt. *Sie müssen das vernünftige, große Mädchen sein, das alles (auch diese Pause) verstehen und die eigenen Wünsche und Bedürfnisse, besonders die Gefühle von Verlassensein und Abgeschobensein als Kind, verleugnen muß.*

In die letzte Stunde vor der Pause kommt Frau Schweizer mit dem Gefühl, heute schweigen zu wollen und mir nichts mehr mitzuteilen. *Nachdem ich wiederum ihr verzweifeltes Gefühl des Verlassenseins angesprochen habe,* weint sie das letzte Drittel der Stunde deutlich und intensiv.

Frau Schweizer: Bericht über diesen Behandlungsabschnitt im Rückblick (August bis Dezember 1986)

Es sind dann sechs Wochen Sommerpause, und die Fortsetzung der Behandlung ist in einer neuen Praxis. Der Analytiker schlägt nun wöchentlich vier Stunden vor, seine Begründung: Die Pause ist zu lang. Ich sage, ich hätte gar nicht gewußt, wozu ich herkomme. Ich habe mich in der Pause sehr zurückgezogen, habe mich unempfindlich gemacht und dadurch weniger gelitten. Er sagt, ich hätte wohl viele Trennungen, die nicht besprochen wurden, erlebt und immer vernünftig darauf reagiert. Ich kann mir keine andere Alternative als »vernünftig« vorstellen. Was hätte Toben und Schreien helfen sollen? Er zeigt mir, daß ich, wenn ich »vernünftig« bin, vermeide zu sehen, welcher Wunsch, welche Sehnsucht nicht befriedigt wird, erlebe Wunsch und Sehnsucht überhaupt nicht. Wenn Wünsche lebendig würden, könnte mein Leben unruhig werden, das macht angst. Er nennt mein Verhalten »Wunschvermeidungsstrategie«. Das Wesen in der Hundehütte hat sich eingerichtet, sieht nicht hinaus. Dies ist das Thema in vielen Stunden. Mein Verstand begreift, daß mein »Zu-Sein« daher kommt, aber es ist ein starker Widerstand da, etwas zu ändern: Angst.

11.9.: Angst bestimmt mein Verhalten überhaupt: Die Wohnung, in die ich erst vor zwei Jahren eingezogen bin, wurde verkauft, und ich habe wahnsinnige Angst vor einer Eigenbedarfskündigung. Ich fühle mich völlig außerstande, eine andere Wohnung zu suchen, einen Umzug zu organisieren, eher denke ich an Selbstmord. Diese Idee lauert ja immer dicht vor der Tür, wenn der Druck, die Verdunklung zu groß ist. Ich fühle mich jetzt oft noch elender als vor einem Jahr.

1.10.: Seltsamerweise träume ich in dieser Zeit immer wieder auch Aktivitäten, die mir wach undenkbar sind: So fahre ich vergnügt und ohne Schwierigkeiten Auto; packe für einen Reiterurlaub an der Nordsee Koffer usw. Aber immer wieder lassen meine Träume das Erleben des Fortgebracht-werdens zum Thema unserer Gespräche werden. Ich war vier Jahre lang die Jüngste, vom Vater als Mädchen willkommen geheißen, habe etwas gegolten. Dann die Abschiebung, als das nächste Kind kam. Ich sehe das jetzt, wenn wir darüber sprechen, aber ich kann keinen Schmerz empfinden. Ich weiß, daß hier die Wurzeln meiner Krankheit liegen, aber was hilft Wissen?

11.11.: Traum über die Akademietagung (s. S. 82). Der Traum hat mich bewegt: ich finde keinen, der mich mit meiner Schwäche anhört. Wir sprechen darüber, daß ich nie mit Vater oder Mutter über Schwäche sprechen konnte, nicht mit Kummer zu ihnen ging, es niemals Zärtlichkeiten gab. Ich seufze, und der Analytiker sagt, er habe auch geseufzt. Ich höre daraus, daß er auch nicht weiterweiß, aber er sagt, es komme zuerst einmal darauf an, daß wir vor meiner Schwäche nicht fortlaufen. »Ich laufe nicht weg.« Ich höre es, aber es berührt nicht mein Gefühl. Davor sind dicke Mauern. Der Analytiker meint, sie seien schon dünner geworden, im Traum fühle ich sie ja.

Nach dieser Stunde gibt es Unruhe in mir, die unangenehm ist: Ich fürchte, etwas zu versäumen. Der Analytiker sagt, ich stehe wohl vor dem Problem, wieviel Nähe ich zulassen könne. Ich begänne, Angebote wahrzunehmen, das mache mich unruhig. Durch die nächsten Stunden zieht sich dieses Thema: seine Angebote, mein Zurückweichen. Und ein anderes wird nun deutlich: montags, d.h.

nach vier Tagen Wochenendpause, bin ich »zu«, verpackt, während ich dann im Laufe der Woche etwas Bewegung habe (später habe ich gelesen, daß Freud von der »Montagskruste« sprach).

18.11.: Ich halte die Wochenendpause durch Nicht-denken erträglich. Der Analytiker meint, es helfe mir nicht zu wissen, daß die Therapie am Montag weitergeht, so wie das Kind nicht verstehen könne, daß es nach einem Vierteljahr wieder heimkommt und daß dann alles so weitergeht, als wäre nichts gewesen.

Noch immer kann ich mich nicht zu Aktivitäten aufraffen, die Wochenenden sind einsam und trostlos. Wir sprechen oft darüber, daß Wut in mir nicht aufkommen kann, nie aufkommen konnte. Daß ich überhaupt Gefühle künstlich unter der Decke hielt, damit niemand etwas davon merkte. Ich träume von Unternehmungen, aber zugleich zeige ich, daß die Bedingungen so ungünstig sind, daß ich nichts damit anfangen könnte. Der Analytiker meint, ich fühlte jetzt Bedürfnisse, aber vor deren Erfüllung stehe immer ein großes »Aber«. Er sagt, es müßten erst einmal die Bitterkeit und die Vorwürfe, die in mir stecken, herauskommen.

25.11.: Ich fange jetzt an, Vorwürfe zu äußern, damit geht es mir besser. Aber ich halte doch Vorwürfe für etwas Böses. Er sagt, sie seien ein notwendiger Schritt. Bisher neigte ich dazu, immer die Schuld auf mich zu nehmen.

Meine Träume zeigen das Thema der ganzen Zeit: ich draußen. Mir fehlt Wärme nicht nur außen, sondern auch innen. Ich denke an meine verstorbene Freundin, die sie mir gab, und ich erzähle ihm von ihr, was sie mir bedeutet hat. Er sagt: eine Mutter. Nun fühle ich den Schmerz und kann weinen und fühle mich danach fast lebendig. Nach ihrem Tod konnte ich nicht weinen, machte Betrieb, funktionierte. Er sagt, ich wünschte mir, daß jemand da sei, der fürsorglich zu mir halte. Ich denke, aber spreche es nicht aus, das sei ja jetzt er, aber nur von Montag bis Donnerstag. Es geht immer wieder darum, daß ich Angst vor meinen Gefühlen habe, die ich jetzt, wie er sagt, zum erstenmal in meinem Leben haben könnte, ohne vernünftig sein zu müssen. Er wolle mich verlocken, mehr Lebendigkeit zu fühlen. Aber dieses Konfrontiert-werden mit meinen Wünschen macht mich unruhig und auch mißmutig. Ich will nicht verlockt werden, will Baby sein, das nicht gedrängt wird, erwachsen zu werden. Aber es denkt auch etwas in mir, ich müsse tätig werden. Mich einfach hinlegen, nichts tun, geschehen lassen, in mich hineinfühlen – das ist wohl gefährlich. Unmittelbar vor der Weihnachtspause ziehe ich mich wieder in meine Besenkammer zurück. Ich schreie nicht mehr, ich habe aufgegeben. Die Tür ist offen, aber ich kann nicht hinaus. Ich denke wohl, draußen sei es auch nicht besser. So gehe ich in die letzte Stunde des Jahres mit dem Vorsatz, mich auf nichts einzulassen, aber in der Fortsetzung des Gesprächs über die »Besenkammer« fühle ich eine »Vorahnung« von Schmerz über das Weggegebensein damals, daß ich dadurch so viel an Wachstumsmöglichkeiten versäumt habe, und ich kann weinen.

Der Analytiker bietet mir an, ihn anzurufen während der Pause, weil er wohl weiß, wie schwer gerade jetzt das Alleinbleiben ist (»natürlich« habe ich nicht angerufen).

Vierter Behandlungsabschnitt vom 12. Januar bis zum 9. Juli 1987 (52 Stunden): *Gibt es eine akzeptable Welt außerhalb der Hundehütte?*

12., 13., 14. und 15. Januar 1987 (114–117): Nach der Pause begrüßt mich Frau Schweizer mit leisem Lächeln und deutlich festerem Händedruck; sie wirkt aktiver. »Ich fühle mich nicht mehr so fremd und unbekannt.« Auch Nachbarn und Bekannte erlebten sie jetzt in Auftreten, Haltung und im Kontakt anders. *Sie möchten mir mitteilen, daß Sie leben, aber das Haus, in dem Sie leben, gefällt Ihnen noch nicht.* »Ich gefalle mir auch noch nicht. Wie soll sich meine Welt verändern, und wie will ich mich selbst verändern?« Allerdings fehlen Phantasien darüber völlig. *Auf Nachfrage*, das Wesen in der Hundehütte ist größer geworden. Anstatt eines kleinen Pudels sitzt dort ein Schäferhund. Sie spielte begeistert mit einem Schäferhund in ihrer Kindheit bei den Großeltern *(mir fällt dazu der Wolf unter dem Bett der Tante ein)*. Die Hundehütte ist jetzt ein großer Raum mit viel mehr Licht. Sie erinnert sich an die Veranda bei den Großeltern (ein überdachter großer Balkon, ungemütlich und kalt, aber mit einem Ausgang in den Garten). Dort aßen die Großeltern immer Mittagessen, und sie saß lange Zeit für das eigene Mittagessen an einem Kindertischchen daneben. Erstmals wird durch ihre Erinnerungen für mich das Haus der Großeltern aus ihrer Kindheit plastischer: die Veranda, die verschiedenen Räume, mit den Schlafzimmern oben, der Geruch nach Linoleum und Leder; ihre Ängste vor Hornissen und Wespen; der unverheiratete Onkel im Haus versucht, mit einem Säbel eine Hornisse auf der Veranda zu töten etc. Wieder verspürt sie angeblich dabei keine Gefühle. *Ich ermutige sie, bei ihren Erinnerungen zu bleiben, und es kommen immer mehr.* Schließlich fällt ihr ein dortiges Weihnachten ein, wo sie auch ihre Weihnachtsgeschenke bekam (einen Schirm, die bekannte Postkartenserie mit dem Märchen vom Rotkäppchen und ein Puppengeschirr aus Emaille: eine Kanne mit zwei Tassen). Dabei überwiegt ein jetzt deutliches Gefühl der Fremdheit: »Ich gehöre nirgendswohin, ich bin wohl doch das Zigeunerkind.« Wieder kommen Erinnerungen an das weggeschickte Mädchen (bis zur Einschulung dreimal und im 9. Lebensjahr noch einmal), an die unfreundliche Tante, an die Mutter mit ihrer Angst gegen körperliche Berührungen etc. *Sie sind im Augenblick wohl das Kind, das mit großen, ängstlichen Augen durch das Haus der Großeltern wandert, das weiß, daß es dort nicht hingehört, aber das versucht, sich damit abzufinden, um sich trotzdem wohl zu fühlen.* Sie habe ihre erste Wohnung lediglich aufgrund der Waldrandlage in Erinnerung an das Haus ihrer Großeltern gemietet, ohne sie vorher zu sehen.

In der nächsten Stunde erlebt sie sich bedrückt: Die Szene mit dem Extratisch verdeutlichte ihr noch erneut, daß sie lebenslang Außenseiter war: zunächst in der Schule, wo sie aufgrund der verschiedenen Predigerstellen des Vaters fünfmal die Schule wechseln mußte, dann daß sie einen anderen Dialekt als sächsisch sprach, und schließlich, daß sie anders angezogen wurde. Ihr fällt wieder das Kleid aus dem 9. Lebensjahr (schwarz-grau-grün, längsgestreifter Rock und schwarze Bluse, völlig unpassend zu blassem Gesicht und schwarzen Haaren) ein. Ihr Vater kaufte billige Stoffe ein, ließ sie von Gemeindemitgliedern nähen, und keiner fragte nach den Wünschen eines kleinen Mädchens. Wieder spielt sie in ihren Erinnerungen allein im Garten und formuliert erneut: »Ich habe keine Erinnerung, daß ich mich je bei meiner Mutter, bei meinem Vater oder bei meinen Geschwistern geborgen fühlte.« *Wieder berichtet sie von einem Zuhause, bei dem mich fröstelt. Nach einem längeren gemein-*

samen Schweigen (sie weint offenbar): Sie formulieren etwas sehr Schmerzliches sehr sachlich, was bedeutet es, wenn ein Erwachsener über seine Kindheit sagt, er hatte nie Zutrauen zu irgendeinem Menschen. Sie kenne überhaupt nur Gefühle des Sich-ärgerns. Der größere Bruder konnte sich sehr wütend mit dem Vater auseinandersetzen; für den kleineren war der Ausspruch »Ich reiß mir jetzt meine Finger blutig« der größtmögliche Hinweis für seine Wut. Dann denkt sie erstmals lange über die Persönlichkeiten ihrer Eltern nach, wie die Mutter z. B. nie ein Kind auf den Arm nehmen konnte und sich erst nach dem Tod des Vaters etwas änderte. Der Vater habe alles eingeschränkt. Nie hätten die Eltern heiraten dürfen; keines der Geschwister führte je eine brauchbare Ehe, und die Frauen in der eigenen Familie hätten überhaupt nicht geheiratet. Dann versucht sie bis zum Ende der Stunde rationalisierend ihre Eltern zu entschuldigen, merkt aber gleichzeitig ihre Vorgehensweise.

Ein langer Traum in vier Teilen beschäftigt sie sehr: *(1) Die verstorbene mütterliche Freundin geht mit mir einen Weg lang. Links ist ein Wald, und dort steht eine große Waschmaschine, in der Menschen gewaschen werden. Ich weiß, daß das alles schlimm ausgeht. (2) Jemand erzählt ihr, daß ein Soldat in voller Ausrüstung einen Weg langlaufe. Im Wald dazu parallel laufe ein Mensch, mit dem er sich mit Tierlauten verständige. Beide haben etwas vor, was den Weltkrieg mit Hilfe einer entscheidenden Schlacht verändern soll; aber der Mann im Wald sei ein Verräter. (3) In einem Bad gibt es eine Auseinandersetzung zwischen einem Bademeister und einem anderen Mann; der andere Mann zieht seine Pistole. (4) Ich werde von einer mächtigen Frau in einem Schloß empfangen. Ein stattlich wirkender Mann in einem Smoking begleitet uns hinauf und einen Flur lang bis in einen Spiegelsaal (wie im Schloß Versailles bei Paris). Ich ärgere mich über die beiden, die vor mir hergehen, denn ich muß hinter ihnen gehen. Ich habe einen gelben Apfel in der Hand, in den ich mit Genuß hineinbeiße. Ringsrum werden wir von Bewaffneten begleitet. Es ist ganz deutlich, wenn ich nicht dahin gehe, wohin der Mann mit dem Smoking will, daß mich die Bewaffneten in diese Richtung treiben werden. Mir ist klar, daß dieser Weg zu dieser schlimmen Waschmaschine (in der Menschen gewaschen werden und dadurch umkommen) führt.*

Sie fragt sich zunächst, ob dieser Traum mit ihren schweren Vorwürfen gegen ihre Eltern in der gestrigen Stunde zusammenhängt. Der wahrscheinliche Mord an dem Bademeister erinnert sie an den Film »Die Kinder des Paradieses«, in dem ein solcher Mord an einem stattlichen Mann vorkommt. Zum »Waschen in der Waschmaschine« fällt ihr *auf Nachfrage* »rädern« ein. Für diese Menschen reiche eine normale Hinrichtung nicht aus, und sie müßten auf besonders brutale Art bestraft werden. Allerdings wundert sie sich selbst, daß die Träume aufhören, bevor das ganz Schreckliche passiert. Im 4. Traumteil ist sie sehr jung, wahrscheinlich ein Kind. Offenbar geht sie hinter ihren Eltern; aber die Frau wird auch zu der Menschenwaschmaschine gebracht. *Dürfen Sie hinter dem Rücken Ihrer Eltern anders werden oder müssen Sie jetzt dafür auf so schreckliche Weise bestraft werden? Mir kommen Ihre ganzen Träume wie ein unabänderliches Schicksal vor.* Sie merkt zu ihrem Erschrecken wiederum, daß sie unverändert in die Normen, Traditionen und die Religiosität des Vaters eingebunden ist. *Ich ergänze: Sie laufen hinter den Eltern her, aber der Vater gibt die Richtung an. Möglicherweise symbolisiert der Spiegelsaal die Verheißung, möglicherweise gibt es aber auch vorher Fegefeuer und Hölle für die Sünder.* »Ich habe daran nie glauben können, mir aber meinen Unglauben immer sehr übelgenommen. Immer dachte ich, ich gehöre zu den vielen Nicht-Auserwählten. Irgend etwas müsse mit mir nicht in Ordnung sein, da ich nicht auserwählt sei.« Der Vater als Anti-Nazi habe sich immer um sie gesorgt und ihr als »Gegengift« eine Bibel mitgegeben, als sie zu ihrem ersten Führerinnenlager beim BDM ging. *Ich kommentiere: Gift muß man also mit Gegengift austreiben.* Dann kommen lauter Einfälle dazu, warum der Vater die Mutter auch zu der Waschmaschine bringt. Der Vater habe die Mutter offenbar überhaupt nicht geschätzt und ihre Fähigkeiten anerkannt: Er zählte ihr jede Woche das Haushaltsgeld vor, da er nicht glaubte, daß sie einen Monat lang selbständig wirtschaften könne; er kaufte alle Dinge, auch die Lebensmittel, ein; er beauftragte sie und nicht die Mutter mit der Verwaltung des Hauses, als er keine Zeit mehr dafür hatte. Geliebt habe der Vater offenbar nur die in jüngeren Lebensjahren verstorbene Schwester. Auch jetzt noch habe sie das Gefühl einer verbotenen Handlung, wenn sie ihre Analyse mache, denn ihr Bruder sei dagegen und habe ihr eine Psychiaterin empfohlen und erklärt, daß mit Medikamenten schnell ihre

Symptome kuriert würden. Der älteste Bruder habe zwar nach den Ideen des Vaters gelebt und sei Pfarrer geworden, aber habe doch immer versucht, »aus den Schießscharten heraus etwas Kontakt zu halten«. Frau Schweizer ist unverändert tief betroffen, daß die Vorstellungen der Familie immer noch so mächtig sind. Passend fällt ihr zum Schluß wieder das Kirchenlied ein, in dem beschrieben wird, was einem Menschen passiert, wenn er vom »rechten Weg zu Gott« abweicht.

Viele andere Aspekte dieses langen Traumes können nicht angesprochen werden: z. B. ist der wilde Mann im Wald doch ein Verräter? Was bedeutet der goldene Apfel? Wieviel Größenphantasien vermittelte die Religiosität des Vaters?

19. und 20. Januar 1987 (117, 118): Seit Sonntag überwiegt wieder die »graue Stimmung«; sie hat bis auf das Mittagessen mit ihren Freunden drei Tage lang keinen Menschen gesehen. In der Stunde am Donnerstag merkte sie wieder, wie verlassen und ausgestoßen sie sei, und spürte es diesmal wirklich (später berichtet sie nebenbei, daß sie sich vor Weihnachten einmal zwei Stunden bei mir dadurch sehr geborgen fühlte, daß ich hinter ihr saß). Gestern träumte sie, daß *sie die Musik aus der »Zauberflöte« aufnehmen wollte, es aber technisch nicht konnte.* Sie liebt diese Musik sehr, wobei sie in keiner Weise auf die Geschichte eingeht (die eines hohen Liedes der Liebe ist). *Die Musik der Zauberflöte beinhaltet wohl etwas, was Sie nicht wahrnehmen dürfen.* Sie spricht dann wieder von dem gestrigen Traum, in dem es offenbar unverändert um die Männer geht. Für sie sprechen alle Träume davon, daß Männer schlimm, gemein, brutal, verräterisch und hinterhältig sind. *Als ich diese massiven Vorwürfe wiederhole,* kann sich Frau Schweizer zugestehen, daß dies ihre Vorstellungen über die Männer sind. Es folgen noch Gedanken zu den Übermännern, über die Härte des Vaters etc. (Ihre Träume wechselten von den großartigen, aber unerreichbaren Vätern – wie Reagan und Börner – zu den nicht mehr so großartigen, schlimmen, brutalen, verräterischen und sie bestrafenden Männern.)

Vor der nächsten Stunde treibt sie die Unruhe aus dem Bett. Gestern beschäftigte sie noch intensiv, wie sehr sie immer auf die Männer baute und wie schnell »ich ihnen die ganze Hand gereicht habe.« Sich äußerlich zurückhaltend bis prüde verhaltend, habe sie innerlich sofort nachgegeben, sich angepaßt und immer die Männer an sich herangelassen. Aufgrund ihrer Familiensituation (Vater, Großvater und Brüder) gab es nur ein weitgehend schlechtes Training im Umgang mit den Männern – »der Mann, ein unbekanntes Wesen«. *Gerade aufgrund der Erfahrungen mit diesen Männern war Ihre Sehnsucht nach anderen Männern so intensiv, daß Sie sich sofort auf diese einließen. (Mir fiel ein, daß es in den Zigeunerfamilien ja auch tolle Männer geben soll.)* »Ich komme mir vor wie ein Apfel, der halb reif, aber bereits geschrumpelt, vom Baum gefallen ist. Früher habe ich mir das nie zugestanden und mich auch nicht so erlebt.« Nachfolgend macht sie dem Apfel ob seines Aussehens heftige Vorwürfe. *Sie sprechen wieder von der Schuld des Apfels; aber erst mal geht es um den ernährenden Baum, der sich um seine Äpfel kümmern müsse. Wie reif sind Sie in Ihrer Familie geworden, um wirklich als Erwachsene erwachsenengerechte Beziehungen aufzunehmen?* Sie fragt sich jetzt, ob nicht die Unruhe, die sie umhertreibt, in Wirklichkeit eine Suche sei nach etwas, was sie lebenslang abgewehrt habe; ebenso fragt sie sich, ob ihre Depression nicht dazu diene, alle diese Gefühle nicht wahrzunehmen. *Erstmals liegt sie so, daß ich ihr tränendes Auge sehen kann (darf ich mehr von ihr sehen?). Immer wieder macht mich ihr Kummer tief betroffen.*

21. Januar 1987: Frau Schweizer ruft mich aus dem Krankenhaus an. Sie ist auf dem Eis ausgerutscht und hat sich das Schultergelenk gebrochen und muß einige Tage stationär behandelt werden.

10., 16., 17., 18. und 19. Februar 1987 (119–123): Frau Schweizer geht es seit ihrer gestrigen Krankenhausentlassung sehr viel schlechter, sie fühlt sich unruhiger und hat Schlafstörungen, ihre Magensymptomatik und schwitzt häufig. *Ich erlebe sie weit von mir entfernt und deutlich zurückgezogen. Wieder muß ich mich ständig bemühen, sie zu erreichen.* Allmählich können wir erarbeiten, daß sie sich ihre im Krankenhaus zugelassenen regressiven Wünsche zu Hause zunehmend übelnahm. Als die sie zur Unterstützung besuchende Freundin die Frage aufwirft, ob sie wirklich ein geliebtes Kind gewesen sei, darf sie erstmals in ihrem Leben überlegen, ob die Mutter überhaupt nach den ersten Kindern noch ein weiteres Kind haben wollte. Einen zwischenzeitlich geträumten Traum sieht sie zunächst in keiner Weise als Wunschtraum: *Ich bin bei der Familie von Weizsäcker (dem Präsidentenpaar) zu Besuch und bringe mit Frau von Weizsäcker ein Kind im Nebenzimmer ins Bett. Die Familie wohnt in einem großen Haus (einem kleinen gelben Schlößchen), unten wird getanzt, aber daran darf ich nicht teilnehmen. Ich begegne im Traum mehrfach Herrn von Weizsäcker und fühle mich wohl. Vor dem Schloß ist heller Sonnenschein.* (Sie ist in ihrem jetzigen Alter.) *Sie haben sich im Traum ein neues Elternpaar gesucht: Verwöhnung in besten Verhältnissen in einem großen Haus.* Nach Reagan und Börner als unfreundliche und eher schwierige Väter gibt es jetzt eine tolle Familie, wo sie fast zu Hause sein darf.

In der nächsten Stunde: »Das Tier ist aus seiner Hundehütte herausgekommen und schaut sich draußen um. Es ist inzwischen auch etwas größer geworden. Draußen ist es kalt und stürmisch, aber die Bäume sind voll Laub. Das Tier sieht aus einer Kinderperspektive Gartenstühle und Tische (wie sie früher üblich waren, grün gestrichen, aus Metall) unter hohen Buchen.« Sie erinnert sich, daß bei den Großeltern in der Nähe eine derartige Gaststätte existierte. Ihr selbst fällt auf, daß in diesem Bild noch keine Menschen vorhanden sind und daß sich diese offenbar vor dem stürmischen Regen in die Gaststätte zurückgezogen haben.

25., 26., 27. und 28. Februar 1987 (124–127): Auf der einen Seite hat sie erstmals im Krankenhaus seit vielen Jahren die gewünschte Verwöhnung ein Stück weit erlebt, konnte sich ihr überlassen und weiß jetzt, wie schön diese Zeit war. Auf der anderen Seite fühlt sie sich durch ihre Erwachsenenanteile kritisiert und fürchtet (wie durch die Freundin auch von mir) Vorwürfe zu bekommen. »Das Wesen aus der Hundehütte ist jetzt herausgegangen und kann somit nicht mehr zurück. Die Welt erscheint draußen unfreundlich, schwierig und kalt; das Wesen hat gar keine Lust, in die Welt hinauszugehen.«

In die vierte Stunde kommt sie mit einem gewissen Trotz: »Es geschieht meinem Psychoanalytiker ganz recht, wenn es mir schlechtgeht, warum kümmert er sich nicht um mich?« (siehe die Analogie zu ihrer früheren Aussagen). Seit ihrer Freundschaft im 40. Lebensjahr habe sie keinem Menschen mehr vertraut, sich völlig in sich zurückgezogen und geglaubt, daß kein Mensch sie überhaupt noch jemals verstehen und auf ihre Wünsche eingehen könne. Ihr fällt zu dem Wesen in der Hundehütte noch der Roman *Der Erwählte* von Thomas Mann ein: Ein Mann ziehe sich zur Selbstbestrafung 15 Jahre lang auf einen Stein auf einem düsternen See im Norden zurück. Er faste weitgehend, esse nicht und werde immer kleiner, bis zu einem unscheinbaren Wesen in Igelgröße. Dann erst werde er schließlich von seinem Stein heruntergeholt. *Da ich den Roman kenne, setze ich hinzu: Dann ist er der Auserwählte und wird der Papst.* Diesen Hinweis wehrt sie völlig ab. Sie weiß nur, daß es nicht mehr zurückgeht; sie weiß aber nicht, wie das Zukünftige aussieht; alle früheren Lösungen sind absolut unbrauchbar. Auf jeden Fall ist ihr bewußt, daß sie nicht mehr in ihrer jetzigen Situation leben will. Lieber möchte sie – wie in einem Gedicht von Rilke – sterben. Trotz ihrer Resignation wirkt Frau Schweizer in diesen Stunden aktiv, lebhaft, und ihre Stimme ist energischer. Sie spürt, daß sie immer wieder von mir Wiedergutmachung verlangt, dabei ärgerlich und unruhig wird. Sie bringt gleichzeitig mehr Phantasien und Gedanken in ihre Analyse ein. *Unangesprochen bleiben viele Aspekte des Romans Der Erwählte.*

Ist sie doch ein auserwähltes Kind mit einem Sendungsbewußtsein? Dienen diese verbotenen Größenphantasien zur Abwehr der eigenen Insuffizienz? Symbolisiert das Bild von der Hundehütte eine Gebärmutter- und Geburtsphantasie? Wenn ja, dann hatte sie sich erneut in die Gebärmutter zurückgezogen und wurde jetzt zum zweitenmal (fast gegen ihren Willen) geboren. Schließlich wählte der »Erwählte« das Exil auf dem Felsen aufgrund seiner Schuldgefühle infolge eines Inzestes mit der Mutter (Umkehrung?).

2., 3. und 4. März 1987 (128–130): Unverändert stellt das augenblickliche Leben eine beunruhigende, ängstigende Situation dar. Frau Schweizer lebt zwischen den beiden Polen: Sie kann einerseits nicht in ihre Hütte zurück, aber möchte andererseits nicht draußen leben. »Ich fühle mich schon wie das Wesen, das 15 Jahre verschrumpelt auf einer Steininsel gesessen und nicht gelebt hat. Es hat sich zurückentwickelt, nur von Wasser und Schleim ernährt; jetzt bin ich heruntergeholt worden und komme in der neuen Welt noch nicht zurecht.« Sie hadert sehr massiv und bewußt mit mir, daß ich sie in diese Situation brachte. Die Situation vor der Hundehütte hat sich noch einmal verändert: Während es in der vorigen Szene ein Frühsommer mit unfreundlichem Wind, mit dichtbelaubten Buchen und einem stillen Gartenlokal ohne Menschen war, herrschen jetzt in der Szene – zwar immer noch im Frühsommer – Regen und Sturm. Das Wesen sieht in der Ferne Menschen stehen »unfreundlich, grau und ablehnend«. Das Wesen weiß immer noch nicht, wie es mit diesen Menschen umgehen soll und wie es sich Hilfe und Geborgenheit holen kann. Frau Schweizer schätzt das Wesen als siebenjährig ein. *Als ich ganz erstaunt kommentiere, daß ich mir nicht vorstellen kann, daß ein siebenjähriges Kind nicht weiß, wie es sich vorübergehend Hilfe holt, das heißt etwas zu essen oder eine Decke,* reagiert sie wiederum irritiert und sagt, daß das das kleine Wesen auf keinen Fall kann – offenbar ist das kleine Wesen doch sehr viel jünger. Nach ihrem Gefühl hat sie seit ihrem 50. Lebensjahr (nach der intensiven Freundschaft mit dieser Freundin) völlig zurückgezogen gelebt. Sie merkt aber auch, daß die jetzigen zwei Entwicklungen nicht gegeneinander, sondern parallel verlaufen – »Das Zigeunerkind weiß noch nicht, wie es mit Ihnen und der Welt drumherum umgehen soll.«

5. März 1987 (131): Erschreckender Traum: *Ich befinde mich in einer großen Wohnung in einem Zimmer mit einer Tür, wie in unserem Haus in meiner Kindheit in Dresden. Ich werde von einer mächtigen Frau bedroht und durch das ganze Haus verfolgt. Ich riegele mich ein, aber ich weiß, daß die Frau die Tür aufbrechen wird. Ich fliehe (im Alter von etwa 18 Jahren) durch eine Landschaft voll Schnee und Eis (wahrscheinlich Frühjahr). Ich fliehe und fliehe viele Stunden durch den Wald. Immer wieder höre ich, wie die Bäume brechen und daß diese Frau hinter mir her ist. Schließlich komme ich an einen eiskalten Fluß (oder See) und ich weiß, daß ich mich jetzt hier hereinstürzen muß und untergehe.*

In ihren Einfällen ist diese Frau eindeutig die Mutter (die Haustür im Wohnhaus, das Zimmer, die Altersdifferenz). Sie wundert sich, daß sie ihre Mutter so gewalttätig und schlimm erlebt. Sie grübelt immer noch darüber nach, warum die Mutter sie weggab. Nie habe sie bisher überhaupt Haß gegenüber ihrer Mutter gespürt. *Sie träumen nicht ohne Grund die Mutter als ein grausames, rächendes*

Ungetüm, das Sie zu Tode hetzt. Nach meiner Meinung zeigt Ihre Darstellung der Mutter im Traum schon, wie Sie Ihre Mutter erlebt haben. So möchten Sie wohl umgekehrt die Mutter entsprechend bestrafen (die ödipale Seite, daß die Mutter als Konkurrentin das heranwachsende junge Mädchen attackiert und verfolgt, deute ich nicht). Darf sie aufgrund der Familienmoral und der religiösen Normen überhaupt – in Rebellion gegen das 4. Gebot – ihre Eltern hassen?

März / April 1987: *Ich breche mir durch Ausrutschen auf einer vereisten Treppe vor unserem Haus einen Brustwirbel und muß sechs Wochen zum Auskurieren zu Hause im Bett liegen. Als ich Frau Schweizer anrufe, ihr die Situation mitteile und damit für die nächsten zwei Monate die Behandlung absagen muß, ist sie deutlich besorgt und beunruhigt. Um nicht wieder eine zu lange Behandlungspause eintreten zu lassen, biete ich ihr an, jede Woche einmal mit mir eine halbe Stunde zu telefonieren, um mich über ihr Befinden zu informieren.*

Telefonische Kontakte im März / April 1987

Frau Schweizer nahm mein Angebot offensichtlich gern an. Beim ersten Telefonat Ende März Traum: *Meine Mutter, eine Freundin und ich wollen verreisen, wir sind im Hause und packen. Beide werden nicht fertig. Ich drängele und drängele, aber die beiden werden wirklich nicht fertig. Ich weiß nicht, ob ich allein zum Bahnhof fahren oder ob wir den Zug versäumen sollen.* Sie weiß nicht, ob sie selbst jetzt verreisen soll (entsprechendes Angebot einer Freundin). Sie sieht in der Mutter einen Teil von sich, aber erlebt auch wiederum die Mutter, die ihre Bemühungen nicht unterstützt. Erstmals im Traum erlebt sie massive Verbitterung und sogar Haß auf die Mutter. *(Ist es auch ein – noch unbewußter? – Zorn auf mich, daß ich ihre laufende Entwicklung durch meine Erkrankung bremse? Auch die Mutter war öfter krank!).*

Bei den weiteren Telefonaten vermittelt sie einen stabilen und sogar aktiveren Eindruck. Für das Wesen ist die Situation im Gartenlokal unverändert, aber es sitzt, warm zugedeckt, jetzt auf einem Gartenstuhl und wartet ab. Der Sturm mit Regen ist abgeflaut, aber das Wesen empfindet die Situation auch nicht als ganz befriedigend.

Die körperliche Symptomatik nach ihrem Unfall ist wieder völlig geschwunden. Eine Reise (Besuch einer alten Freundin über Ostern) kann nicht stattfinden. Dazu empfindet sie ihre Welt gefühlsmäßiger, intensiver: zum erstenmal seit vielen Monaten erlebte sie in einem Konzert intensiv Musik, konnte sich ihren Gefühlen überlassen und war begeistert. Andere Aufgaben fallen ihr noch schwer: Seit vier Jahren hat sie sich, bis auf ein einziges Kleid für ihre Konzertbesuche, keine Kleidungsstücke mehr gekauft; sie kann auch keine wegwerfen, aber fühlt sich auch noch nicht ermuntert, sich hübsch zu machen.

Die Beziehung bleibt über unsere Telefonkontakte erhalten. Sie erlebt mich in einer Patientensituation. Aufgrund der gemeinsamen Patientenerfahrungen (siehe ihr Unfall im Februar) besteht eine stillschweigende, unausgesprochene Übereinkunft. Manchmal fragt sie mütterlich-besorgt nach.

Frau Schweizer: Bericht über diesen Behandlungsabschnitt im Rückblick

12.1.: Zu Beginn der ersten Stunde sage ich, daß das »Kranke« an meiner Depression vergangen ist. Ich kann nicht genau definieren, was »das Kranke« war: das, was gar nicht zu mir zu gehören schien, der Druck, die Schwere. »Mißgefühle«. Aber ich sehe dem Tag noch immer mit leisem Schaudern entgegen. Der Analytiker sagt, ich sei jetzt in mir selbst, aber das Zuhause gefalle mir nicht. Das »Wesen« in der Hundehütte ist nun in einem »Gehäuse«, zu dem mir dann der Balkon im Hause der Großeltern einfällt: ringsum verglast, weißer Kachelfußboden, graue Helle, kalt. Es wurde dort gegessen, ich hatte ein Kindertischchen mit einem Stühlchen neben dem Tisch der Erwachsenen, gehörte nicht dazu. Und auch in meiner Familie gehörte ich nicht dazu, weil ich so oft fortgegeben war, nicht in der Schule, nirgends. Ich sehe nun die Zusammenhänge, aber das hilft mir nicht. Der Analytiker sagt, ich sollte den Kummer, den das bedeutet habe, nicht mehr wegschieben, mich ihm stellen. Es kommen mir Tränen, und er sagt, die Betonmauern, die um mich aufgerichtet waren, würden schon abgebaut.

15.1.: Vierteiliger Traum mit dem Schloß von Versailles (s. S. 93). Seine Deutung: Der Traum sei eine Warnung, den strikt vorgezeichneten Weg – die feierliche Halle – nicht zu verlassen, es gibt kein Entweichen, die Regeln haben absolute Gültigkeit. Ich bin entsetzt zu sehen, daß ich noch so tief in den Gesetzen des Zuhauses stecke, obschon ich faktisch doch außerhalb gelebt habe. Der Analytiker sagt, in den Träumen zeigten sich Männer als brutal, verräterisch, unbrauchbar. Ich frage, ob er sich da miteinschließe. Er sagt, das sei mir eingefallen. Letzten Endes schon. Ich sage, ich hätte jetzt das Gefühl, daß mir nichts passieren könne, wenn er hinter mir sitze.

Dann stürze ich auf Glatteis – es ist ein grimmig kalter Winter – und breche meinen rechten Arm so unglücklich, daß eine Operation erforderlich ist und ich 14 Tage im Krankenhaus liege. Dort lasse ich mich völlig ins Versorgtwerden fallen, es gibt keine Außenwelt, und mein Inneres ist warm eingehüllt, ohne Probleme. Nach der Entlassung sorgt eine Freundin für mich, ich kann meine Kleinkindrolle weiterspielen. Die Analyse führe ich – nach zweieinhalb Wochen Pause – fort; ich kann keine Aufzeichnungen machen, weiß aber noch, daß ich enttäuscht war, jetzt nicht mehr als Baby betreut zu werden, ja, daß gar Forderungen an mich gestellt werden: mich zu entscheiden, ob ich aufdecke, was sich in mir bewegt, oder es dick mit Beton zupacke. Der Analytiker setzt mir zu: Der Anteil in mir, der lieber nicht mittun wolle, habe die Oberhand bekommen, ich sei hinter einen schon erreichten Stand zurückgeraten, wo ich gefühlt hatte. Aber er glaubt, ich fühle doch Kummer darüber, daß es mir schlechtgeht. Es gleitet an mir ab.

5.3.: In der Nacht danach habe ich einen ganz eindringlichen Traum von einer hassenden Frau (s. S. 99). Heute finde ich interessant, daß ich von dem Gespräch über diesen Traum nur eine kurze Notiz gemacht habe, obschon ich da wieder schreiben konnte, aber ich weiß noch genau, wie eindringlich der Analytiker sprach und seine Fragen so formulierte, daß mir gar nichts anderes übrigblieb, als – unüberzeugt – zu sagen, diese drohende Figur repräsentiere wohl meine Mutter.

In der Woche danach verunglückt der Analytiker. Es entsteht eine Pause von acht Wochen, in denen ich auf seine Aufforderung hin einmal pro Woche mit ihm telefoniere, aber das irgendwie nicht ganz ernst nahm. Jedenfalls findet sich keine Notiz in meinem Tagebuch. Ich weiß noch, daß er sich nach dem »Wesen« erkundigte, und ich sagte, es sei herausgekommen, sitze vor der Hütte auf einem Kinderstühlchen, einen Umhang um sich, weil ihm kalt sei. Er fragt, ob es fortgehen möchte. Ich sage mit Nachdruck: »Es war so anstrengend, aus der Hütte herauszukommen, es muß sich erst einmal ausruhen.«

Fortsetzung der Behandlung

4., 5., 6. und 7. Mai 1987 (132–135): Frau Schweizer wirkt lebhaft, munter und strahlt mich an. Sie beginnt die Stunde mit der Frage der 2. Behandlungsverlängerung bei der Krankenkasse: »Ich bin nicht mehr so schwer krank, aber noch nicht gesund. Dazu weiß ich nicht, wie es weitergeht und was ich mit meinem Leben machen soll.« Nach ihrem Eindruck gehe es jetzt in der Analyse auch um ihr zukünftiges Leben. *Aufgrund ihres Zustandes bin ich bereit, der Krankenkasse gegenüber eine 2. Verlängerung zu vertreten und sie zu beantragen* (im anderen Fall würde sie selbst ihre Behandlung finanzieren). Traum: *Ich bin eine junge Praktikantin (ca. 28 Jahre alt) und besuche eine ältere Klientin. Diese ist eine extravagante Frau (wie aus einem gerade gesehenen Fernsehstück von Maupassant). Ich unterhalte mich mit ihr über die Oper Aida. Im Amt zurück, treffe ich dort eine etwas ältere Praktikantin, die mir helfen soll. Ich lehne diese ab, und verlange zu dem Leiter geführt zu werden, da ich als Anfängerin seinen kompetenten Rat brauche. Ich erreiche es auch.* Sie erinnert sich an die gestrige Fernsehaufzeichnung einer Aida-Premiere in Theben (Ägypten) und war fasziniert von dem Triumphmarsch, in dem sie am liebsten mitmarschiert wäre. *Auf meine Frage hin:* »als Prinzessin«. Zu der Frau fällt ihr das passende, weitere Fernsehstück ein: Es handelte von einer Frau, die ganz unkonventionell lebte. Als ein Offizier ihr die Nachricht überbringt, daß ihr Mann im Duell gefallen sei, will sie davon nichts hören und beginnt mit ihm eine Beziehung. Ihr habe diese Frau sowohl als extravagante, elegante Frau gefallen, aber auch dadurch, daß sie so unkonventionell sei. In der Konkurrenzsituation mit der Praktikantin ist sie befriedigt, daß sie zum Amtsleiter (zu mir) geführt wird. Damit kommt erstmals die Frage ihrer Konkurrenz mit meinen anderen Patienten in die Analyse. Sie kann sich derartige Gefühle kaum zugestehen, weiß aber, daß sie hier ihren Platz hat. *Sie haben möglicherweiser Angst, daß ich andere Frauen bevorzugen würde, wenn Sie nicht mehr so krank sind.*

Nachdem sich Frau Schweizer über ihren bisher abgewehrten Wunsch, als Prinzessin im Triumphmarsch mitzumarschieren, gewundert hatte, kommen wir auf ihre Bevorzugung romanischer anstatt gotischer Kirchen in Frankreich zu sprechen. *Sie lieben die romanischen Kirchen deswegen, weil diese die Geborgenheit, Sicherheit und Stabilität vermitteln, die Sie immer wieder lebenslang suchten.*

Am Dienstag berichtet sie, daß sie erleichtert und sogar vergnügt aus der Stunde nach Hause gegangen sei. Bis zum 40. Lebensjahr liebe sie gotische Kirchen und habe sie sich überall in Europa angeschaut. Dann sei ihr dieses »Himmelhochstürmende, sich oben Auflösende und damit Vergehende« eher unheimlich geworden, und seitdem liebe sie romanische Kirchen. Dann führen die Assoziationen von dem Begriff Kirche zum Vater und zu dem möglichen Sinn des Lebens. »Das, was mir mein Vater als Sinn des Lebens im Gottvertrauen vermittelte, konnte ich nicht akzeptieren. Es gibt aber auch keinen Nicht-Sinn.« Dann fällt ihr auf, daß zu den romanischen Kirchen noch weitere Gefühle gehören: im Süden und in der Wärme leben, mit Genuß unter Bäumen liegen und in die Sonne schauen und nichts denken. In den Assoziationen taucht ein Garten voll Blumen mit einer Katze und Bienen auf, und sie fühlt sich wohl. Am Sonntag genoß sie eine Maibowle mit Freunden; gemeinsam sangen sie nach einer Schallplatte »Alte Burschen- und Wanderlieder«. Sie berichtet diese Details so lebhaft, daß ich mich gut einfühlen kann. Dann fällt ihr *(wohl aus Abwehrgründen)* ein, daß diese Lieder jeweils in der dritten Strophe vom Tod handelten. *Vorher fand aber ein intensives Leben in den Liedern statt. Sie erleben jetzt wieder Ihren Kampf in sich und müssen wohl Ihre Wünsche mit Hilfe der Familiennormen erneut unterdrücken.*

Aufgrund eines sie anlächelnden Kindes fragt sie sich dann:

»Brauchen Kinder Erwachsene, um das Lächeln zu lernen? Können sie es von allein?« *Sie sind weiter mit Ihrer alten Frage beschäftigt: Wenn Kinder geborgen und beschützt aufwachsen, können sie dann selbstverständlich auf andere Menschen zugehen?* Sie kann sich an kein Lächeln in der Familie erinnern, erst an ein Lächeln der Freundin im 14.Lebensjahr. »Irgendwie ist alles anders geworden: ich sehe grüne Spitzen vorsichtig aus der Erde herauskommen, und ich merke auch, wie sie wachsen.« Dann fragt sie mich, ob man sich mit seiner Mutter nach so langer Zeit noch aussöhnen könne. Haß und Wut auf die Mutter seien jetzt etwas zurückgetreten, aber die Mutter habe ihr offensichtlich nicht beibringen können zu lächeln. *Ich stimme zu, daß es eine schwierige Aufgabe sei, ohne die Vorerfahrung mit der Mutter noch so spät lächeln zu lernen.* Sie erinnert sich daran, daß sie jetzt häufiger mit leisem Lächeln in ihre Stunde kommt.

Traum: *Ich bin in einem Arbeitszimmer von Ihnen (aber nicht dieses hier). Sie hängen ein Poster auf (das mich an ein Bild von Klee erinnert) mit lauter Rechtecken, die mit verschiedenen rosa Farbtönen ausgefüllt sind. Mir gefällt das Bild, und ich möchte mir das Bild mit Ihnen zusammen anschauen und mich in das Bild hineinfühlen.* Über ihre Einfälle vermittelt sie mir zunächst ihre Vorliebe für Klee. Daraus entwickelt sich ein längeres Gespräch über seine Bilder. *Ich erwähne eine angekündigte Klee-Ausstellung in Düsseldorf.* Rosa erinnert sie an Rosen und an den Garten mit Blumen und Farben. Aufgrund meines Hinweises, daß sie sich das Bild im Traum zusammen mit mir ansehe, kann sie sich später relativ bewußt zugestehen, daß sie mit mir zusammen etwas erleben möchte, daß ihre Wünsche nach Lebensgestaltung noch nicht präzise genug sind und daß es in ihrer Kindheit keinen Menschen gab, der ihr half zu malen oder kreativ zu werden. »Nie habe ich mit meinen Händen schön schreiben, malen oder zeichnen oder mich befriedigende Handarbeiten machen können.« *Mein Gefühl, daß ich mich sehr mütterlich um sie sorgen muß, ist weitgehend geschwunden. Die Beziehung findet im Augenblick mehr auf einer geschwisterlichen Ebene statt.*

11., 12., 13. und 14. Mai 1987 (136–139): Sie beschäftigt sich lange mit der Frage, ob ihre eigenen Wahrnehmungen – auch im Gegensatz zu denen anderer Frauen – Bestand haben dürfen oder nicht, z. B. welche Dinge sie »schön« finden darf. Viele Erinnerungen an Reisen tauchen auf und schließlich zahlreiche Kindheitserinnerungen an das frühere Dresden. Diese werden so plastisch geschildert, *daß ich gefühlsmäßig mit durch Dresden wandere. Mit dem Begriff »schön« verbinden sich offenbar die intensiven Gefühle von Heimat, Geborgenheit und Identität, die Sie so lange gesucht haben.*

Traum: *Ich lebe in einem alten Haus im Dachgeschoß. Nach einer Wochenendreise suche ich mir aus einem großen, teilweise vertrockneten Blumenstrauß die schönsten Blumen heraus und stelle sie mir in einem neuen Strauß zusammen. Zwei Kolleginnen (die quer über die Wiese wohnen) haben mich zum Mittagessen eingeladen. Ich gehe dorthin, über Wiesen und durch den Wald. Zum Mittagessen bekomme ich eine große Portion Gulasch mit Makkaroni.* Dann wechselt der Traum: *Ich bin an einem tiefen blauen See mit einem intensiven blauen Himmel. Ein Mann zeigt mir, wie man mit dem Boot über den See kommt, und lädt mich ein mitzufahren. Das Boot ist sehr schmal (eher wie ein Surfbrett). Ich zögere, will dann aber doch mitfahren, obwohl ich mich unsicher fühle.* Im Traum ist sie um 40. Haus, Wiesen und Wälder erinnern an das Haus der Großeltern. Ihre Kollegin kennt sie aus einem Kurs im 40. Jahr, in dem sie sich sehr wohl fühlte und neue Kontakte aufnehmen wollte. Der Mann mit dem Boot bin ich, der ihr etwas zeigt, was sie zwar möchte, sich aber noch nicht zutraut. *Sie begegnen jetzt erneut vielen Wünschen und Bedürfnissen, die schon für Sie als 40jährige aktuell waren. Sie suchen sich aus dem großen Blumenstrauß ihres Lebens das heraus, was jetzt noch weiterblüht, und freuen sich offenbar daran.* Ihr fällt ein, daß es in dem Traum Inka-Lilien waren (die sehr lange und intensiv blühen) und dazu andere intensive gelbe Blumen und daß der Strauß noch mal ein voller Strauß war. »Ich weiß immer noch nicht, wie es weitergeht, aber offenbar ist mein Unbewußtes schon wieder ein Stück weiter, als ich im Bewußten.« Gleichzeitig fallen ihr auch ihre Sorgen bezüglich ihres Älterwerdens ein (wie ihr auffällt, erst zum zweitenmal in der Analyse). Sie merkt überall im Bekanntenkreis die Tendenz von allen Menschen, alles Schlimme, was passiert, auf das Alter zu schieben. »Vieles was jetzt passiert, erlebe ich von mir aus als weitere Entwicklung.«

18., 19., 20. und 21. Mai 1987 (140–143): Sie hat sich nach der letzten Stunde mit allen erlebten Phantasien und Wünschen wieder völlig in sich zurückgezogen und den Sonntag »narkotisiert« erlebt. *Sie merken, daß zu den erlebten Wünschen auch der Kummer gehört, daß ein Teil der Blumen verblüht ist. Können Sie sich diesem Kummer stellen?* In der nächsten Stunde fühlt sie sich wohler. Traum: *Ich gehe hier in Kassel auf der Königsstraße spazieren. Ich gehe zusammen mit meinem Vater (hier ein jugendlicher Mann von 30 Jahren, sie selbst ist 20 Jahre alt), der von einer Gruppe von Frauen aus seiner Gemeinde begleitet wird. Alle wollen zusammen einen Ausflug machen. Der Vater eilt mit großen Schritten voraus, ich rufe. Ich erreiche ihn nicht mehr; die Frauen folgen ihm und lehnen mich ab.* Zu ihrer Verblüffung träumt sie zum erstenmal nach 30 Jahren direkt von ihrem Vater und dabei ihn noch so jung. Die Szene ist allerdings typisch: Immer ging seine Gemeinde vor. Sie erinnert sich an zwei Ausflüge mit der Gemeinde: »Der Vater wanderte wie ein Schäferhund um seine Gemeinde herum, redete mit allen, aber hatte keine Zeit für uns«; »ich fühlte mich immer wie ein verlorenes Schäfchen, aber ein räudiges Schäfchen, was außerhalb der Herde mitlaufen muß.« Erst jetzt in der Stunde merkt sie zunehmenden Ärger. *Ihr Traum beinhaltet außer den früheren schmerzlichen Erinnerungen auch eine Botschaft und eine Frage an mich: Die Botschaft sei, Männer sind unzuverlässig, und die Frage an mich sei, ob ich mich auch mehr um andere Patientinnen kümmern würde als um sie (unangesprochen bleibt die ödipale Konstellation, daß sie sich als 20jährige Frau einen 30jährigen jugendlichen flotten und von anderen Frauen bewunderten Mann herbeiträumt; bei ihrer Geburt war er bereits 40. Oder verkörpert dieser Vater Anteile ihres älteren Bruders?).*

Am Donnerstag wieder Traum: *Ich bin in Hamburg bei meinem ehemaligen Freund. Er ist deutlich älter geworden; wir verbringen den Tag und auch die Nacht zusammen. Ich frage nach seiner Frau und höre von ihm, daß diese keine Bedeutung mehr hat (die zweite nach ihr geheiratete Frau). Am nächsten Vormittag gehe ich mit einer Bekannten spazieren und bin ärgerlich, daß ich ihn in einem Restaurant nicht antreffe. Ich esse dann mit der Bekannten in dem vornehmen Restaurant. Er kommt mit der Bemerkung herein, er habe schon gewußt, wie wir zu finden sind. Im Traum machte der*

Freund noch eine Bemerkung, daß er jetzt einen Kater habe, aber nicht wisse, ob der Kater sie tolerieren würde. Wiederum hat sie zum erstenmal seit vielen Jahren diesen damaligen Freund bewußt geträumt. Erstmals schildert sie in ihrer Analyse die Beziehung umfassend, mit vielen Einzelheiten: Er war ein von allen Patientinnen hochverehrter und sehr bewunderter Arzt. Sie konnte sich nie vorstellen, daß er sich als sehr attraktiver Mann in sie verlieben könnte. Er suchte nach zwei Jahren dienstlicher Zusammenarbeit eine Beziehung. Für sie war es mit 35 Jahren ihre erste sexuelle Erfahrung mit einem Mann: »Es war wie eine Woge, die mich wegriß und über mir zusammenschlug.« Sie selbst hielt sich viele Jahre lang für unattraktiv und glaubte nie, daß Männer sie begehren könnten (nebenbei fällt ihr allerdings ein, daß ihr Vater das Kleid, daß sie sich mit 18 erstmals selbst nähen ließ, bewunderte). Ihre Beziehung endete mit einem Urlaub (nach dem Tod der ersten Frau, die akut an einer schweren Krankheit verstorben war). Der Arzt zeigte sich sehr verliebt, sprach auch von einer Heirat (er suchte auch eine Mutter für seine Kinder). Anschließend meldete er sich nicht mehr, und sie weiß bis heute nicht, warum er die Beziehung abbrach. Möglicherweise merkte er bei der Trauerfeier, daß sie nicht in seine Familie passe. Sie war so verletzt und gleichzeitig so schüchtern, daß sie nie nachfragte. Sie hatte wegen der beabsichtigten Heirat schon ihre Stelle beim Jugendamt gekündigt und wechselte dann in eine andere Stadt. Sie wundert sich, daß er jetzt einen Kater hat, während er früher keine Katzen mochte. Sie freut sich, daß sie in ihrem Traum so selbständig ist, ohne ihn essen zu gehen. *Nach dem Vater lassen Sie jetzt den nächsten Mann innerlich erneut an sich heran und leben im Traum mit ihm zusammen. Sie träumen ihn als älteren Mann, so als ob Sie viele Jahre doch mit ihm unbewußt weiter zusammengelebt und sein Älterwerden miterlebt haben. Gleichzeitig wünschen Sie sich, daß er sich verändert hat, so z. B. bezüglich seiner Einstellung gegenüber Katzen.*

26. und 27. Mai; 1., 2., 3. und 4. Juni 1987 (144–149): Nach dem Wochenende wieder unruhig und ängstlich. Nach der letzten Stunde Traum: *Ich fliege (auf einem fliegenden Teppich?) über meinen Ort hinweg. Es ist ein wundervoller Tag mit grünen Bäumen und ruhig daliegenden Häusern. Auf der Straße ist kein Mensch.* Am

Wochenende hatte sie sich aufgrund mehrerer von außen abgesagter Verabredungen von allen Menschen zurückgezogen. *Offenbar ist die Welt nur von oben aus der Distanz schön und wenn es keine Sie ärgernden Menschen gibt. Die intensiven Träume über Vater und Freund haben zu viele schmerzliche Gefühle wachgerufen, vor denen Sie sich jetzt wieder zurückziehen müssen.* »Ich tappe im Nebel herum, weiß nicht, wo es langgeht, stoße mich überall blutig und fürchte Gespenster.«

In der nächsten Nacht sieht sie im Traum von oben Island: *glitzernde Berge, Bäche, Lava und Eis und wieder ohne Menschen.* Beim Aufwachen empfand sie eine so intensive Traurigkeit, wie sie sie seit vielen Jahren (nach dem Verlust des Freundes und dem Tod der Freundin) nicht mehr erlebt hatte.

In der nächsten Stunde weiterer Traum: *Ich gehe mit einer alten Freundin spazieren. Es ist eine frühere Supervisorin aus den USA, die hier zu Besuch ist. Ich genieße diesen harmonischen Spaziergang sehr.* Sie verstand sich immer mit dieser Frau sehr gut, die mütterlich und warmherzig mit ihr umging.

In den beiden nächsten Stunden tauchen lauter Märchenthemen auf: »Die Gänsemagd«, »Yoringel und Yorinde« und »Die Jungfrau Marleen«. Es handelt sich um Märchen, in denen jedesmal ein Mädchen erlöst wird; einmal schafft es die Jungfrau nur mit Hilfe ihrer Kammerjungfer. »Auch ich muß mich immer selbst befreien, selbst zurechtkommen gegen eine schlimme Umwelt.« *Sie wünschen sich im Augenblick die Hilfe einer mütterlichen Frau, nachdem Sie noch einmal merkten, wie enttäuschend die Männer sind, die Sie immer wieder im Stich lassen.*

Die Stunden verlaufen insgesamt ruhig. Frau Schweizer beginnt mehr, sich selbst zu analysieren und Fragen zuzulassen, die sie sich noch nie in ihrem Leben stellte. Sie erlebt sich als neugieriger auf sich selbst und auf ihre zukünftige Entwicklung.

9., 10. und 11. Juni 1987 (150–152): Über Pfingsten eine im Vergleich zu ihr ältere Freundin besucht und sich dort ausgenutzt gefühlt. Immer wieder tieferschrocken, welchen Einfluß die Mutter immer noch hat. Zahlreiche Erinnerungen an die unverständige Mutter, an schwierige, fordernde Freundinnen, an ungeliebte Reiseleiterinnen und schließlich an ihre größere Schwester (die ihr das

Weiße in einer Apfelsine, die sie gerade als Kind aß, als das stärkste Gift weismachte) folgen. Anhand eines Traumrestes, *in dem sie, mit sich allein, hochbefriedigt Patience spielt, deute ich, daß sie nach all diesen enttäuschenden und schwierigen Erfahrungen mit den Frauen doch am liebsten allein lebt, wie sie es die letzten Lebensjahrzehnte weitgehend machte.*

22., 23., 24. und 25. Juni 1987 (153–157): Frau Schweizer berichtet von ihrer Englandreise lange begeistert. Viele Besichtigungen unternahm sie zusammen mit der Gruppe, teilweise wanderte sie auch befriedigt allein umher. In der nächsten Stunde fragt sie sich, ob sie mir nicht als »brave Schülerin« einen umfassenden Bericht geliefert habe, um mich zufriedenzustellen. Sie frage sich immer wieder, ob sie nicht lieber zugunsten Jüngerer auf ihre vierstündige intensive Analyse verzichten solle. Jeweils am Dienstag erlebe sie eine junge Frau – offenbar bei mir in Analyse –, die strahlend das Haus verlasse, und sie denke, daß es für deren Entwicklung wichtiger sei. Sie spürt ihre Eifersuchtsgefühle bewußter; sie zweifelt immer noch, ob ihr wenigstens »als braver Schülerin« insgesamt und auch bei mir etwas zustehe. *Insgesamt wünschen Sie sich darüber hinaus mehr an Zuwendung und Aufmerksamkeit.* Sie erinnert sich dann an viele Situationen, wo zu Hause extrem genau geteilt wurde, z. B. die erste Erdbeere in sieben Teile für alle Kinder, und es nie etwas extra für sie gab. *Auch Ihr Vater hat sich dann nicht für Sie eingesetzt!* Wieder kommen zahlreiche enttäuschende Erinnerungen an den Vater, von dem sie träumt, daß sie ihn nicht beachten müsse. Zuletzt erlebt sie sich als vier- bis fünfjähriges Kind, »wie in der Kindheit: ängstlich, vorsichtig, abwartend und gleichzeitig der Umwelt hilflos ausgeliefert – gegen keinen der übergroßen Brüder konnte ich mich wehren«.

29. und 30. Juni; 1., 2., 6., 7., 8. und 9. Juli 1987 (158–165): Diese Stunden verdeutlichen mehrere Themenbereiche:

In ihrem Alltag und in ihren Träumen geht es ihr relativ gut, »sogar etwas über dem Boden schwebend«. Sie wertet ihre Träume teilweise als »falsche Idylle« ab. So träumt sie z. B.: *Ich bin in einem großen Haus, wo sich eine Frau sehr liebevoll um mich kümmert, mir ein Zimmer zuweist, mich versorgt. Deutbar ist, daß die Idylle einerseits ihrer realen Situation entspricht und sie andererseits damit tieferliegende, in den letzten Stunden sichtbar gewordene Gefühle von Wut, Haß und Vorwürfen gegenüber Frauen – aber auch Männern – abwehren muß.*

Sie erlebt ihre Analyse als gemeinsame Aufgabe und grenzt sich gleichzeitig von ihr ab, indem sie »am Wochenende Urlaub von der Analyse nimmt«. Diese Wochenenden genießt sie mit Faulsein, genußvollem In-der-Sonne-Liegen, langen Frühstücken etc. Entsprechend untersucht sie ihre früheren Beziehungen zu Männern und kann besser brauchbare von unbrauchbaren differenzieren. Sie schwärmt noch einmal begeistert von einem Lehrer (der von der Gestalt ganz anders als der Vater war) und schildert noch ausführlicher die letzten Lebenstage und die Sterbesituation des Vaters. Bei seinem Tode durfte nur die Gemeindeschwester dabei sein, und er verlangte auch, daß weder seine Kinder noch insbesondere sie oder die Mutter geholt würden.

Einige Träume handeln von *alten, schönen renovierten Häusern* (sie wohnt zur Zeit in einem solchen, und auch ich habe meine Praxis in einem derartigen). Sie hat dabei das Gefühl, daß alte, auf soliden Fundamenten gebaute Häuser schön und wieder bewohnbar sein könnten. Sie fragt sich, ob sie selbst wohl eins dieser Häuser darstellt. Insgesamt fühlt sie sich erwachsener und größer, »als ob von dem Punkt der Kindheit und dem Punkt des reflektierten Alters langsam etwas Neues entsteht«. In einem weiteren Traum *schliddert sie auf einem zugefrorenen See in Ostpreußen mit Genuß* (wie sie es bereits in der Kindheit bei zugefrorenen Pfützen machte). Sie hat keine Angst einzubrechen: »Ich kann schwimmen oder es wird sich ein Boot finden.« *Trotz dieser, mir durch diesen Traum vermittelten, optimistischen Botschaft wird deutlich und auch deutbar, daß die Sommerpause näherrückt.* Erstmals kann sie sich zugestehen, daß ich ihr in der Pause fehlen werde, aber gleichzeitig hat sie das Gefühl, sie schafft es allein bis zur Fortsetzung der Analyse. In der letzten Stunde vor der Pause beschäftigt sie sich erneut mit der Sterbesituation ihres Vaters. Sie selbst versteht es so, daß sie den einen Mann sterben lassen darf und andere Männer (also auch ihr Analytiker) weiterleben.

Frau Schweizer: Bericht über diesen Behandlungsabschnitt im Rückblick

4.5.: In der ersten Stunde nach der Pause frage ich, ob wir einen Verlängerungsantrag bei der Krankenkasse stellen können, ich sei doch nicht mehr krank. Der Analytiker fragt, was ich unter Krankheit verstehe: Das Drängende, Lastende, Schwere sei weg. Der Analytiker sagt, es sei jetzt unsere gemeinsame Aufgabe, zu finden, was an die Stelle der Krankheit in mein Leben tritt, welches Ziel da sei. Ich sage, es wäre mir noch immer recht, nicht mehr zu leben, ich glaube, nichts zu versäumen. Ich berichte dann aber vom Wunsch einer Reise nach Frankreich, daß ich die romanischen Kirchen wegen ihrer Stabilität und Geschlossenheit liebe; daß ich so gerne im Grünen liege, die Bäume über mir sehe. Es könnte schön sein, auf dem Lande zu leben, aber nur bei schönem Wetter. Der Analytiker faßt dann zusammen: stabil, solide, geborgen, einfach, warm, das sind meine Sehnsüchte.

5.5.: Mir ist danach wohl zumute, und ich berichte das dem Analytiker am nächsten Tag. Ich hätte ja gewußt, daß nach der langen Pause ein neuer Abschnitt komme, hätte mir den aber gar nicht vorstellen können, und dann war es so gegangen, daß er aus meinen Bildern Werte herauszog, die für mich wichtig sind, und das hat mir gutgetan. Er sagt, ich hätte gestern erlebt, daß ich mich treiben lassen könne, ohne daß gleich etwas daraus gemacht werden müßte; ich hätte mich auf meine Einfälle verlassen.

Es geht in den nachfolgenden Gesprächen immer wieder darum, daß ich nicht richtig weiß, was ich wirklich selbst will und was ich aus Anpassung tue, was ich wirklich schön finde und wo ich nur der Meinung anderer zustimme. Aber Prag und Burgund, das war schön, und ich erzähle von meiner Liebe zu Dresden und seiner Schönheit und dem Gefühl, da gehörte ich dazu. Das fühle ich jetzt meistens nicht, es ist wie Plexiglas vor mir. Der Analytiker führt das auf die Depression zurück.

In der nächsten Zeit zeigen manchmal Träume Lebendigkeit an: z. B. hatte ich einen großen Blumenstrauß bekommen, der aber über das Wochenende welkte, und bei meiner Rückkehr war ein Teil der Blumen verblüht. Ich suchte mir heraus, was noch schön war. Darauf verweist der Analytiker. Auch wenn manches nicht mehr geht, bleibt doch genug Schönes. Ich sage fast erstaunt, er gäbe doch sonst keine Einschränkungen durch das Alter zu; er sagt, sicher gäbe es die, aber es sei die Frage, ob man die Einschränkungen als erstes sehe.

18.5.: Und dann wieder habe ich das Gefühl, es ändere sich überhaupt nichts, ich bin wie zugepackt, fühle nichts. Der Analytiker zeigt mir, daß das meine Reaktion von klein auf war: zurückziehen, weil ich nicht glauben konnte, daß jemand für mich da ist. Nicht einmal schreien, denn schreien hilft ja auch nicht. Niemand soll sehen, daß es mir weh tut. Er versuche, mir nahe zu sein, und ich empfinde das auch und seufze tief. Er spricht das an, und ich sage: Es ist sehr schwer, aber ich habe das Gefühl, daß sich etwas bewegt hat. Nur geht es mir nicht schnell genug. Der Analytiker sagt, ich wolle alles gleich besonders gut machen, je besser es mir ginge. Das sei bei meiner Biographie verständlich, aber vielleicht könnte ich im Nacherleben erfahren, daß ich es ruhig angehen lassen darf.

19.5.: Traum vom Gemeindeausflug (s. S. 107). Ich fühle weder Ärger noch Enttäuschung, auch nicht in der Stunde beim Analytiker, als wir darüber sprechen. Dies führt zusammen mit einem anderen Traum von meinem früheren Freund, einem Arzt, der mich verlassen hat, zu immer wieder aufgenommenen Gesprächen über meine Beziehung zu Männern, die ich größtenteils als nicht zuverlässig erlebt habe. Mit einer Ausnahme, mein ältester Bruder, mit dem ich reden konnte, auf den ich mich verlassen konnte (allerdings konnten wir beide auch nicht über Gefühle sprechen), und ausgerechnet dieser eine ist aus dem Krieg nicht zurückgekommen. Der Analytiker sagt, das hieße doch, auch er hat mich verlassen. Mir blieb nichts anderes als Rückzug, damit Enttäuschung und Kummer nicht auftauchen. Jetzt im Darüber-Sprechen fühle ich etwas von dem Leid, ich kann sogar weinen, und das tut weh und doch auch gut.

1.6.: Meine Träume aber in der gleichen Zeit zeigen schöne Landschaften, über die ich mit einer Art fliegendem Teppich fliege, ohne Menschen. Der Analytiker fragt, warum ich eine ganz brauchbare Welt ohne Menschen träume, die habe ich beseitigt, da sei schon Zorn drin, den ich noch nicht fühlen kann. Er sagt, es gehe jetzt für mich um Nähe und Distanz und daß ich bei meinen Versuchen, vorwärts zu gehen, an etwas anstoße, daß es weh tut und ich mich dann zurückziehe. Ich sage, ich könnte es schwer aushalten, so im Nebel zu gehen, ohne einen Weg zu sehen.

3.6.: In den folgenden Wochen nähern wir uns anhand meiner Lieblingsmärchen – Yorinde und Yoringel, Gänsemagd, Rapunzel – dem Problem, daß Frauen, auch solche, zu denen ich Vertrauen hatte, faktisch Macht über mich hatten, was ich damals überhaupt nicht wahrgenommen habe. Und der Analytiker zeigt mir, daß ich an älteren Frauen nicht Kritik üben kann. In allen drei Märchen gibt es eine Hexe, die den Mädchen Leid zufügt. Ich verstehe, daß der Analytiker an meine Mutter denkt, aber ich kann sie nicht als Hexe sehen, und doch fallen mir kleine Geschichten aus der Kindheit ein, in denen ich bei ihr keinen Schutz fand. Der Analytiker meint, da hätte ich mir den Wolf dagegen geholt, aber ich sage, vor dem hatte ich doch auch Angst. Er sagt, große Wut macht auch angst. Im Grunde kann ich mir auch heute noch nicht gegen Angst helfen und wünsche mir einen Menschen, der mich an die Hand nimmt, der mir zeigt, daß gar kein Grund zur Angst da ist.

22. und 23.6.: Im Juni nehme ich an einer Reise nach Südengland teil, in einer Gruppe, und ich berichte danach, daß ich mich in dieser lockeren Gruppe wohl gefühlt habe und daß ich auch zu Hause nicht »ins Loch gefallen« bin nach der Rückkehr. Ich weiß nicht, ob ich wirklich mit meiner Situation jetzt einverstanden bin oder ob es ein Rückzug ist. Danach kommt mir der Gedanke, ob nicht dieser so positive Reisebericht meinem Wunsch entsprang, mich dem Analytiker in einer guten Verfassung zu zeigen. Er sagt, ob das nicht mein ganzes Leben so gewesen sei: daß ich bemüht sein mußte, einen ordentlichen Eindruck zu machen, und ich sage, ich sei nie als liebenswert genommen, sondern immer nur aufgrund von Leistung geachtet worden. Dabei kommen mir die Tränen. Der Analytiker sagt nach einer Pause, dies sei eine sehr kummervolle Äußerung. Ich sage, daß ich immer mit allem selbst fertig wurde, und der Analytiker hebt hervor, daß ich allein zu den Großeltern gebracht wurde und allein einen neuen Anfang im Westen schaffen mußte. Dieses »allein« hat bei mir schon sehr früh angefangen. Ich überlege, daß wir stets, von welchem Punkt ausgehend auch immer, dahin kommen, daß mir etwas sehr Wichtiges gefehlt hat, und so hat sich ein Reflex gebildet, der anspringt, ehe ich es überhaupt merke. Der Analytiker sagt, ich müßte es hundertmal erleben und hinterher merken, dann könne es sein, daß ich etwas vor dem Anspringen des Reflexes merke und anders handle.

Durch die nächsten Wochen zieht sich immer wieder das Gespräch über Wut und Ärger. Ich habe meinen Vater nie wütend gesehen. Der Analytiker sagt, kühle Strenge sei für ein Kind viel schwerer auszuhalten. In unserer Familie müsse Friedfertigkeit geboten gewesen sein, da konnte Widerstand nicht aufkommen.

2.7.: Ich fühle mich hundeelend, habe nicht geschlafen, habe keine Hoffnung. Der Analytiker sagt, ich käme wohl mit der Welt um mich her nicht gut zurecht. Aber dann berichte ich, daß ich gestern einen ganz friedlichen Nachmittag gehabt habe und in der Sonne gesessen: »So kann man leben.« Es war alles ganz friedlich, und dann so eine schlimme Nacht. Der Analytiker sagt, mein Inneres sei angepiekt, es wolle ihm und mir mit dem Ausmalen der Idylle vormachen, alles sei in Ordnung; wir müßten aufpassen. Ich sage, ich wünschte mir, er schlüge wie Moses an den Stein, und es springe Wasser heraus. Er fragt, wie viele Menschen einen Vulkanausbruch im Krater wohl überlebten. So etwas spiele sich jetzt in meinem Inneren ab. Ich sage, das könne ich denken, aber nicht empfinden. Er sagt, daß der Kopf das für denkbar hält, das sei der erste Schritt. Ich frage, ob er glaube, daß ein zweiter Schritt erfolge. Er sagt: »Sehen Sie sich Ihre bisherige Analyse an.« Ich sage: »Da war es leichter, da brauchte ich nur traurig zu sein.« Ja, sagt er, aber vorher war doch gar nichts. Obwohl ich keine Anzeichen für einen Weg sehe, geht es mir nach dieser Stunde nicht mehr ganz so mies.

6.7.: In der nächsten Woche sage ich, ich hätte am letzten Donnerstag den Eindruck gewonnen, daß er in meiner Verfassung eine normale Phase in diesem Prozeß der Analyse sieht, und beschlossen, ein freies Wochenende zu haben.

8.7.: Kurz vor dem Sommerurlaub des Analytikers habe ich einen merkwürdigen Traum über Ostpreußen (s. S. 111). Der Analytiker meint, daß dieser Traum etwas verhülle, und er spricht dann direkt seinen bevorstehenden Sommerurlaub an. Ich sage, ich hätte keine Angst, in die Depression zurückzurutschen, aber, und das sei vielleicht neu, ich sei mir darüber klar, daß ich die Analyse vermissen werde. Er kommt dann wieder auf den Traum mit der Eisfläche zurück. Ich sage, daß ich auch heute noch gern auf gefrorene Pfützen trete, wenn es dann splittert. Und er meint, ich wäre dabei auszuprobieren, was geschieht, wenn das Eis splittert. Geht man unter oder passiert nichts? Diese Zwischenphasen seien schwierig. Ich sage: »Und sie dauern lange.«

Fünfter Behandlungsabschnitt vom 3. August bis zum 17. Dezember 1987 (63 Stunden): *Außerhalb der Hundehütte gibt es zu viele bedrohliche, schmerzliche und verführerische Gefühle*

3., 4., 5. und 6. August 1987 (166–169): Während der Pause besuchte sie eine Pflegetochter ihrer Kindheitsfamilie. Diese stufte die Mutter als »lieb« ein. Ihre schmerzhafte Reaktion machte ihr ihre Eifersucht deutlich. Sie versteht, daß ein böser Anteil der Frauen (ihre Mutter und alles, was die Mutter verkörpert) einen möglichen liebevollen Anteil tötet. In der Pause sah sie sich plötzlich als dreijähriges Kind in der Küche der Großeltern: bedrückt, klein, mickrig mit langen braunen Zöpfen, ganz allein und ringsrum nur Erwachsene. »Damals wurde ich offenbar von dem Vater bei den Großeltern abgeliefert. Er sprach mit mir nicht über den Anlaß und war am nächsten Tag einfach weg.«

Die nächsten Stunden sind angefüllt mit Gedanken und Erinnerungen an den Vater als »unerreichbaren, großartigen Mann, den ich 40 Jahre links liegen ließ und negierte«. Sie zeichnet sein Bild nach: ein kleiner, untersetzter, alt aussehender Mann im Gehrock, mit weißem Hemd, Krawatte und einer Melone (bei Beerdigungen Gehrock und Zylinder). Von allen Gemeindemitgliedern hochverehrt, galt er als streng, doch menschlich. Seine Entscheidungen in der Familie traf er völlig allein und kommentierte sie nicht; so bekam sie eines Tages einen Brief für die Schule mit, der sie abmelden sollte, ohne daß sie vom Umzug überhaupt wußte. In die Donnerstagsstunde bringt sie (nachdem sie um mein Einverständnis nachfragte) einige Fotos der Eltern mit, die wirklich ein patriarchalisches Paar am Verlobungstag zeigen: *der Vater so beeindruckend, wie sie ihn mir schilderte; die Mutter wirkt eher undifferenziert und fast unzugänglich. Ein Bild einige Jahre später verstärkt noch diesen Eindruck. Ganz eindeutig ist der Vater ein sehr alter Mann, eine unangreifbare Autoritäts- und Respektsperson, der wahrscheinlich nichts mit kleinen Kindern anfangen konnte.* »Ein Patriarch wie Abraham, bei dem die Frauen in der Tür standen und dienten.« Plötzlich wird ihr bewußt, daß sie sich noch nie in ihrem Leben mit älteren Männern und Autoritätspersonen auseinandersetzen konnte, sondern nur mit gleichaltrigen und jüngeren. Die 22jährige, noch kindliche Mutter heiratete damals auf Drängen der Eltern einen neun Jahre älteren Mann in Predigerausbildung. Vorher Friseurgeselle, ging er nach einer durchstandenen schweren Krankheit (Tuberkulose) auf ein Predigerseminar. »Eine Ehe mit einem Respekt heischenden, älteren Mann, aber nicht die große Liebe.« Im Ersten Weltkrieg war der Vater fast viereinhalb Jahre abwesend. In dieser Zeit zog die Mutter mit der ältesten Tochter und den beiden anderen Geschwistern zu den Großeltern und fühlte sich da offenbar sehr wohl. Sie besuchte die Oper und die Konzerte (machte alle Dinge, die zu Hause von seiten des Vaters verpönt waren). Immer mehr fragt sie sich, nachdem vor ihr der Bruder bereits für zehn Jahre zu den Großeltern weggegeben wurde, ob die Mutter überhaupt Kinder liebte und insbesondere sie als Kind noch haben wollte. Frau Schweizer nimmt ihren Vater immer mehr als »Last auf meinen Schultern wahr, so als ob er auf mir steht oder auf mir sitzt und mich herunterdrückt«.

12. und 13.; 17., 18. und 20. August 1987 (170–174): Es geht um die weitere Klärung der Beziehung zum Vater. Zunächst bringt sie viele Erinnerungen über seinen bewunderten, aber auch strengen Teil. *Erst als ich ihr ihre abgewehrten, massiven Vorwürfe deute,* werden diese bewußter: Nie war er in seinem Zimmer erreichbar oder störbar; er las nicht und hatte auch keine weltlichen Bücher. Er zeigte keine Gefühle. Immer riß er sich massiv zusammen. So hatte er z. B. nach dem Krieg ein so hohes Fieber, daß er sich am Tisch festhalten mußte und der Tisch die Schüttelbewegungen des Fiebers übertrug, aber er ging nicht ins Bett. Er zeigte auch keine Rührung, als der vermißte Bruder sich ein halbes Jahr später wieder meldete.

24., 25., 26. und 27. August 1987 (175–178): Die Stimmung wieder abflauend. In ihren Einfällen ist sie stolz, immer alles allein geschafft zu haben (Kindheit, Abendabitur, erste Ausbildung, zweite Ausbildung). Dahinter kennt sie aber das Gefühl sehr gut, »die Sau hat zehn Junge, aber nur acht Zitzen, und für mich war keine da«. Den ganzen Mittwoch über fühlt sie sich außerordentlich wohl. *Hat es mit der ausnahmsweise auf den Abend umgelegten Stunde zu tun? Bevorzugung durch den Vater?*

Traum: *Ich bin zu einem Fortbildungslehrgang abgeordnet. Zu meinem Schlafraum muß ich durch einen großen Raum gehen (voller Stühle und an den Wänden viele Bilder). Eine Gruppe von Männern drängt mich, ein Fest zu geben, ich will aber nicht.* Ihre Einfälle führen sie über den manchmal offen stehenden Institutsraum (viele Stühle und Bilder meines Kollegen an den Wänden) zur Gruppe meiner psychoanalytischen Kollegen, die sie (wie ich erst jetzt höre) von Fortbildungsveranstaltungen her gut kennt. *Auf Nachfrage wird deutlich und deutbar, daß sie viele Aspekte unseres Psychoanalytischen Instituts (in dem ich meinen Praxisraum habe) wahrnimmt, aber das Gefühl hat, sich nicht dafür – wie für den Vater – interessieren zu dürfen.* Sie merkt plötzlich, daß sie mich in den letzten Monaten ganz auf diesen meinen Praxisraum beschränkte und nie mehr (seit den beiden Träumen zu Anfang) direkt von mir träumte. Sie ärgert sich über nicht beantwortete Fragen, so z. B. ob ich noch Unfallfolgen hätte und wohin ich im Sommer reisen würde. In der nächsten Stunde merkt sie deutlich, daß sie etwas mit mir austrägt, was sie nicht versteht. Seit Monaten beobachtet sie schon, daß sie Informationen über meinen Wohnort, über die Hochschule und über die Altersforschung nicht mehr interessieren. Schließlich fällt ihr ein Freud-Film ein, und sie kritisiert ihn vorsichtig: »...war ihm eigentlich bewußt, daß nur das Erinnern die Symptome keinesfalls wegbringt?« *Sie nehmen von mir zwei unterschiedliche Aspekte wahr, die zu unterschiedlichen Altersphasen gehören: das kleine zwei- bis dreijährige Mädchen fühlt sich unter dem Schreibtisch des*

Vaters geborgen und wohl auch vor der Mutter geschützt; das vier- bis fünfjährige Mädchen konkurriert mit der Mutter und ist über den Vater tief enttäuscht, daß er sie nicht als Mädchen wahrnimmt und nicht gegen die Mutter verteidigt. Jetzt im Augenblick hadern Sie als älteres Mädchen mit mir, und daher korrigierten Sie soeben auch den Altmeister der Psychoanalyse. »Als ich Sie gestern abend kritisierte, dachte ich, jetzt habe ich den König angegriffen, aber der ist doch gar nicht angreifbar, das darf man doch nicht tun.«

31. August; 1., 2. und 3. September 1987 (179–182): Sich nach der letzten Stunde sehr gut gefühlt, blendend geschlafen und wild geträumt, aber nichts bis auf einen langweiligen Traum behalten: *Ich höre von meiner (verstorbenen) Freundin, daß es einen Weber gibt, der tolle (Über-)Decken webt. Der Weber kommt herein, spricht mich mit meinem Namen an und fordert mich auf, mir seine sehr schön gewebten Decken anzusehen.* Einfälle: der Weber im Traum ist ein etwa 50jähriger, untersetzter, vertrauensvoll wirkender Mann. Dann folgen mehrere vertrauenswürdige Männer, wie ihr früherer Friseur, ihr Spediteur; ein Busfahrer, der sie zum Haus ihrer Großeltern als kleines Mädchen mitnahm; ein älterer Mann, der als Vertreter des Vaters mit im Haus wohnte und ihre Uhr reparierte; der heißgeliebte Lehrer und ein früherer Freund. Diese vertrauenswürdigen, bewunderten, aber auch etwas fürsorglichen Männer schätzte sie sehr. Nach einer Erzählung ihrer Mutter war sie als drei- bis vierjähriges Kind bereit, mit jedem Mann mitzugehen, wenn es die Mutter zugelassen hätte. *Diese Männer waren auf jeden Fall besser als der damalige Vater. Jetzt soll in Ihrem Traum ein Mann (nicht gerade als Ihr Analytiker geträumt) Ihnen eine kunstvolle, warme, psychoanalytische Decke weben. Ob er das wohl kann?* Lächelnd traut sie es mir zu. Immer noch beschäftigt sie ihr Bild von den Männern. Neben den Männern vom Typ Handwerker gäbe es Männer, die das Gegenteil des Vaters verkörperten (freundlich, schwer faßbar, humorig). Als junges Mädchen schwärmte sie für ritterliche, hochgewachsene blonde Helden. Schließlich fällt ihr doch ein, daß der Lehrer, der sich sehr für sie interessierte, aber auch ein früherer Freund, diesem Typ entsprächen. *Diese Männer müssen sich allerdings lange sehr viel Mühe geben, ehe Sie glauben, daß sich diese für Sie interessieren.* Dann fragt sie sich selbst, zu welchem

Typ ich, als ihr Analytiker, gehöre. Bestimmt zählte ich zu den von ferne verehrten Helden: Ich tue etwas für sie und kümmere mich, sei ritterlich, aber auch unnahbar. Dann fragt sie sich ganz ängstlich, ob sie diese Charakteristik einbringen durfte. *Sie versuchen Ihre verschiedenen Wahrnehmungen von mir zuzulassen, so haben Sie in der vorigen Woche den Angriff auf den König geprobt, dann sind Sie fürsorglich bezüglich meines Honorars, und jetzt darf ich auch Ihr aus der Ferne verehrter Held sein. Sie versuchen offenbar den Mann, jetzt verkörpert durch mich, als »unbekanntes Wesen« besser kennenzulernen.*

Traum: *Ich bin in einem Museum für Stickereien. Dort werden auch Erzeugnisse derjenigen Firma ausgestellt, in deren Vorstand ich mitarbeite. Ich zeige einer Gruppe Franzosen die Produkte unserer Firma. In dieser Firma ordne ich an, daß sofort Prospekte auf französisch gedruckt werden. Die männlichen Mitarbeiter sind irritiert, fügen sich aber selbstverständlich.* Ihre Einfälle führen zunächst in die Zeit von 1939, als sie in einer Strickwarenfirma als junge Fremdsprachenkorrespondentin arbeitete. Sie freut sich, daß die männlichen Mitarbeiter so selbstverständlich ihre Anordnungen befolgen. Weitere Details über diese erste Stelle vor dem Krieg folgen: sie war schlecht bezahlt (nach Abzug aller Steuern und Versicherungen im Monat 103 Reichsmark, von denen sie noch zu Hause ein Drittel abgeben mußte). Erstmals konnte sie sich mehr heißgeliebte Süßigkeiten kaufen und schließlich auch das erste Kleid nähen lassen. Gleichzeitig erinnert sie sich an ihren Neid auf den Prokuristen (Villa, eigenes Auto, Chauffeur, Weinberge, großer Garten). *Anhand ihres jetzt zugelassenen Neides lassen sich der Neid auf den Vater, auf den Arzt und auch auf mich deuten.*

In der Donnerstagsstunde ist ihr Zustand wieder schlecht. »Es lohnt sich nicht, sich für irgend etwas einzusetzen.« *Mir wird dann bewußt (mich an meine eigene Kindheit erinnernd), daß ich wichtige Anteile des gestrigen Traumes nicht genügend würdigte, denn der Dienstantritt in der Strickwarenfirma verkörperte den Beginn einer neuen extremen Einschränkung durch die Kriegs- und Nachkriegszeit. Erstmals bestanden nach ihrem Weggang aus der Familie durch selbstverdientes Geld und durch die Aussicht auf ein Studium Chancen für Kontakte und Freundschaften zu Männern, für Reisen, für hübsche Kleider etc. Dann beginnt der Krieg. Ich weise auf diesen*

Sachverhalt hin und deute, daß der Traum wohl uns beide durch die Darstellung der besseren Situation (Vorstandsmitglied) täuschen sollte, aber für mich zeige er eindeutig auf, welche Lebenschancen für sie vernichtet wurden. Ihr wird dann bewußt, daß sie sich erst wieder 1955 mit 35 Jahren so wohl fühlte wie 1939 mit 19 Jahren! Diese Zeit von 19 bis 35 Jahren war angefüllt mit Hunger, Auseinandersetzungen, Kampf ums Überleben, Zerstörung der Familie, Aufbau einer neuen Existenz im Westen etc. Frau Schweizer verstummt dann und schweigt lange: »Jetzt fange ich an zu trauern und merke meinen Kummer; noch nie habe ich mir zugestanden, daß diese Zeit von 19 bis 35 ganz schlimm war. Immer war ich stolz darauf, daß ich sie überlebt hatte.« Sie weint dann stumm vor sich hin und fürchtet, sie nie mehr in ihrem Leben nachholen zu können. *Ich versuche sie dann zu trösten, indem ich einerseits bestätige, daß es viele nicht mehr nachholbare Dinge gibt, sie andererseits auf den im früheren Traum neu gebundenen Blumenstrauß hinweise.*

Diese beiden letzten Stunden verkörpern eine für Ältere typische Konstellation: Entweder beschäftigt man sich nur mit dem doch noch im Leben erreichten Erfolg, oder man erlebt nur die Verzweiflung und Trauer über eine nicht gelebte Zeit. Auch ich wollte meine eigenen Erinnerungen an meine schlimme Kindheit (zerstört durch den Krieg) nicht zulassen und ließ mich zunächst durch den manifesten Anteil des Traumes verführen.

7., 8., 9. und 10. September 1987 (183–186): Über das Wochenende habe sie lange Zeit ihre Traurigkeit gespürt. Traum: *Ich bin in eine unbekannte Wohnung umgezogen. Ich finde kleine, ungemütliche Räume vor. Eine unfreundliche Frau zeigt mir mein zukünftiges Schlafzimmer: unaufgeräumt, dreckig, muffig und unbefriedigend. Daneben befinden sich noch weitere kleine Räume. Ein Mann bringt freundlicherweise Umzugskartons; ich fühle mich absolut nicht wohl.* Ihre Einfälle beziehen sich zunächst auf ihren in absehbarer Zeit möglicherweise bevorstehenden Umzug (in vier bis fünf Jahren), den sie aber nicht fürchtet; weiterhin auf Häuser, die von außen schön anzusehen sind, aber von denen sie nicht weiß, wie sie innerlich sind. *Ich frage mich, ob die Wohnung im Traum nicht Ihren Körper und Ihre körperlichen Bedürfnisse symbolisiert: Sie sind sich noch gar nicht sicher, auf welche Bedürfnisse Sie stoßen, wenn*

Sie Ihre Kindheitsräume beziehen; die von mir zur Verfügung gestellten Umzugskartons helfen dabei nicht.

Zu Donnerstag-Traum *Ich stehe vor einem schloßähnlichen Gebäude, schön ausgemalt, anderthalb Stockwerke hoch. Vor dem Haus ist eine Wiese mit Sonne und Blumen, und ich fühle mich ausgesprochen wohl.* Die Erinnerungen führen zunächst zu Schlössern aus ihrer Kindheit: in Dresden, anderswo und später zu Schlössern auf Reisen. Vor einigen Tagen besuchte sie eine alte Tante im Krankenhaus, die ihr erzählte, daß sie als kleines Mädchen mit vier Jahren bei dem Großvater (ausgestattet mit einem alten Schleier) alle Kinder zwang, mit ihr Prinzessin zu spielen. Schließlich erinnert sie sich an einen etwas älteren Jungen der damaligen Zeit, den sie sehr schätzte und der ihr ständig zu Diensten war. Amüsiert kann sich Frau Schweizer allmählich ihrer »Prinzessinnen-Seite« stellen. *Sie können allmählich akzeptieren, daß Sie vor der Zeit Ihrer Selbstverachtung eine strahlende Prinzessin sein konnten. Bei den Großeltern gab es sogar neben dem Großvater als gütigem König einen angehimmelten kleinen Prinzen.* Sie fragt sich, was für ein Mädchen wohl die Mutter haben wollte, und geht dann strahlend weg.

14., 15., 16. und 17. September 1987 (187–190): Traum: *Ich stehe auf einer Wiese vor meinem alten Haus (das sie früher bewohnte). Das Haus ist völlig ausgeräumt, Türen und Fenster fehlen, es soll renoviert werden. Sie stehen vor der Frage, wie Sie sich in Ihrer inneren Welt und Ihrem Körper mit seinen Bedürfnissen einrichten wollen.* Unverändert grübele sie über die Frage, was die Mutter für ein Mädchen haben wollte; sie meine jetzt, überhaupt kein Mädchen.

Zur Dienstagsstunde Traum: *Ich bin im Keller und sortiere einen riesigen Berg schmutziger Wäsche, und eine blonde Frau hilft mir dabei. Ich will diese ganze schmutzige Wäsche in die Waschmaschine tun, aber es ist viel zuviel.* In ihrer eigenen Lebenssituation geht es zur Zeit auch um »schmutzige« Gefühle und Empfindungen, die sie sich nicht zugestehen könne; sie könne diesen Berg von Gefühlen bestimmt nicht bewältigen. Immer hoffte sie, daß die Mutter, so wie dieses Mädchen (eine frühere, sehr geschätzte Supervisandin) ihr helfen würde, zur Frau zu werden und mit ihren vielfältigen Gefühlen umzugehen. Die Mutter wollte eben kein Mädchen, sie hat mich

»passiv vernachlässigt«. Die älteste Schwester wurde Diakonisse und zog sich völlig aus der wirklichen Welt der Frauen zurück. Dieses Thema beschäftigt sie in den nächsten Stunden unverändert, bei der gleichzeitigen Frage an mich, ob ich ihr als Mann dabei helfen und sie in diese abenteuerliche Welt einführen würde.

12., 13. und 14. Oktober 1987 (191–193): Nach einer Reise mit einer Freundin (die von mir gleichzeitig in der Psychotherapiegruppe behandelt wird) kehrt sie gut erholt zurück. Sie spricht sofort von einer Frau, die bei ihr übernachten wollte. Erstmals kann sie sich mit dieser Frau kritisch auseinandersetzen. Auf der Reise konnte sie auch ihre Rivalität mit der Freundin wahrnehmen. Entsprechend träumte sie, *daß sie diese Freundin in der 1. Reihe hinter mir als Chefarzt hinterherlaufen ließ, während sie in der 2. Reihe marschierte.* Dann wird ihr bewußt, daß sie diese Freundin immer als die ältere, große Schwester erlebte: meilenweit voraus in den Erfahrungen des Älterwerdens, in der Psychotherapie, und schließlich suchte diese vor ihrem Besuch in der Institutsambulanz die Tagesklinik auf. In der folgenden Stunde kann sie sich endgültig ihrer massiven Eifersucht stellen. In der Kindheit bestand ein eindeutiges, familiäres Verbot, Zorn auf Geschwister zu haben. Man durfte noch nicht einmal darüber reden. Sie erinnert sich, wie sie ihren Zorn nur leise zwischen den Zähnen herausstieß.

19., 20., 21. und 22. Oktober 1987 (194–197): Frau Schweizer hörte inzwischen von der erneuten Krebserkrankung dieser Freundin und ist zutiefst erschrocken. Sie schläft schlecht, erlebt sich bedrückt, traurig. *Als ich ihre möglichen Schuldgefühle gegenüber der erneut erkrankten Freundin aufgrund der in der letzten Stunde geäußerten Eifersuchtsgefühle anspreche,* erlebt Frau Schweizer plötzlich eine Fülle von weiteren Gefühlen Frauen gegenüber. Sie kann über die Krankheit ihrer Freundin trauern und merkt plötzlich, was sie ihr bedeutet und wie sehr sie sie braucht.

Unverändert ist sie in den nächsten Stunden mit ihren zwiespältigen Gefühlen gegenüber den Frauen und immer wieder gegenüber der Mutter beschäftigt. Sie läßt ihre derzeitigen Freundinnen Revue passieren und versucht, ihre verschiedenen Gefühle ihnen gegenüber zu ordnen. »Manchmal wünsche ich mir, daß meine Mutter noch da ist, damit ich sie fragen könnte.« *Auf einen Hinweis von mir* ist sie ganz erstaunt, daß sie ihrer Mutter überhaupt zutraut, Antwort geben zu können.

In die nächste Stunde bringt sie mir zwei Fotos ihrer Mutter mit und bittet um einen Kommentar, was diese Bilder in mir wachrufen würden. Die Mutter ist im Alter von 50 bis 55 Jahren, wirkt aber, mit dunklen Haaren und mit Haarnetz, auf einem Sessel sitzend, deutlich älter. *Ich entschließe mich zu einem Kommentar und sage, daß mir die Mutter nicht als eine hilflose Frau vorkomme, sondern wie eine skeptische, vorsichtige, eher auf Distanz eingestellte Frau. Mir sei aber klar, daß ich möglicherweise durch ihre Berichte beeinflußt sei.* Da ihr seit langem bewußt ist, daß ich ihr im Anfang ihrer Analyse auch mütterliche Zuwendung gab, vergleicht sie mich jetzt ständig mit ihrer Mutter.

Zum nächsten Tag drei Träume: Im ersten *sehe ich die Mutter als 50jährige dasitzen, sie guckt nicht auf, näht offenbar und hat mit niemandem Kontakt.* »Als Ausgleich für die unerreichbare Mutter« träumte sie dann folgenden Traum: *Ich lebe in einem großen Schloß mit vielen Räumen und gebe ein großes Fest für Hunderte von Menschen. Ich kenne, bis auf eine frühere Kollegin, niemanden. Ich trage einen adligen Namen und gehe durch mein Schloß, begrüße die Leute und gucke nach dem Rechten. Ich bin unermeßlich reich und lasse Sekt servieren. Am Empfang steht eine jüngere Frau, die sich um alles kümmert. Es gibt auch ein großes Schwimmbad. Von außen wirkt das Schloß allerdings mehr wie ein einstöckiges Haus, sogar wie ein Fabrikgebäude. Ich denke, daß ich mich jetzt um die junge Frau kümmern muß, die bestimmt müde ist, und gucke nach ihr. Ich bin bei einer Gesellschaft und diskutiere mit einem Mann über die Ermordung von Kennedy. Neben mir am Kopfende sitzt eine freundlich wirkende Frau, die mich versorgt und mir mein Lieblingsgericht (Kartoffeln mit Quark, wie früher in Sachsen) reicht und mir dann noch mehr rüberschiebt.*

Aufgrund der Einfälle: *Sie können jetzt Ihre Mutter in Distanz besser wahrnehmen. Um Ihre Enttäuschung nicht zu groß werden zu lassen, schaffen Sie sich eine imponierende Gegenwelt (siehe auch der Traum mit der Strickmaschinenfabrik). Einen anderen Weg, mit diesen Gefühlen fertig zu werden, zeigt der dritte Traum: Mit dem Vater können Sie diskutieren, und die Frau versorgt Sie mit Ihrem*

Lieblingsgericht. Plötzlich erinnert sie sich an viele derartige Phantasien, um ihre Verzweiflung über die Mutter nicht wahrnehmen zu müssen. »Früher habe ich mich wie ein Igel empfunden, der die Stacheln hochstellt, jetzt nehme ich meinen igelhaften Anteil in die Hand, zeige ihm seine weiche Unterseite und lasse ihn sich dann ins Gras setzen – ich fühle mich zur Zeit ganz seltsam und ganz ungewohnt; ich kann zuwarten und kann loslassen – eine dicke, feste Haut ist weg, und ich bin zur Zeit sehr dünnhäutig und sehr vorsichtig.«

26., 27., 28. und 29. Oktober 1987 (198–201): Sich über das Wochenende sehr lebendig gefühlt. Traum: *Ich habe eine neue Stelle angenommen und richte mich ein. Ich beziehe eine Wohnung in einem alten Haus – ohne jeglichen Komfort –, aber etwas gemütlich. Der Hauswirt (ein älterer Herr) weist mich darauf hin, daß ich mich nicht gemütlich einrichte und ob ich es mir nicht bequemer machen wolle. Ich weise auf meine Probezeit hin. Dann bin ich auf der Straße und schiebe ein Kind (an den Füßen behindert) in einem Kinderwagen. Ich muß den Kinderwagen über ein Brett schieben und an einer Absperrung vorbei, und eine jüngere Frau hilft mir.*

Sie wundert sich, daß sie es sich immer noch nicht (in sich selbst) gemütlich einrichten kann, auch wenn es besser als in einem der Träume davor geht. Der ältere Herr erinnert sie an einen Bauern während der Landhilfe, dem sie als 15jähriges Mädchen half. Er war ebenso distanziert und freundlich wie ein früherer Hauswirt, der sich rührend um sie kümmerte. *Als ich nach dem in den Einfällen ausgesparten Kind frage, wird deutlich und deutbar, daß sie sich am Wochenende vor einem sehr gefährlichen Thema, nämlich ihrem verdrängten Wunsch nach einem Kind, zurückzog.* Sie hat am Wochenende die Enkelkinder ihrer verstorbenen Freundin auf einem Geburtstag erlebt (eins der Kinder war früher gehbehindert). Eines dieser beiden Kinder trage den Namen, den sie wohl auch ihrer Tochter geben würde. Diese mögliche Tochter »Bettina« beschäftigt sie auch in den nächsten Stunden. Nach ihrem Eindruck könne sie nicht mit Säuglingen umgehen, wohl aber mit drei- bis vierjährigen Kindern. *Ich erinnere sie dann an die kleinen schwierigen Geschwister, die sie zunächst als Säuglinge wahrgenommen und deretwegen sie jedesmal weggegeben wurde: Offensichtlich konnten Sie bei der Mutter nicht erleben, wie man liebevoll mit Säuglingen umgehen kann.* Plötzlich fällt ihr ein, daß sie sich nach der Beziehung zu dem Arzt in Hamburg intensiv gewünscht habe, schwanger zu sein: »Ich wollte etwas für mich haben, aber ich hätte es ihm nie erzählt« *(die naheliegende Parallele in der Übertragungssituation deute ich aus Irritation nicht).*

Gleichzeitig geht es in diesen Stunden um einen nochmaligen Verlängerungsantrag über die 240. Stunde hinaus. Sie kann sich im Augenblick auf mich verlassen: Sie weiß aber trotzdem nicht, ob sie mich für diesen Wunsch in Anspruch nehmen darf. *Schließlich ist aufgrund ihrer Einfälle deutbar, daß Mich-jetzt-in-Anspruch-Nehmen heißt, meine Partei ergreifen und gegen die Mutter vorgehen oder die Partei der Mutter ergreifen, d.h., gegen den Vater und damit auch gegen mich vorzugehen.* Sie erlebte nie die Eltern zusammengehörig (möglicherweise wollte sie sie zusätzlich auch nicht so erleben!). Plötzlich hat sie das Bild eines Seiles, was sie hält.

In der nächsten Stunde verdeutlicht sie dieses Bild: Sie schwimme in einem See und habe ein Seil um sich. Dieses Seil führe in die Tiefe und sei dort verankert. Der See aber sei nicht so tief, sie sehe die Wasserpflanzen, und das Ufer sei auch nicht zu entfernt. *Sie scheinen mir an einer Nabelschnur zu hängen.* Ihr wird klar, daß sie im Augenblick innerlich die Mutter noch braucht, da sie lebenslang die Phantasie hatte: Die Mutter ist doch gut, wenn man ihr nur erlaubt, freundlich mit ihren Kindern umzugehen. Immer hat sie gehofft, dieses Mütterliche bei den anderen Frauen zu finden. Immer stärker realisiert Frau Schweizer die vielfältigen verwickelten, distanzierten, sich hassenden und miteinander rivalisierenden Beziehungen in ihrer Familie. Einerseits erlebt sie sich ob dieser vielen Gefühle beunruhigt, und andererseits erstarrt sie vor dem Ausmaß der »Einsamkeit inmitten eines Wolfsrudels«. *Auch ich erlebe große Schwierigkeiten, mich in den vielen widersprüchlichen Gefühlen unter den Geschwistern und gegenüber den Eltern zurechtzufinden. Die Identifizierung mit ihrem Vater und die Phantasie einer stabilen frühen Beziehung (Nabelschnur) zur Mutter garantierten offensichtlich eine lebenslange Stabilität, wenn auch in Distanz zu allem, was die Familie verkörperte.*

2., 3., 4. und 5. November 1987 (202–205): Das Wochenende gefühllos verbracht. In den nächsten Stunden erinnert sie sich immer mehr, wie sie immer wieder durch Fleiß und Tüchtigkeit versuchte, die Anerkennung von Frauen zu erhalten. Ihre langjährige Überbeanspruchung durch die Arbeit durfte nie bewußt werden. Erst jetzt liest sie in ihrem Tagebuch, daß für viele Monate nur dasteht »lernen, lernen, lernen«. Gleichzeitig kann sie ihre Traurigkeit über das nicht gelebte Leben stärker zulassen und ihr mit häufigerem Weinen nachgeben. »Ich kann mir sogar vorstellen, danach wieder fröhlich zu werden.«

9. bis 17. November 1987 (206–213): Anhand ihrer Reaktion auf abgesagte Behandlungsstunden kann sie ihr Gefühl allmählich besser beschreiben: »Ich bin stillgelegt, wie unter Brom stehend.« Brom kennt sie aus den Akten des Jugendamtes als Beruhigungsmittel. *Ich vermute, daß sie von ihren Eltern lange Brom bekam, um sie als Kind ruhigzustellen.* Sie erinnert sich nur, daß sie bereits als 16jährige Schlafstörungen und Kopfschmerzen hatte und manchmal ein altes Schlafmittel bekam.

Dann ist sie dicht davor, »voll Zorn Bauklötze in die Gegend zu werfen«. Sie sieht ein kleines Kind, das an den Gitterstäben rüttelt. Viele Kindheitsphantasien tauchen auf: ein hohes Kinderstühlchen mit bunten Holzkugelreihen, in dem man oben fest saß; ein Kinderwagen, in dem sie möglicherweise von der Schwester rumgefahren oder weggestellt wurde. Allmählich realisiert sie, daß die Mutter während ihrer Kindheit schon viel Zeit hatte (zwei Geschwister in der Schule, ein Bruder bei den Großeltern und täglich eine Frau aus der Gemeinde zum Saubermachen, Einkauf durch den Vater). Traum: *Ich besuche eine soziale Einrichtung. In einem kleinen Zimmer stehen eng nebeneinander fünf Betten. Eines der Insassen ist ein kleines, einnässendes Mädchen. Während ich da bin, werden noch zwei ältere aufgenommen. Auf Nachfrage* hin stellt sie erstaunt fest, daß es wirklich im Kinderzimmer einmal fünf Betten nebeneinander gab: »Eine soziale Institution war meine Familie nicht, viel schlimmer.« Gleichzeitig erinnerte sie sich, daß sie, wenn sie die Mutter als Kind zu sehr störte, zu dem Vater gegeben wurde. Dort durfte sie auf dem Fußboden spielen und sich unter seinem Schreibtisch verkriechen, aber auf keinen Fall stören.

23., 24. und 25. November 1987 (214–216): Wieder erlebt sie sich völlig verschlossen. Im Traum *liest sie eine spanische Urkunde, in der ein ehrwürdiger reicher, anerkannter Mann nach seinem Tode beschrieben wird. Daneben steht ein Mann in dem schwarzen Gewand eines spanischen Granden.* Deutung: *Ganz versteckt sind Sie schon auf den Vater als geachteten Mann stolz. Nachdem er viele Jahrzehnte keine Bedeutung haben durfte und Sie voller Haß und tief enttäuscht waren, lassen Sie jetzt ein Bild zu, das mindestens seit 50 Jahren verschlossen in einem Raum Ihres inneren Hauses hängt.* Erstmals fragt sie sich, ob seine Beziehung zu ihr (immerhin angeblich seiner Lieblingstochter) nicht doch viel enger war. Der Aufenthalt bei den Großeltern bedeutete nicht nur Abgeschoben-Sein, sondern sie erlebte den Vater dort auch anders: aufgelockerter und vergnügter.

Sich nach der gestrigen Stunde so vergnügt, lebendig und interessiert gefühlt wie seit vielen Jahren nicht. In einem Traum erlebt *sie vier Männer unterschiedlicher Altersstufen (darunter ihr Bruder E., dem sie mitteilt, daß sie ihn nicht brauche); ein älterer Mann möchte sich telefonisch mit ihr verabreden. Sie ist über dieses Angebot erschrocken und weist darauf hin, daß sie fast 70 ist.* In ihren Einfällen befaßt sie sich mit dem Bruder Theo (im Traum braucht sie den Bruder E. nicht). In der Pubertät entwickelte sich eine tiefe Zuneigung zu ihm (stellvertretend für den Vater?). Die ihr einfallende Liste der Gemeinsamkeiten ist sehr groß: die gleiche Vorliebe für Musik, für die gleichen Komponisten, die gleichen Bücher, die gleichen Kirchen, für den Autor Wilhelm Busch. Sie erinnert sich an viele glückliche Stunden, gemeinsame Aktivitäten, gemeinsames Ins-Theater-Gehen, wobei sie den Bruder stolz begleitete. Als sie hörte, daß er vermißt wurde, erlebte sie sich erstmals bewußt in ihrem Leben völlig leblos und erstarrt. Beide hatten die Phantasie, daß sie bei seiner Pfarrstelle den Haushalt führen sollte. Sie erzählt so viel und so voll Stolz, *daß ich mich in der Stunde nur auf das Zuhören beschränke.*

26. und 30. November; 1. Dezember 1987 (217–219): Erstmals habe sie seit vielen Jahren ihren Bruder Theo ganz nah erlebt. Sie zeigt mir drei Fotos eines stattlich und attraktiv wirkenden, breitschultrigen Mannes, der auf einem Bild herzlich lacht. Gleichzeitig wird ihr bewußt, daß alle Brüder keine oder schlechte Partnerbeziehungen haben. Ein weiterer Bruder, der erst spät heiratete, sagte mit 35 Jahren: »Sexualität brauche ich überhaupt nicht.« In einem Traum *kümmert sie sich um ein »leichtes Mädchen«, das in ihrer Wohnung ein und aus geht. Das Mädchen hat Angst, Krebs zu haben.* Deutbar ist, *daß intensive Verliebtheit in den Bruder in der Pubertät auch bedrohliche wie verführerische sexuelle Gefühle wachrufen kann. Wenn man durch Kontakt mit Männern bei leichtem Lebenswandel Krebs bekommt, kann man es als göttliche Bestrafung empfinden.* Die fast »euphorische Stimmung« hält an. Der Mann erinnert sie an ihren heißgeliebten Lehrer, der sie mit 46 Jahren nach dem Tod seiner Frau heiraten wollte. Selbst jetzt, bei einem Besuch in Spanien vor zwei Jahren, machte er als 83jähriger noch eine Anspielung. Der ideale Mann ist für sie derjenige, der die Zuverlässigkeit dieses Lehrers und die Freundlichkeit ihres Bruders verkörpert.

2., 3., 7. und 8. Dezember 1987 (220–223): Immer wieder erlebt sie sich ohne Hilfe eines Mannes hilflos, kann aber – *wie ich deute* – nicht voll Zorn aufbegehren. *Hilft der Vater gegen die Mutter?* In den nächsten Träumen erlebt sie ständig *Männer (wenn auch weit verschoben ins Ausland), die etwas von ihr verlangen, sie aber gleichzeitig im Stich lassen.*

Gleichzeitig vermag sie allen Frauen gegenüber, mit denen sie im Augenblick zu tun hat, keine Wut zu verspüren. Sie läßt viele in den Stunden Revue passieren, weist aber immer wieder – insbesondere einigen Kolleginnen gegenüber – auf weitgehend ungestörte, eher harmonische und abgeklärte Beziehungen hin. Als sie eine Frau aus dem Volkshochschulkurs schildert, macht sie plötzlich eine Bewegung mit der Hand, als ob eine Kralle zupackt. *Als ich sie damit konfrontiere*, fallen ihr lauter eindeutig aggressive Vokabeln ein: zupacken, zugreifen, an den Hals gehen, würgen etc. Endlich kann sie sich wieder ihren aggressiven Impulsen gegenüber allen Frauen stellen.

10., 14. und 15. Dezember 1987 (224–226): Frau Schweizer bemerkt seit ihrem letzten Traum, in dem *ich zu ihr in einen weißen Sportwagen stieg (nachdem ich das schwere Tor zur hoffnungsvollen*

Weiterfahrt geöffnet hatte), einen zunehmenden Rückzug von mir und von der Analyse, »anders als vor zwei Jahren vor Weihnachten, aber intensiver als bei allen Unterbrechungen in diesem Jahr«. Der Traum verdeutlicht den Wunsch, mich über die Pause hinweg mitzunehmen.

Über mehrere Stunden kann nur mühsam erarbeitet und gedeutet werden, daß sie mir gegenüber die nicht zu vereinbarenden Gefühle erneut erlebt, die sie vom Vater her kennt: Wenn sie mich mag, kann sie mir keine Vorwürfe machen, und wenn sie mir Vorwürfe macht, kann sie mich nicht mögen. Diese nebeneinander bestehenden Gefühle lassen sich dann allmählich auf zwei unterschiedliche Lebensphasen beziehen: Die schweren Vorwürfe macht sie als verlassene, abgelehnte ältere Tochter; dagegen ist sie als die kleine Lieblingstochter tief verliebt, aber die Lieblingstochter erlebte sich durch das Weggeben zum Großvater als verraten. Sie empfindet sich immer wieder diesen intensiven Gefühlen ausgeliefert und versucht erneut zu verdrängen. Jetzt versteht sie auch, warum sie Tiere und Landschaften als viel verläßlicher als die Menschen ansieht.

16. und 17. Dezember 1987 (227, 228): Sie träumt sich zunächst *einige liebenswürdige Frauen* (zu denen sie auch zahlreiche Erinnerungen bringt) zur Hilfe bei dem anstehenden Problem mit den Männern herbei. Vor der letzten Stunde träumt sie von einem menschenlosen, beglückenden Griechenland, mit viel Sonne und warmem Meer. In ihrem Traum und in der Realität kann sie die anstehenden Probleme zur Zeit beiseite schieben, um nach der Pause daran weiterzuarbeiten. Am nächsten Tag wird sie nach Teneriffa fliegen, um mit einer ihr unbekannten Gruppe zu wandern.

Frau Schweizer: Bericht über diesen Behandlungsabschnitt im Rückblick

Es sind dann drei Wochen Pause durch den Urlaub des Analytikers, in denen es mir leidlich gegangen ist, ich mich nicht schlecht fühlte, aber auch nicht lebendig. Ich machte einen Besuch bei einer jüngeren Frau, die als Kind einige Monate in meinem Elternhaus war und die von meiner Mutter sagte, das sei eine liebe Mutter gewesen. Das gab mir einen Stich.

Darüber sprechen wir nach dem Urlaub; ich kann keine bösen Seiten an meiner Mutter sehen, sondern berichte von den guten, die ich beobachten konnte. Sie war die einzige, die dafür war, daß ich in Westdeutschland blieb, während mein Bruder und die Tante, bei der ich zuerst untergekommen war, fanden, ich gehöre zur Mutter. Da hat sie für mich gesorgt. Das tat mir wohl, und als sie sehr plötzlich starb, war ich sehr traurig, während ich bei Vaters Tod nichts empfand. Der Analytiker sagt, »äußerlich«. Ich wiederhole, ich wollte meine Mutter nicht böse sehen, während ich akzeptiert habe, daß es keine gute Beziehung zu meinem Vater gegeben hat. Der Analytiker sagt, es gebe ja auch vernünftige Gründe dafür, ein kleines Kind zu den Großeltern zu geben, wo keine Armut herrschte und man es in besten Händen glaubte. Man habe eben nicht daran gedacht, wie ein kleines Kind empfindet. Allerdings, daß meine Mutter mich so ohne weiteres weggab, tut ja doch weh.

5.8.: Mir kommt dann ein Bild vom Wattenmeer im Küstennebel, ich kann nichts sehen, aber ich fühle, wie der Sand unter meinen Füßen wegfließt. Der Analytiker sagt, das sei eine beängstigende Situation, und führt das auf das Fortbringen zu den Großeltern zurück, malt es noch einmal eindringlich aus. Da bringt der Vater das kleine Mädchen in einer langen Reise fort, es ist wahrscheinlich selig, mit dem geliebten Vater allein zu verreisen, und am Morgen, wenn es in dem fremden Haus aufwacht, ist der Vater nicht mehr da. Ich sage, wenn mir das jetzt so klargeworden sei, müsse es sich doch auflösen und nicht immer wieder die Gegenwart blockieren; der Analytiker sagt, das intellektuelle Verstehen helfe nicht, und vor dem Wiedererleben des Schrecklichen, der Panik, schütze sich mein Inneres durch dieses Wattegefühl.

Ich beschreibe meinen Vater, und der Analytiker sagt, er wäre ihm nie so plastisch geworden wie heute: ein Mann, der alles ordnet und plant. Ich sage: »Und mit solch einem Vater soll ich mich hierher legen und warten, was kommt? Lockerlassen habe ich nicht gelernt.«

6.8.: Es folgen nun viele Gespräche über meinen Vater, der ein Leben voller Pflicht vorgelebt hat, sich nie gehenließ, für den es den Begriff Spaß bei der Arbeit überhaupt nicht gab. In seinem Arbeitszimmer war er für mich unerreichbar. Man störte ihn nicht. Aber ich war stolz auf meinen Vater und auch darauf, daß ich ihm ähnlich bin. Ich erzähle, was ich von Vaters Leben weiß. Und dann kam der Vater aus dem Krieg zurück, die Ehe wurde wieder aufgenommen. Und dann kam ich! Auf die Frage des Analytikers, ob ich glaube, daß ich gern erwartet wurde, sage ich, daß es sicherlich für meine Mutter ein Schock gewesen sei; aber mein Vater hat mich gewollt. Er hat meinen großen Geschwistern immer gesagt: »Am 9. Mai kommt ein kleines Schwesterchen.« Und ich bin prompt und folgsam am 9. Mai ins Leben getreten.

In diesen, über Wochen gehenden Gesprächen erlebe ich mich oft als lahm und unlebendig, sehe keinen Erfolg und möchte vom Analytiker hören, daß er eine lebendige Zukunft für mich für möglich hält. Er sagt, daß es mit solch einem Vater, wie ich ihn beschrieben habe, schwer sei, ohne Plan loszugehen. Da habe ein Mann ein solch zielgerichtetes Leben vorgelebt, und dann kommt 50 Jahre später ein anderer Mann und sagt, es gehe auch ohne Pflicht und Strammheit.

In dieser Zeit gibt es so etwas wie »Kampf« mit dem Analytiker. Ich wünsche mir die Zeit zurück, wo er, wie im vergangenen Winter, einfach nur da war, keine Forderungen stellte, Fürsorge zeigte. Der Analytiker sagt, damals hätte sein Nicht-Weglaufen gereicht, jetzt gehe es aber um Weitergehen. Ich weiß das, aber mein Inneres zieht sich zurück, wenn ich anstoße. Ich empfinde die Beziehung zum Analytiker zur Zeit als Wackelkontakt, manchmal ist sie deutlich da, ich kann einen Schritt vorwärts tun, und dann komme ich mit Mißmut.

2.9.: In einer Stunde, durch einen Traum ausgelöst, in dem ich eine leitende Funktion in einer Firma habe, kommt das Gespräch darauf, daß ich nie genügend Geld hatte. Nach dieser Stunde geht es mir angenehm, aber am Morgen danach wache ich auf mit dem Gefühl: Ich mag nicht mehr, ich habe keine Lust mehr zu leben. Das war mir so unverständlich, daß es mir angst machte. Der Analytiker sieht den Zusammenhang mit der gestrigen Stunde, in der der besprochene Traum gezeigt hatte, daß ich nach oben zu kommen wünschte, ein besseres Gehalt haben wollte, und wie war meine Wirklichkeit? Zu Beginn meines Erwachsenenlebens mit selbstverdientem Geld stand der Krieg mit all seinen Einschränkungen. Brüder und Freunde waren fort. Der Analytiker zählt auf, was mir durch den Krieg, die Zerstörung der geliebten Heimatstadt, den Verlust des Bruders, der mir am nächsten stand, gefehlt hat. Unter seiner intensiven Anteilnahme kommen mir die Tränen, und ich fühle ganz stark Trauer über 15 verlorene Jahre. Ich sage, im Winter hätte ich gelernt, traurig zu sein über meine unglückliche Kindheit, jetzt sei etwas anderes, ganz Neues dran. Und der Analytiker faßt dann zusammen, wir hätten gestern den Erwachsenenanteil, unter dem ich die Zukunftspläne verstand, hervorgehoben, mein Inneres habe sensibel reagiert, daß da noch Unausgesprochenes liege. Zuviel Optimismus, wie er in der gestrigen Stunde da war, sei nicht angebracht. Ich gehe aus dieser Stunde ganz »schwer« und langsam nach Hause, aber mit einem guten Gefühl, und wundere mich, daß mich die Einsicht in 15 verlorene Jahre tiefer berührt hat als die Erkenntnis, daß ich ein unerwünschtes Kind gewesen bin.

7.9.: Eine Zeitlang geht es dann darum, daß ich mich nie leiden mochte, häßlich fand. Als Kind wurde ich denkbar ungünstig angezogen, mit geschenkten Sachen. Als Heranwachsende suchte ich mir selbst zu helfen, aber die Mittel waren knapp. Erst mit fast 40 Jahren konnte ich mich so anziehen, daß es mir gefiel und das dieses Gefühl der Ablehnung einigermaßen überdeckte. Ich hatte oft das Gefühl, neben meinem Körper zu stehen, nicht eins mit ihm zu sein. Über das Lebensgefühl einer Frau, die sich nicht leiden kann, sprechen wir länger. Über die Schwierigkeit, etwas mit Genuß zu erleben, ebenso. Dann denke ich, daß es eigentlich gar nicht so schwierig sein könnte, mein Leben in bessere Bahnen zu lenken, ich müßte nur wollen. Aber ich weiß ja auch genau, daß es mit Willen nicht getan ist. Der Analytiker sagt, wenn ich mich erst besser leiden könnte, kämen die äußeren Dinge zurecht. Ich verstehe meine Untätigkeit nicht, das ist doch gar nicht mein Wesen, ich war immer aktiv. Vielleicht möchte ich jetzt etwas haben, was ich als Kind nicht hatte, daß andere für mich sorgen. Meine Mutter hat sich ja nie um mein Äußeres gekümmert. Der Analytiker fragt, wie sie sich eine Tochter gewünscht hätte, ich sage spontan, überhaupt nicht. Sie hatte keine Vorstellung davon, was aus ihren Töchtern werden könnte und sollte, sie hat sie sich einfach entwickeln lassen und den Kopf eingezogen, weil ihr alles zuviel geworden war. Sie hat mich nicht herangezogen, das Haushalten zu lernen. Und meine große Schwester ist ihr ja noch viel weniger gelungen, die ist ausgesprochen lebensuntüchtig und deshalb in ein Diakonissenmutterhaus geflüchtet. Ich habe auch keine Erinnerung daran, daß ich mit einem Kummer zu meiner Mutter gegangen wäre. Sie hat früh in mir das Gefühl wachgerufen, ich müßte sie beschützen. Ich habe für sie gegen meinen Vater Partei ergriffen. Ich wehre mich gegen den Gedanken, aktiv von ihr abgelehnt worden zu sein. Der Analytiker sagt, es sei zweierlei, ob man sich nicht zugehörig fühle oder ob man sagt, ich hasse diese Familie, ich will gar nicht dazu gehören. Ich glaube, daß ich es eigentlich doch wollte.

17.9.: Um meine Mutter geht es in weiteren Gesprächen, und ich rege das sogar selbst an, weil ich den Eindruck habe, der Analytiker halte es für nötig, daß ich heftige Gefühle gegen sie empfinde, was mir nicht gelingt. Er fragt, ob ich es nicht für nötig halte? Ich sage, ich halte es für schwierig, das bestätigt er. Ich sehe wohl, daß sie mich nicht liebevoll und zärtlich betreut hat, und glaube, daß sie mich nicht gewollt hat, aber ich sehe das als ein Nicht-Können aus Überlastung und nicht als aktive Ablehnung. Der Analytiker glaubt, daß es mir nicht nur psychisch bessergehen würde, wenn ich das, was 60 Jahre zugedeckt war, erleben könnte. Ich sage, ich hätte mich ja damit, daß ich für meine Mutter sorgte, gegen Gefühle geschützt, denen ich vielleicht nicht gewachsen war.

Am Nachmittag nach diesem Gespräch war ich ganz ruhig, fand das Gespräch auf der »Erwachsenenebene« positiv. In der Nacht wache ich auf mit dem Gefühl einer trostlosen Leere. So muß das Kind empfunden haben, als es bei den Großeltern aufwachte, der Vater war fort und hatte es allein bei den fremden Leuten gelassen. Ich bin erschrocken zuerst wegen der Stärke der Abhängigkeit (es war die letzte Stunde vor der Herbstpause).

In den Ferien verreise ich für zehn Tage mit einer Bekannten nach Südtirol und habe dort einige Tage richtig gern gelebt.

12.10.: Ich fühle jetzt, endlich möchte ich sagen, daß ich Angst habe, allein zu sein. Ich gehe in den Wiederbeginn der Analyse mit dem Gefühl eines Neuanfangs, weil ich in den Ferien eben wirklich ein paar Tage richtig gern gelebt habe. In unseren Gesprächen geht es weiterhin über meine Beziehung zu meiner Mutter. Der Analytiker bringt immer den Begriff »Macht« in Zusammenhang mit meiner Mutter, und ich kann das nicht annehmen. Ich sehe zwar ein, daß ich als Neugeborenes ihr ausgeliefert war, aber ich kann sie mir nicht mächtig denken. Daß sie sich nicht um meine Kleidung kümmerte, scheint für den Analytiker nicht nur Schwäche und Passivität zu sein, wie ich es sehe. Er sagt, ich schützte mich damit vor schwierigen Gefühlen, und ich könnte sie, wenn ich sie als hilflos und schwach betrachte, leichter in die Ecke stellen.

22.10.: Danach träume ich einen dreigeteilten Traum (s. S. 124). Zur Interpretation des Traumes finde ich selbst, daß ich mich mit dem 2. Teil dafür entschädigt habe, daß mich meine Mutter im 1. Teil nicht angesehen hat. Und ich habe keinen Stich darüber gespürt. Aber das Millionärsleben ist doch keine richtige Entschädigung: Es fehlt das Persönliche, ich gehe allein durch die Räume. Der Analytiker meint, dieser Traum versuche wieder das alte Bild herzustellen, der strenge Vater, dessen Meinung gilt, und eine Mutter, die mir mein Lieblingsessen vorsetzt (was sie selber nicht mag). Es dreht sich immer weiter um meine Mutter, in immer neuen Varianten. Ich bin ja bestimmt als Kleinkind so versorgt worden, wie man es von der Ehefrau eines Predigers erwartet. Vielleicht ohne Wärme und Nähe, mit Distanz, und der Analytiker sagt, daß schon das Kind eine solche Distanz beim Zurechtmachen spürt und den Mangel an Fröhlichkeit empfindet. Aber der dreigeteilte Traum geht doch ein bißchen über das Lebensnotwendige hinaus: Es wird mir mein Lieblingsessen vorgesetzt. Ich frage mich, ob die Guttaten, die meine Mutter mir doch zukommen ließ – im Traum durch Kartoffeln und Quark symbolisiert –, mich hindern zu glauben, daß sie mich abgelehnt hat. Gespräche zwischen uns gab es freilich nicht. Auch die schweren Dinge, den Tod meiner kleinen Schwester und dann die Nachricht, daß mein ältester Bruder gefallen ist, das hat jeder für sich allein abgemacht. Jeder in einem Kästchen für sich. Ich habe bei anderen Familien immer gestaunt, wie man sich dort miteinander befaßte. Der Analytiker fragt, ob ich mir denken könnte, daß ich zu meinem Vater hätte gehen können und sagen, Mutter behandelt mich nicht gut. Nein, natürlich nicht. Ob es bei dieser Frage Verbündete gäbe? Ich sage, er sei jetzt da, und ich hätte nicht vergessen, daß er im vorigen Jahr gesagt hat, er laufe nicht weg, aber ich wisse ja seine Meinung über meine Mutter. Er sagt, da sei ich in einem Dilemma, da ich in dieser Auseinandersetzung doch allein sei. Ich sage, vielleicht könne er mir aber sagen, warum ich zweifle, daß mich meine Mutter abgelehnt hat, das verneint er. Ich sage, mich wirklich abgelehnt zu fühlen von der Mutter wäre, als ob ich ein Tau kappte. Der Analytiker sagt, ein Tau könne einen festhalten, aber auch fesseln. Ich sehe das Tau so: Es ist am Grund eines Sees befestigt und hält mich und schützt mich vor dem Abgetriebenwerden. Der Analytiker sagt, ein Tau könne festhalten, aber auch die Möglichkeit geben, an ihm hinunterzusteigen und in die Tiefe zu sehen, wie ich es ja zur Zeit tue. Mir fällt ein: Nabelschnur. Er fragt, was die bedeute. Ich sage, sie muß zerschnitten werden, aber es sei mir nach wie vor völlig unmöglich zu glauben, daß eine Frau, die von anderen als mütterlich empfunden wurde und die ja auch überhaupt keine andere Rolle in ihrem Leben gehabt hat als die der Mutter, »eine sehr liebe Mutter«, wie meine Pflegeschwester gesagt hatte, mich aktiv, bewußt abgelehnt habe. Der Analytiker verweist als Beweis dafür darauf, daß ich immer bei Frauen Wärme gesucht habe. Ich sage, ich gäbe seinen Beweisen ja recht, aber ich hätte immer Entschuldigungen für meine Mutter, während ich meinem Vater übelnahm, daß er mich wegbrachte. Der Analytiker sagt, wenn ich an dem Tau festhalte, so sei es notwendig. Ich frage, was ich tun könne, damit es nicht mehr notwendig sei? Er sagt, umhersehen, was der See an Möglichkeiten bietet, was reizvoll sein könnte.

Beim Besprechen eines Traumes (mein Freund war nicht gekommen, es muß ihm etwas zugestoßen sein) geht mir auf, daß ich mich mit dieser Erklärung vor dem Gefühl der Nichtigkeit schütze. Der Analytiker zieht eine Parallele dazu, daß ich auch das Verhalten meiner Mutter mit ihrer Biographie erkläre. Auf diese Weise kommt in mir kein Zorn auf. Ich sage, Zorn wäre ja schon ein Anfang, mich zu wehren, etwas Aktives. Das ist noch nicht da bei mir. Auf der Straße fällt mir ein, daß ich glaube, nie geliebt worden zu sein, nicht von meiner Mutter, nicht von dem früheren Freund. Und beim

Zubettgehen kommt wieder das Gefühl: schal, leer, langweilig, es lohnt sich nicht.

Ich berichte das am nächsten Tag, der Analytiker fragt: »Auch das Leben nicht?« Ich sage, ja. Was ich selbst davon denke? Ich sage, es sei wahrscheinlich daher gekommen, daß ich mich als nie geliebt ansah. Der Analytiker meint, unser Gespräch habe sicher meine Fragen intensiviert, und dann wäre die alte Form wirksam geworden: wegschieben. Ich sage, aber früher hätte ich nie ein solches Gefühl von Leere gehabt. Er sagt, da hätte ich es mit Aktivität zugedeckt, jetzt hielte ich mehr aus. Ich sage, ich hätte in der Psychologie gelernt, daß man sich von einem Menschen, mit dem keine wirkliche Verbindung bestanden habe, auch nicht lösen könne. Der Analytiker sagt, ich wüßte ja wohl, daß Bindung durch Zuwendung, aber auch durch Ablehnung entstehen könne, und ich sage, die letztere sei noch schwerer zu lösen.

Ich berichte von meiner ältesten Schwester, die in einem Altersheim ihres Mutterhauses lebt, daß sie ihre Umwelt nicht mehr wahrnehmen kann. Der Bruder, der mit in meinem Wohnort lebt, ist mir auch nicht nahe. Unmittelbar nach dem Krieg, als ich nach Westdeutschland kam, hatten wir mehr miteinander zu tun und halfen uns gegenseitig, da wir beide in der Ausbildung zu einem neuen Beruf waren, aber es hielt uns mehr die Pflicht als ein Gefühl zusammen. Ich sage, überhaupt hätten wir Geschwister jeder für sich in einer Kapsel gelebt. Der Analytiker fragt, aus welchem Stoff die war, ich sage, aus Kälte. Das ist nur wieder ein Beweis dafür, daß meine Mutter keine Wärme geben konnte. Ich sage, ich hätte nur die Nachteile der vielen Geschwister erlebt, und erzähle, daß ich mit zehn Jahren noch ganz stolz darauf war, so viele Geschwister zu haben, dann bei Klassenkameradinnen andere Familienverhältnisse kennenlernte und dann unsere große Familie nicht mehr so gut fand. Ich fühle oft einen Stich, wenn andere Geschwister sich so sichtlich gut verstehen. Der Analytiker sagt, ich müsse an drei Fronten gleichzeitig kämpfen: Vater, Mutter und Geschwister.

3.11.: Irgendwie hat mich das Erzählen der Geschwistersituation erleichtert, und in der darauffolgenden Stunde erzähle ich ausführlich von der Freundin, die mir hier in Westdeutschland als erste Wärme und Verstehen entgegenbrachte und die vor mehr als zehn

Jahren an Nierenkrebs gestorben ist. Ich berichte ausführlich, daß ich die tödliche Diagnose kannte, es aber nicht fertigbrachte, mit ihr darüber zu sprechen. Ich erzähle von den letzten Tagen ihrer Krankheit, wo ich Stunden bei ihr saß, ihre Hand hielt, durchaus empfand, daß sie mich noch fühlte, aber sie konnte nicht mehr reagieren. Wenn ich dann aus dem Krankenhaus ging, war ich völlig erstarrt, setzte mich in mein Auto, konnte aber nicht fahren. Und gegenwärtig ist eine andere Bekannte, mit der ich seit Jahren eine angenehme Beziehung habe, auch an Krebs erkrankt. Der Analytiker sagt, nun befürchte ich wieder den Verlust eines wichtigen Menschen. Ich weine während dieses Gespräches und sage, vielleicht schmelze jetzt etwas ab. Der Analytiker fragt, was danach komme, ich kann es mir noch nicht vorstellen. Er sagt: Frühling, Blumen. Als ich gehe, sage ich zu ihm: »Wie gut, daß es Sie gibt.«

4.11.: In der nächsten Stunde sage ich, daß solche Gespräche wie gestern etwas in mir weiten. Ich sei dann bei mir, mit mir zusammen, und will auch nicht abgelenkt werden, aber das halte nicht an. Der Analytiker sagt, er könne natürlich ganz theoretisch sagen, daß ganz alte Gefühle von Schmerz und Kummer deutlich werden, die lange nicht zugelassen werden konnten. Mein letzter Satz gestern zeige ihm, daß ich jetzt empfinde, daß ich Menschen brauche. Ich sage: Und diese hätten mir meist gefehlt. Nach einem Traum, in dem ich in der Oberstufe auf Klassenfahrt in Kopenhagen bin, fragt der Analytiker, ob nicht darin ein Wunsch liege, bis zum Abitur in die Schule gegangen zu sein. Ich hatte ihm vorher erzählt, daß ich mein Abitur im Abendkurs gemacht habe. Nun bejahe ich seine Vermutung, erzähle aber, daß meine Schule, in die ich bis zur mittleren Reife gegangen war, keine Oberstufe aufbauen konnte und ich nicht noch einmal in eine neue Klasse gehen wollte, nachdem ich so oft schon die Schule wechseln mußte. Ich sage jetzt, aber mein Vater hätte eigentlich darauf bestehen müssen. Der Analytiker meint, im Abendkurs sei das doch eine Schufterei gewesen. So habe ich es überhaupt nicht empfunden, und Arbeit erschien als etwas Selbstverständliches und nicht als Leistung. So hatte ich auch, als ich dann in Westdeutschland war, geglaubt, meine Ausbildung als Sozialarbeiterin auf die gleiche Weise zu bewältigen, vormittags Seminar, nachmittags Tätigkeit als Sekretärin, womit ich meinen Lebensunterhalt ziemlich kümmerlich bestritt. Daß ich dann nach einem Jahr auf der Nase gelegen habe, hat mich sehr erstaunt. Der Analytiker fragt, ob nicht auch gekränkt; hält es aber für wichtig, daß mein Körper sich verweigert habe. Wir sprechen darüber, daß intellektuelle Leistungen das waren, was ich als Mittel der Lebensbewältigung kannte. Er meint, weil ich immer so tätig gewesen sei, sei jetzt diese Leere da, daß mich nichts interessiere.

Die Eisenbahn in dem Traum, wo ich auf meinen Geliebten warte, läßt den Analytiker an den Zug denken, der mich als Dreieinhalbjährige von Dresden zu den Großeltern gebracht hat. Vielleicht hätte ich dort am Fenster gestanden und gewartet, daß jemand kommt. Ein Kind erstarre nicht gleich. Ich finde es seltsam, daß ich an diesen ersten Aufenthalt bei den Großeltern überhaupt keine Erinnerung habe. Ich fühle einen brennenden Schmerz und sage das. Er fragt, ob ich Zorn empfände, nein, Zorn nicht, aber ein »wie kann man nur sein Kind wegbringen«. Ich kann keine Hoffnung empfinden, mit einer solchen Vorgeschichte lebendig werden zu können. Seit einem halben Jahr arbeiten wir an dem gleichen Problem: meine Mutter, und ich kann keine Besserung feststellen. Ich fühle mich innerlich »stillgelegt«. Der Analytiker beschreibt den bisherigen Verlauf so: Zuerst sei die Mutter gar nicht vorhanden gewesen, dann hätte ich sie geträumt, schlage mich damit herum. Ich höre schweigend zu und seufze. Er greift den Seufzer auf, und ich sage: »Es ist sehr schwer.« Ich lebe in ganz widersprüchlichen Gefühlen, einerseits bin ich müde und wünsche mir Geborgenheit, möchte noch mal klein sein, möchte mich freuen können, und das möge mir doch bitte schön vom Analytiker geliefert werden, ohne meine eigene Anstrengung. Andererseits lehne ich mich gegen das Abhängigsein auf. Es scheint mir, als befinde ich mich in der Pubertät, wo man sich aus der Abhängigkeit von den Eltern zu befreien sucht.

2. 12.: Gedanklich nähere ich mich der Einsicht, daß ich von meiner Mutter abgelehnt wurde, aber ich kann keine bösen Gefühle gegen meine Mutter haben. Der Analytiker sagt, die bösen Gefühle wären doch aber da. Ich sage, aber ganz tief vergraben. Meine Vorstellung von ihr ist ja immer noch die einer Schwachen, Hilflosen, die ich zu beschützen habe. Der Analytiker sagt, in meinen Träumen sei sie abweisend, zurückgezogen, aber nicht schwach und hilflos gewesen, und mir entfährt: Meiner Mutter hat die Katze am nächsten gestanden. Der Analytiker sagt, das sei eine schlimme Aussage, und erinnert daran, daß ich den ganz schlimmen Traum vom Jüngsten Gericht nicht gewagt habe, meinen Eltern zu erzählen.

7. 12.: Ich spiele schon seit einigen Jahren Skat mit zwei Bekannten. In letzter Zeit bin ich nach den Wochenend-Skatabenden unruhig und habe graue Gedanken. Der Analytiker fragt: Graue Gedanken, ist das Lebensüberdruß? Ich sage, Überdruß ist noch viel zu aktiv, ich mag einfach nicht mehr. Wir sprechen ausführlich darüber. Die eine der Mitspielerinnen erlebe ich als bemächtigend, sie reizt mich zum Widerstand, und es ist ein ständiges Rivalisieren. Das gefällt mir überhaupt nicht. Der Analytiker faßt zusammen: Da steht eine massive Frau im Wege, es ist nicht an ihr vorbeizukommen. Umwerfen könne ich sie auch nicht. Damit sind wir wieder bei meiner Mutter, die für das kleine Kind auch riesig gewesen sein muß. In meinem Gefühl ist wieder nur Hoffnungslosigkeit. Da kann man eben nichts tun.

Dem widerspricht ein Traum über die Fahrt in einem weißen Sportwagen (s. S. 129).

Wir sind vor der Weihnachtspause, meine Stimmung ist trüb. Der Analytiker stellt eine Beziehung her zwischen meinem Verbrachtwerden zu den Großeltern und der bevorstehenden Pause: Ich werde wieder verlassen. Damit kann ich eher verstehen, daß sich mein Inneres wieder so zurückzieht, es vermeidet ein Nacherleben des schlimmen Schmerzes von damals. Jetzt, nachdem wir ein ganzes Jahr lang über dieses Weggegebenwerden gesprochen haben, fühle ich Schmerz und kann weinen.

Sechster Behandlungsabschnitt vom Januar bis zum März 1988 (42 Behandlungsstunden): *Ich habe meinen Vater doch sehr geliebt; er durfte seine (mögliche) Zuneigung zu mir nicht zulassen, und die Mutter litt es nicht.*

11. bis 14. Januar 1988 (229–231): Frau Schweizer wirkt äußerlich gut erholt, obwohl sie sich von den Wanderungen auf Teneriffa ein Stück überfordert erlebte. Einerseits konnte sie sich bei stärkeren Belastungen von der Gruppe abgrenzen und andererseits ihren eher regressiven, sich selbst verwöhnenden Wünschen nachgeben. Insgesamt »Ferien von der Analyse« gemacht. Vor der Abreise erfuhr sie allerdings bei einem Telefonat mit einer Bekannten, daß ich über Weihnachten mit meiner eigenen Tochter in die Wüste fahren würde, und war innerlich neidisch.

In der nächsten Stunde wirkt Frau Schweizer deutlich verändert. Gestern mit der Post eine Mitteilung über ein Einschreiben bekommen und sofort gedacht, es sei ihre Wohnungskündigung (es war aber eine Mitteilung aus der DDR). Dazu bestand eindeutig keine Beziehung zu mir, denn sie gab mir nur einen nüchternen Reisebericht. »Unwissend, wie lange sie noch Analyse machen soll, wenn es ihr jetzt insgesamt gutgeht.« Sie wünsche sich schon, daß es weitergehe und sie ihr Leben mehr genießen kann, aber sie fühle es bedroht. Gestern berichtete ihr eine Freundin von einer anstehenden Krankenhausuntersuchung. *Sie stehen im Augenblick vor zwei, anscheinend nicht miteinander zusammenhängenden Problemen: Ein Teil von Ihnen ist munter und lebhaft, genießt und erkundet die Welt zunehmend vergnügter; ein anderer Teil von Ihnen ist voll Kummer und fängt über die Möglichkeit an zu trauern, daß Ihre vertraute Wohnung und eine wichtige Freundin fehlen könnten.* In die nächste Stunde mit starker Grippe zur Analyse gekommen. Frau Schweizer fragt sich nach der Bedeutung ihrer jetzigen Grippe und erlebt weiter sich widersprechende Empfindungen: einerseits sich wohl fühlen und andererseits krank sein, einerseits starke Lebenswünsche und andererseits Suizidimpulse. Nach ihrer Charakterisierung eines Suizides als »erfolglose Analyse«: *Ein Suizid ist Ihre Entscheidung; wie Sie wissen, kann keiner Sie davon abhalten. Es ist für uns wichtig, um beide parallel laufenden Gefühle zu wissen. Ich habe den Eindruck, daß sowohl mehr Ihre Lebenswünsche hervortreten, aber auch stärker (möglicherweise aufgrund eines diesbezüglichen schlechten Gewissens) Ihre Selbstmordneigung. So schlimm es für mich wäre, würde ich doch versuchen, Ihre Entscheidung zu verstehen.*

18. bis 21. Januar 1988 (232–236): Frau Schweizer fühlt sich so bedrückt, niedergeschlagen und verzweifelt (aber eindeutig nicht depressiv) wie »noch nie in ihrem Leben«. Alles enge sich um sie herum ein, und sie finde keinen Ausweg, aber keine verstärkten Suizidgedanken. Traum (wie wohl Freud gesagt habe, als Hüter des Schlafes): *Ich schaue über einen Fels mit lauter kleinen Lavakratern in bunten Farben, rot und gelb.* Ihre Einfälle führen zunächst nach Lanzarote, wo in den kleinen Kratern Weinstöcke wachsen, sorgsam gegen den Wind behütet und mit ausreichend Wasser infolge der Nachtfeuchtigkeit. Gestern Film »Wie kommt das Salz in das Meer« (die Geschichte einer jungen Frau, die an ihrer Kindheit scheitert und nach Wien zur Psychoanalyse geht) gesehen. Dabei fiel ihr auf, daß der wichtigste Teil, nämlich das Großwerden dieses Kindes, unter einem sehr strengen, auch die Mutter beherrschenden Vater nicht geschildert wurde. Diese ganzen Einfälle schildert sie lebhaft, bewegt und sehr engagiert. *Als ich darauf hinweise, daß es sich auch um ihre Geschichte handele:* »Ich habe mich nicht in dem Mädchen wiedererkannt, aber das Weglassen der Kindheitsgeschichte paßt zu mir.« Schon mit Husten am Abend eingeschlafen und nach dem Traum weitergehustet: an den eigenen Husten gedacht, an eine mögliche Bronchitis oder sogar Rippenfellentzündung, an den Husten des Vaters und schließlich an einen eigenen früheren Röntgenbefund. Als sie in einer Tuberkuloseklinik als Sekretärin arbeitete, wurde bei einer Routinekontrolle festgestellt, daß sie in der Kindheit eine Tbc hatte: »Gaben mich die Eltern wegen meiner Gesundheit zu den Großeltern, oder gab es eben doch andere Gründe?« *Erst allmählich kann ich in dieser Stunde das Gefühl der Verzweiflung besser verstehen. Sie erleben etwas in Wiederholung nach: Alleingelassen und sich unwohl fühlend, wünschen Sie sich zum Ausgleich wenigstens jetzt Hilfe. Jemand soll da sein, das Kissen aufschütteln, heißen Tee mit Zitrone und Honig bringen, erzählen und spielen und Sie wirklich verwöhnen.* An so etwas kann sie sich gar nicht erinnern, erst später aus ihrer Erwachsenenzeit, als eine Hauswirtin sie verwöhnte. Umgekehrt sei sie aus einem Haus weggezogen, weil zwei Hauswirtinnen sie bei einer schweren Gallenwegserkrankung völlig im Stich ließen. *Ich erinnere sie dann an ihren Traum von den Weinstöcken, die trotz Lava liebevoll gepflegt aufwachsen können.* Plötzlich erlebt sie in der Stunde einen leichten Hoffnungsschimmer. *Ich weise in der Folge darauf hin, daß unter der erstarrten Lava wahrscheinlich fruchtbares Land liegt (so in Wirklichkeit auf Lanzarote): Die Wurzeln der Weinstöcke reichen bis hinunter in die fruchtbare Erde Ihres Unbewußten. Jetzt können Sie merken, was von früher noch vorhanden ist und was nie vorhanden war. Wahrscheinlich werden Sie – leider – noch einige Male auf derart beängstigende und Sie verzweifelnd machende Gefühle stoßen, wenn Sie durch die Lava hindurchkommen.* Frau Schweizer möchte dann ausruhen und auf der Couch schlafen, traut sich aber nicht und will dann plötzlich gehen, da nach ihrer Meinung die Stunde zu Ende ist. *Als ich ihr dieses als gehemmten Wunsch deute,* setzt sie sich die letzten fünf Minuten auf den Couchrand hin, wischt sich die verweinten Augen und guckt mich an, es ist eine Mischung von mich genau ansehen wollen, mir etwas mitteilen und gleichzeitig zögern: Dann spricht sie von dem Problem mit früheren Männern, die sich nicht eindeutig für sie entscheiden konnten; wobei sie den Frauen gegenüber diese Beziehungen immer verschweigen mußte.

Die Stunde ist für mich eine der bisher entscheidendsten dieser Analyse. Ein altes gefürchtetes und als schrecklich und verzweifelnd erlebtes Gefühl wurde wieder wach. Sie fühlt sich alleingelassen und darf ihre geheimen Gefühle gegenüber dem Mann nicht so äußern, wie sie es möchte. Er muß sich daher zurückziehen (ich als Psychoanalytiker und bisher wohl der letzte einer langen Reihe). Bisher konnte keiner der Männer ihr ausreichend vermitteln, daß er sie trotzdem mag. Hat der Vater sie weggegeben, weil die Mutter so eifersüchtig war und weil er seine kleine Tochter zu sehr mochte?

Seit der gestrigen Stunde »wie verzaubert«. Frau Schweizer bringt mir ein *Merian*-Heft mit und zeigt mir die Weinstöcke in den Kratern auf Lanzarote. Einerseits eine herbe, schwarze Landschaft und andererseits intensiv begrünt mit Feigen und Wein. Wie wohl es ihr geht, wird mir erst in der nächsten Stunde ganz bewußt, als sie sich »auf einer Wolke fliegend« schildert.

Sie ging mit einem Stück Hoffnung aus der Stunde weg und verwöhnte sich dann selbst stark. Als plötzlich der Gedanke aufkam, dieser Zustand könnte zur »Sucht« werden, war es damit schlagartig vorbei. Dadurch werden noch einmal ihre strengen Familiennormen deutlich und wie sie sich selbst immer etwas verbietet (nach einer schweren Gallenkolik erhielt sie die einzige Morphiumspritze ihres Lebens, fühlte sich kurzfristig schmerzfrei und hatte sofort Angst vor einer Sucht. Dazu war der Vater Vorsitzender der Anti-

Alkoholiker-Liga. Der Vater trank nie ein Glas Wein, und die Brüder tranken es nur, nachdem der Vater bereits ins Bett gegangen war.) *Das Gefühl, auf der Wolke zu schweben, ist wohl das Gefühl, in den Arm genommen zu werden, sich geborgen zu erleben und mit einer Decke umhüllt zu sein.* Sie versteht jetzt besser ihr über Weihnachten anhaltendes Gefühl, aus einer Verwöhnung heraus wieder verlassen worden zu sein.

25. bis 28. Januar 1988 (237–240): In der nächsten Stunde noch immer mit der Frage beschäftigt, warum sie anderen Menschen immer so viel helfen müsse. Sie selbst versteht es *(wie früher mehrfach gedeutet)* als Vorwurf an die Umwelt (so sollt ihr alle mir helfen!) und als Methode, sich selbst Anerkennung zu holen. Sie ist fasziniert von der Idee, Vater und Mutter (wie im vorletzten Traum ein Kollegenpaar) hinter sich lassen zu können: »Meine Mutter liegt mir innerlich nicht mehr wie ein Felsklotz bei meiner Entwicklung im Wege.« Damit kommt sie noch einmal auf ihre vielfältigen Gruppen zu sprechen (Schule, Kirche, Berufstätigkeit, BDM, Volkshochschule etc). *In der BDM-Gruppe unter Ihrer Führerin waren Sie die bevorzugte Tochter, gleichzeitig gab es keine störenden und konkurrierenden Männer (Vater und Brüder).* Traum: *Ich bekomme eine Liste von Mädchen und soll eine neue Gruppe (beim BDM) aufbauen. Von den versammelten Mädchen erklärt die Hälfte, bei der alten Führerin bleiben zu wollen. Ein Mädchen fehlt mir noch. Ich suche und finde das fehlende Mädchen in der Stadt: sehr hübsch, blond, was mir gut gefällt. Dieses Mädchen verabschiedet sich herzlich von einem Jungen und kommt dann mit mir in meine Gruppe mit.* Einerseits setzen die Einfälle das Thema fort, und andererseits verdeutlicht der Traum erneut ihre abgewehrte Rivalität (ganz selbstverständlich darf die Hälfte der ihr zugewiesenen Gruppe im Traum bei der alten Führerin verbleiben). Sie wird in der Stunde fast überflutet von zahlreichen Einfällen zur geleugneten Rivalität mit Frauen, aber auch mit Männern.

Zu ihrem Erstaunen eine Nacht erstmals seit vielen Jahren »tief und gut ohne Schlafmittel« geschlafen. Sie merkt zur Zeit, wie sie ihre wachgewordenen Rivalitätsgefühle wieder zu verdrängen versucht. *Sonst müßten Sie jetzt über Ihre ehemaligen Widersacherinnen triumphieren, Ihre Schwester ist dement, und Ihre frühere lei-*

tende Kollegin ist schwer depressiv und krank. Schließlich kann sie sich auch ihren Konkurrenzgefühlen bezüglich der Mitpatientin stellen, die nur eine Behandlungsstunde bei mir hat, sie dagegen jetzt vier.

1., 2., 3. und 4. Februar 1988 (241–244): Trotz Wochenende blieb die Beziehung zu mir erhalten. Traum: *Ich bin ein elfjähriger Junge und stehe am Endpunkt einer Straßenbahnhaltestelle mit anderen Jugendlichen. Es ist eine liebliche Landschaft mit Wiesen und einem Tal, und von dort gehen mehrere Wanderwege aus. Ich weise den nachfragenden Wanderern den Weg. Ich darf es aber nur allein tun (kein anderer von den anderen!), da es eigentlich verboten ist.* Ihre Einfälle verraten zunächst die zunehmende Trauer über die verlorengegangene Landschaft ihrer Kindheit und der Erwachsenenzeit, da sie jetzt in der Stadt lebt. Seit ihrem Umzug hat sie z. B. nie mehr ihre Lieblingslandschaft besucht. Diese sich über mehrere Stunden fortsetzende Thematik verdeutlich ihr allmählich ihr vorweggenommenes »Selbstbegräbnis« (nicht nur Umzug, sondern auch Trennung von allem, was wichtig war, Auto, Bücher etc.). Die weiteren Einfälle machen wiederum deutlich, wie sie Konkurrenz vermied: entweder Außenseiter oder sich vornweggestellt und kommandiert. »Auch jetzt im Alter lohnt es sich nicht, zu konkurrieren, die anderen sind ja sowieso alle krank und schwach.« Die sich jetzt erstmals so überdeutlich zeigende dritte Thematik: ihre Identität als Junge, wird zunächst abgewehrt und bagatellisiert. *Auf konfrontierende Nachfragen hin* beschäftigt sie sich dann doch mit der Frage, ob sie je ein Junge sein wollte oder sollte. Ihr fällt ihr schon zu Anfang der Analyse zitierter Aufsatz »Warum ich kein Junge sein will« mit den erinnerbaren Argumenten ein, daß diese soviel im Haushalt tun müßten und soviel von der Mutter gefordert würden. Erstmals fragt sie sich, ob dieser Aufsatz auf Scheinargumenten beruhe, denn diese durften sowohl von seiten des Vaters als auch von der damaligen Gesellschaft aus mehr und wurden (vielleicht auch von der Mutter?) bevorzugt.

Bei sich über die nächsten Stunden fortsetzender Thematik in der übernächsten Stunde weiterer Traum: *Ich gehe über eine Wiese mit schon vergilbten Gräsern; trotz scheinender Sonne wachsen nur an einer einzigen Stelle (ganz intensiv) Glockenblumen in tiefem Blau (späterer Einfall: wie das geliebte Meer oder der geliebte Sommerhimmel). Ich gehe auf ein Haus zu, treffe aber meine Freunde nicht an, sondern Männer, die mich mißtrauisch ausfragen. Die Männer sehen mit Vatermördern aus wie in der russischen Revolution; ich selbst trage ein Kleid aus der Zeit der Jahrhundertwende mit großem Kragen und Rüschen und bin etwa 45. Als ich von meinem beabsichtigten Besuch bei den Freunden erzähle, wird es mir zur Last gelegt, und ich werde verhaftet. Ein Mann nimmt mich mit und führt mich zu einem zweiten Haus einen Gang lang (wie er auch in dem Haus der Großeltern war) und sagt, wir haben nur noch wenige Schritte. Ich weiß, daß ich umgebracht werden soll, und versuche zu flüchten, werde aber brutal festgehalten und kann nicht flüchten (und wache mit Angst auf).* Einfälle: Freunde und bekannte Umwelt stehen nicht zur Verfügung. Die Männer (russische Revolutionäre oder Kommissare?) wirken böse, und sie ist ihnen völlig ausgeliefert. Es ist sinnlos, irgend etwas zu unternehmen, sie wird auf jeden Fall umgebracht. Ihre Panik und Angst erlebt sie beim Erzählen jetzt auch sehr bewußt. Der sie so geknebelt mit sich führende Mann ähnelt dem Mann, den sie auf Teneriffa so sehr mochte. *Die psychoanalytische Arbeit zentriert sich zunächst auf die Frage, was sie nach den beiden letzten Stunden mit diesem Traum abwehren muß. Aufgrund weiterer Einfälle deute ich, daß sich möglicherweise eine Szene von früher wiederholt. Sie kann nicht von dem sie zu fest haltenden Vater wegflüchten, wird bei den Großeltern abgeliefert und fühlt sich dort zunächst völlig ausgeliefert. Zum Trost ergänze ich, daß der Traum offenbar Tötung als massives Mittel einsetzen muß, um alle ihre aufbegehrenden Wünsche abzutöten. Selbst der von ihr als nicht bösartig erlebte Mann muß zum Mörder werden. Spätere Deutung: Möglicherweise gibt es zwei erlebte Wahrnehmungen von Männern – einen Anteil, den Sie mögen, und einen, den Sie fürchten. Schon im vergangenen Traum ist aus dem liebevollen, zum Vater gemachten Mann aus Teneriffa der Sadist geworden, der Sie umbringen werde. Sie spalten die Männer häufiger auf: Vater in zwei Anteile, der Vater und der ältere Bruder, der Vater und der Großvater und die beiden Brüder.* Dies bestätigt sie weitgehend, und dann beschäftigt sie sich mit einer Frau aus einem gestrigen Traum: »Die böse Nonne« aus dem Lied »Die zwei Königskinder«, die die Lichter auslöscht (das Lied ist nach dem Märchen entstanden, in dem die

böse Nonne die Lichter ausbläst, so daß der zur Prinzessin schwimmende Königssohn sich verirrt und ertrinkt). Damit wird ihr erstmals bewußt, daß eine Frau aktiv etwas Böses tut und nicht nur durch ihr Passivsein (wie bisher von der Mutter angenommen und der Schwester) nachfolgend Böses bewirkt. Sie ist erstaunt und erschrocken über aufbrechende Wut und massiven Haß. Wollte die Mutter sie möglicherweise doch los sein? »Möglicherweise mußte ich männliche Züge übernehmen, um mich abzugrenzen und sie hinter mich zu lassen« (also sich mit dem Vater identifizieren).

Parallel dazu beschäftigt sie unverändert ihre immer stärker wahrgenommene Traurigkeit über die Vorwegnahme aller durchgeführten Maßnahmen nach ihrer Pensionierung. Wozu diese Selbstbestrafung? Ihre Depression bekommt eine neue Interpretation: »Ich urteilte mich ab, daß ich nichts mehr wert bin, und am besten bringt man diese Person um.«

8., 9., 10. und 11. Februar 1988 (245–248): Traum: *Ich befinde mich in einem altertümlichen Haus und sitze in einem Zimmer mit einem großen Fenster und trage mit zwölf Jahren einen blonden Zopf. Im Vorzimmer sitzt meine sich nicht rührende Mutter; ich habe das Gefühl, ich bin durch sie eingesperrt, und es gibt keinen Ausweg. Als ich aus dem Fenster schaue, sehe ich mich gleichzeitig im gleichen Alter auf der anderen Straßenseite in der Sonne an der Hand des geliebten Lehrers »Gogel« gehen und erscheine sehr vergnügt. Im Zimmer, in der Wohnung und auf dieser Straßenseite herrscht eine düstere, graue Stimmung. (Schon im Traum nehme ich bereits Ärger wahr, der auch nach dem Traum bleibt.)* Nach ihren Einfällen kann sie gegen die übermächtige Mutter nicht aufbegehren, und andererseits weiß sie immer besser um ihre Wünsche, sich an der Hand eines (aus der Ferne heißgeliebten) Mannes zu entwikkeln. Damit wird noch einmal die Beziehung zu dem Arzt in Hamburg aktuell. Sie schildert sie in vielen Einzelheiten und beschreibt sie im Nacherleben gefühlsmäßig so: »Ich gehe gerne im seichten Wasser am Strand lang, aber so, daß ich mich zurückziehen kann. Hier kam das Meer, überrollte mich, trieb mich hinaus, und ich war völlig hilflos.« Sie hatte sich damals durch eine ältere Kollegin fast verkuppelt gefühlt und kam innerlich nicht zurecht. In dieser und den nächsten Stunden ist sie gequält durch die Erinnerung an das gefühlsmäßige Ausgeliefertsein (bisher hat sie die Zeit nach ihrer Behandlungsstunde immer ausgespart und oft mit einem nächtlichen Traum begonnen. Jetzt bringt sie zum erstenmal ihre, die Stunde fortsetzenden, Einfälle). Zu ihrem Erschrecken merkt sie, daß sie sich auch mit der Mutter identifizierte: Diese ertrug auch klaglos von einem Mann alles, übernahm seine Meinung und unterwarf sich ihm, wie sie bei diesem Arzt. Zum Schluß sagt sie bitter und verzweifelt: »Ich erlebe jetzt so nach, wie es wohl in meiner Kindheit bei den Besuchen bei den Großeltern war. Ein Mann (der Vater) macht etwas mit mir. Es überrollt mich, ich kann mich nicht wehren und bin völlig hilflos.«

Offenbar übernahm sie von beiden Eltern in Identifizierung mit dem Aggressor die harten, strengen Züge und setzte mit dieser Identifizierung das strenge Elternhaus fort (im BDM, in ihrer Dienststelle und viele Jahre sich selbst gegenüber). Nach diesen Erfahrungen in der Kindheit und in Wiederholung mit dem Arzt kann sie sich jetzt Männern nur auf Distanz nähern, sonst wird jede zu intensive Nähe zum überrollenden Verhängnis (einen weiteren, überdeutlichen Aspekt dieses Traumes habe ich nicht gedeutet: Die Mutter bewacht den Vorhof zur Sexualität, und mit Männern kann man nur weit weg von ihr und in aller Öffentlichkeit etwas anfangen).

15., 16., 17. und 18. Februar 1988 (249–252): Aufgrund eines Traumes führen ihre Einfälle zu Jonas, der unter einem Rizinusstrauch saß. Gott ließ erst den Rizinusstrauch wachsen, um Jonas zu beschatten, und schickte dann einen Wurm, um den Rizinusstrauch eingehen zu lassen. Dann fällt ihr weiterhin aus der Bibel ein, wie Jonas aufbegehrte, vorübergehend recht behielt und sich durchsetzte, aber schließlich vor Gott die Waffen strecken mußte. *Ich erinnere daran, daß auch in meinem Zimmer ein Batikdruck von Jonas hängt. Geht es nicht um Ihr Hadern mit den allmächtigen Mächten (dem Vater und der von ihm vertretenen Religion), und fürchten Sie zum Schluß nicht doch, die Waffen strecken zu müssen? Aufgrund weiterer Einfälle weise ich außerdem darauf hin, daß im Augenblick die Wirklichkeit draußen bleibt und wir uns weitgehend auf dem Gebiet der Träume bewegen (ich vermißte wiederum das den Stunden nachfolgende Material).*

Während der nächsten Stunden verspürt Frau Schweizer ihren

massiven Ärger über meinen Hinweis. Einerseits empfand sie es als ungerechtfertigte Kritik, und andererseits hatte sie das Gefühl, daß ich sie von ihren Träumen abbringen und sie damit »erwachsener« machen wollte. Auffallend trotzig sagt sie: »Jetzt lasse ich die Träume weg und stelle mich nur noch auf meinen Alltag ein.« *In Kollision mit mir unterwerfen Sie sich sofort, wie Jonas.* Plötzlich sieht sie viele Parallen zwischen hier und früher. Eine Stunde später überlegt sie selbst, warum der Alltag draußen blieb: Er sei zur Zeit grau und trist, und sie wollte mich daran nicht teilhaben lassen. Dazu wolle sie zur Zeit nicht weiter mit mir über ihre Vergangenheit reden. »Dort war ich damals Opfer, aber heute im Alltag müßte ich selbst Handelnde sein.« Sie merkt während dieser drei Stunden, daß sie (aus Trotz?) sich mir so weit unterworfen hat, daß sie nicht mehr träumt bzw. keine Träume behält. Wiederum irritiert, nimmt sie ihren eigenen sich anpassenden und gleichzeitig autoritären Charakter wahr. Außerdem wird ihr klar, daß sie in Wirklichkeit gar nicht so stark und autonom war, wie sie sich bisher erlebte und den anderen vermittelte. Sie merke zunehmend Seiten, die sich anlehnen wollen, die schwach und hilfsbedürftig sind.

22., 23., 24. und 25. Februar 1988 (253–256): Am Sonntag sah sie einen Fernsehfilm über einen Jungen, der als Neunjähriger aufgrund der Schwangerschaft der Mutter für drei Wochen zu Freunden aufs Land gegeben wurde. Der Vater kümmerte sich nicht um seinen Sohn. In seiner Verzweiflung kletterte der Junge aufs Kirchendach, um sich herunterzustürzen, und konnte dann erst in letzter Minute gerettet werden. Lediglich der Mann der Freundin der Mutter half. Bei Musik von Händel (Messias) trauriger geworden. *Ich konfrontiere Frau Schweizer damit, daß sie bei ihrer Erzählung des Filmes ihre eigene Kindheitssituation völlig ausblendete: Ein Kind wird weggegeben, weil die Mutter schwanger ist, und der Vater hilft nicht.* Sie ist darüber völlig erschrocken, da sie doch sehr intensiv mitfühlte, wie es dem Kind ging. *Ich setze fort, in diesem Film gerät ein neunjähriges Kind in Panik, weil es für drei Wochen weggegeben wird. Sie wurden mit vier Jahren mehrmals für lange Wochen weggegeben.* Anhand des im Film helfenden Mannes geht es wieder um die bei den Männern gesuchte und möglicherweise auch gefürchtete Unterstützung. Allmählich wird ihr bewußter, daß sie möglicherweise den Männern nur ihre starke, harte (in Abwehr ihrer schwachen, liebesbedürftigen) Seite zeigte. Sie konnte sich dann von diesen starken Männern nur überrollen lassen.

Zorn und Wut wurden vom Vater nur den Brüdern zugebilligt, und sie wußte, daß sie kein Mann sein wollte. Damit war ihr die Möglichkeit, stark zu sein, sich durchzusetzen und zu wehren, verschlossen. »Auch ein Mann war in der Familie nach dem Vorbild des Vaters nicht der erstrebenswerte Zustand, aber der einzig mögliche Zustand, um in dieser Familie zu überleben und ein Stück Anerkennung zu finden.« Anschließend erzählt sie begeistert von Frauen, die groß und stark, anerkennenswert, gesellschaftlich akzeptiert, von sicherem Auftreten waren. »Immer war ich hocherfreut, wenn ich auch dazugehören durfte.« In der nächsten Stunde wird ihr bewußt, daß sie nie Zorn zeigte, sondern »mannhaft« durchhielt, sich zurückzog oder umzog. *Sie bieten sich also immer als die Beherrschte an, mit der man alles machen kann. Wenn Sie dann einmal zornig explodieren, versteht es keiner und schimpft erst recht mit Ihnen.*

29. Februar; 1., 2. und 3. März 1988 (257–260): In den nächsten Stunden beschäftigt sich Frau Schweizer mit der Nähe und Distanz in der Analyse, d.h. ihrer Beziehung zu mir. Zur Zeit bin ich für sie der wichtigste Mensch, und sie hat mich fast so groß gemacht »wie die Eltern als Riesen«. Gleichzeitig merkt sie, daß sie bei mir keine lange intensive Nähe ertragen kann, obwohl sie die Behandlungsstunden so dringend braucht. Traum: *Ich fahre einen schnellen schweren Wagen auf einer kurvenreichen Straße (neben mir eine Kollegin). Der Wagen schlingert und streift eine Kante. Ich habe ihn sicher in der Hand, und wir halten an einer Ausweichstelle an; ich bin sehr zufrieden.* Ihre Einfälle machen ihr deutlich, daß sie – umgekehrt als in früheren Träumen – jetzt die Fahrerin und nicht mehr die Beifahrerin ist. Mit einer Frau darf zur Zeit mehr Nähe als mit einem Mann sein. Sie beherrscht sicher ihre Gefühle und fährt im Traum auch einen lange beliebäugelten, aber immer finanziell unerschwinglichen Wagen: ein Mercedes-Sportcoupé. Sie vermißt bei den älteren Männern ringsum die Lebendigkeit, die sie als junges Mädchen bei ihren Brüdern erlebte.

In der nächsten Stunde *(von mir beim Diktat zunächst vergessen)* kommt es aufgrund einer bei einem Anruf mitgehörten Bemerkung über ein getrennt besuchtes Konzert zu einer nahen und traulichen Stunde. Sie erwähnt Reisen in Burgund, und *ich erinnere mich laut an einen Zeitungsbericht über eine Gourmet-Reise durch die Kanäle.* Es tauchen gemeinsame Phantasien auf, und schließlich weist sie mich noch auf eine Besonderheit bei dem Konzert hin. Im Rückblick ist diese Stunde »Urlaub von der Arbeit in der Analyse«, den sie anfänglich mit schlechtem Gewissen erlebte, dann aber genoß. Schließlich sei ich als Analytiker auch für diese Stunde verantwortlich.

Aufgrund eines Traumes über einen Patriarchen (Mann mit Bart) fallen ihr ihr Vater, Karl Marx, aufsässige Praktikanten, ein früherer Kollege, ein Tenor, aber von ihr schon insgesamt als sympathisch eingestufte Männer ein, und ebenso die Vorliebe des Vaters für den Garten. Er stellte seine Gartenarbeit der Gemeinde gegenüber als Arbeit dar, liebte Blumen intensiv und schenkte ihr immer wieder einen Fliederstrauß. Auf ihrem Weg nach Hause stahl sie früher, schon als 40jährige Frau, noch Fliedersträuße für sich. *Als ich amüsiert und erstaunt kommentiere, daß sie also auch Blumen stehlen könne,* merkt sie, daß Flieder ihre Lieblingsblumen sind, die sie über den Vater kennengelernt hatte. Mit 17 brachte sie aus ihrem Landjahr einen Strauß Flieder und einen Strauß Maiglöckchen mit nach Hause. Am Morgen konnte man sie gar nicht wecken, da sie angeblich wegen des Duftes so benommen gewesen war. *Unter dem Schutz des Fliederduftes haben Sie von dem Vater etwas geträumt, was Sie sich bewußt nicht zugestehen durften.* Plötzlich erlebt sie zum erstenmal Mitleid mit ihrem Vater: »Dieser Blick in seinen Garten ist wie ein Riß in seiner Haut aus Horn, die ihn umgab.«

7., 8., 9. und 10. März 1988 (261–264): Bis Sonntagabend in einer Hochstimmung gefühlt, wie seit vielen Jahren nicht mehr. Traum: *Der Filmschauspieler Cary Grant hat zwei junge Frauen (eine davon bin ich), und diese teilen sich den Mann. Einige Stunden ist er für die eine da und einige Stunden für die andere. Dann begegne ich einer älteren Frau, die mir ein Foto zeigt: »Auf dem Foto bin ich zu sehen, aber als ältere Frau.«* In diesem Traum fühlte sie sich wohl und nahm die Situation als selbstverständlich; gestern abend sah sie einen entsprechenden Film mit Cary Grant, in dem eine Frau zwei Männer hatte. *Ich deute ihr ihre zeitlosen, lebenslang bestehenden Wünsche an den Vater: Im Traum wird wenigstens gerecht geteilt, aber in der Wirklichkeit von früher und heute wissen Sie nicht, ob Sie als Dritte auch noch zu Ihrem Recht kommen.*

In den nächsten Stunden wird immer klarer, daß sie mit bisherigen Arrangements in Dreiersituationen nur äußerlich zufrieden war. Sie erinnert sich an frühere häufige Rachephantasien, wie durch das Ansprechen dieser Situation alle drei geschädigt würden. Allerdings bricht immer wieder Eifersucht in ihrer Erzählung durch. *Haben Sie Ihre früheren Beziehungen nicht immer so arrangiert, daß Sie die stille geduldete Dritte sein konnten?* Traum: *Ich bin im Haus von Achim (dem Arzt) auf einer Konferenz. Mit Achim sind die Oberfürsorgerin da (die mit ihm über sie gesprochen und sie fast verkuppelt hatte) und eine weitere Sozialarbeiterin. Er kann sich nicht entscheiden, welche von beiden er heiraten will. Ich stehe von der abgegessenen Tafel auf und gehe in einen Puff. Ich suche mir einen jungen blonden Mann aus, und als ich ihn vorab bezahlen soll, merke ich, daß ich kein Geld bei mir habe. Ich gehe zur Konferenz zurück und hole mir Geld. An der Tür zum Puff steht eine alte Frau, die mir fast abrät und vorschlägt, statt dessen die Kräuter zu nehmen, die sie bei sich trägt. Ich gehe dann hinein, aber es ist sehr voll, und ich kann mich nicht vordrängeln.* Erstmals nennt sie den Vornamen des Arztes; dann fällt ihr selbst auf, daß sie diese Szene im Puff, ohne sich zu genieren, träumte und mir schildert. Ohne Konkurrenzgefühle richtet sich der Ärger gegen ihren damaligen Freund und gegen die Oberfürsorgerin. Zu ihrem sie nicht irritierenden Traumwunsch fällt ihr eine Szene aus einem Roman *Fabian* von Erich Kästner ein, der bereits 1931 so etwas vorgeschlagen hatte: Es war schon ein junger, hübscher Mann, aber nicht so schön wie Cary Grant im letzten Traum. Lediglich bei dem Hamburger Freund habe sie vollen intensiven sexuellen Genuß erlebt, nicht aber mehr später. »Es ist wohl ein Erfolg der Analyse, daß sich solche Gefühle jetzt wieder im Alter rühren.« Die alte Frau erinnert sie an ihre Mutter, die lieber zu Kräutertees riet und offenbar kaum etwas von sexuellen Dingen wußte. »Sie wußte bestimmt nicht, daß es irgendwelche Gefühle dieser Art geben könnte.«

Für Frau Schweizer ist es in dieser Woche eine große Entdekkung, daß sie ihre endlich wahrgenommenen tiefgreifenden Wünsche immer noch an andere abtritt und hofft, daß andere sie dazu auffordern sollen. Wenn es dann nicht so klappt, sind immer die anderen schuld.

14. und 15. März 1988 (265, 266): Traum: *Ein Gartenlokal in meiner Stadt. Meine 50jährige Mutter trägt ein intensiv blaues Kleid und möchte zu meinem Haus gebracht werden, wo sie übernachten will. Ich verweigere ihr dies und weise auf die Wohnung ihres Bruders hin.* Das intensive blaue Kleid erinnert sie an ein Kleid der Freundin – was dieser nicht stand – und an ein eigenes Abendkleid, welches sie sich vor zwei Jahren kaufte und jetzt zum erstenmal mit Genuß anzog. Immer stärker werden ihr ihre eigenen Rivalitätsgefühle zu Frauen bewußt: sie übernimmt das Kleid der Frau und sie lehnt den Wunsch der Mutter ab.

Der gestern abend gesehene Film »Ödipussi« (von Loriot) amüsierte sie auf der einen Seite, erschreckte sie auf der anderen. Sie schildert viele Szenen, wobei ihr plötzlich auffällt, daß sie die Mutter der Psychologin (die auch nichts von ihrer Tochter und der zukünftigen Ehe hält) völlig vergessen hat. Frauen im Traum sind allmächtig, bedrängend, und es handelt sich um Mütter, die auch ihre erwachsen gewordenen Kinder nicht freilassen, sich immer noch einmischen und anfangs durch Stärke und später durch Schwäche regieren. Am Mittwoch sagt Frau Schweizer wegen eines »Hexenschusses« ihre Stunde ab, den sie erstmals nach dem Film »Ödipussi« merkte und der sich nach der Dienstagsstunde erheblich verstärkte. »Ein Hexenschuß zur Bestrafung über das Schlimme, was ich über die Frauen dachte?« Die nächste Stunde (möglicherweise weil sie in Distanz zu mir am Telefon stattfand) wird wieder sehr intensiv: »Frauen sind Monster, Hexen, gewalttätig, unheimlich.« Immer bewußter wird ihr, daß sie Vaters Liebling bis zu dem Zeitpunkt der Weggabe war: Sie flüchtete zu ihm, vertrug sich mit ihm, und die Geschwister erlebten sie immer als die Bevorzugte. Hat es ihre Mutter mit Hilfe der gezeigten Schwäche fertiggebracht, sie als Konkurrentin wegzuschicken? *Danach befanden Sie sich im Zweifrontenkrieg, nämlich einerseits mit der als Konkurrentin erlebten Mutter und andererseits mit dem Sie durch Wegschicken bestrafenden und enttäuschenden Vater.*

21., 22., 23. und 24. März 1988 (268–271): Frau Schweizer fühlt sich immer noch schlecht und wickelt sich (ich glaube erstmals) in die Decke auf der Couch ein. Sie fühlt sich hier wieder etwas fremd (nächste Woche beginnt die Osterpause). *Aufgrund der bevorstehenden Pause identifizieren Sie sich mit mir und meinem Wunsch, daß es Ihnen in Sizilien gutgehen soll. Damit entfällt Ihr Wunsch, hier zu bleiben und mit mir die Analyse fortzuführen.* In den beiden letzten Stunden vor der Pause überwiegt der Rückzug. Parallel zur Angst vor dem erneuten Abbruch merkt sie aber, daß die Analyse zur Zeit das Wichtigste für sie ist. Zum Schluß fällt ihr ein Gleichnis aus der Bibel ein: »Die Bäume suchen einen König. Aber sowohl der Ölbaum wie der Feigenbaum lehnen ab und geben ihre Gaben (Öl und die Süße des Weines) nur an die Menschen. Der Dornenbusch bietet seinen Schatten an, aber verlangt, bei ihm zu leben auf Dauer, sonst würde er stechen.« *Sie möchten, daß ein König auf Sie aufpaßt, Sie fürchten aber, einen Sie im Zweifelsfall stechenden Dornenbusch zu erhalten.*

Frau Schweizer: Bericht über diesen Behandlungsabschnitt im Rückblick

In den Weihnachtsferien unternahm ich mit einer Studiengruppe eine Reise auf die Kanarischen Inseln in die Sonne. Ich habe mich an der Wärme und dem Meer gefreut, bekam nette Kontakte zu anderen Mitreisenden; insgesamt ist es mir gutgegangen.

Bei Rückkehr liegt die Weiterbewilligung der Krankenkasse in meinem Briefkasten. Im ersten Moment denke ich: brauche ich gar nicht mehr. Aber schon in der folgenden Nacht überfällt mich die Angst wieder. Es war die Mitteilung eines eingeschriebenen Briefes in meinem Briefkasten gewesen, und ich glaubte, daß es die Kündigung meiner Wohnung sei, und ich kann mir nicht vorstellen, einen Umzug zu bewerkstelligen. Es kommt wieder der Gedanke auf, mich aus dem Leben zu räumen. Dieser Wunsch war heute nacht wieder ganz stark, im Grunde ist er noch nie ganz weg gewesen. Der Analytiker sagt, niemand auf der Welt, auch er nicht, hätte die Möglichkeit, mich davon abzuhalten, es sei meine Entscheidung. Das entspannt mich etwas. Ich sehe, wie sich manches bei mir lockert, und denke, daß ich mit der Analyse vielleicht dazu kommen könnte, mich mehr zu akzeptieren.

18. 1.: In der Nacht vor der Montagsstunde träume ich von Lanzarote (s. S. 142). Morgens fühle ich mich elend, und es steigert sich im Laufe des grauen, kalten Vormittags. Es ist mir, als würde ich zugedrückt, und ich denke, die Zeit vergeht überhaupt nicht bis zu meiner Stunde beim Analytiker am Nachmittag, obwohl ich mir doch eigentlich selbst davon keine Besserung verspreche. Ich komme in diese Stunde und sage, ich fühle mich so schlecht wie überhaupt noch nie, und sehe keinen Ausweg. Der Analytiker läßt sich das vergangene Wochenende beschreiben, nirgends ist eine Begründung für mein Elendsein zu erkennen. Er malt den Traum so aus: Ich sehe kleine Krater, in denen umschützt und umsorgt Wein wachsen kann auf dem Lavaboden, der aus einer Explosion hervorgegangen ist. Ich empfinde das als tröstlich, ein Zeichen der Hoffnung. Er sagt, ich erlebte jetzt, wie ich als kleines Kind gefühlt habe, hustend, schmächtig, fremd, verlassen, nirgendwo konnte ich hin, es gab keinen Ausweg, keine Hoffnung. Ich fühle das ganz stark und weine bitterlich. Dann sage ich, aber jetzt müßte ich doch sehen, daß es anders ist. Der Analytiker sagt, er müsse mir nun erklären, was sich da abspiele: Durch die verkrustete Hülle kämen jetzt explosionsartig unterdrückte Gefühle hervor. Mein Inneres sei nun stabil genug, um das zuzulassen. Und das werde auch noch mehr geschehen. Ich sage, das könnte ich bejahen, wenn ich es verstanden habe. Ich hätte ihn schon fragen wollen, ob solche Einbrüche in den Prozeß der Analyse gehören, nach so langer Zeit, nach zwei Jahren. Er sagt, ja, das gehöre dazu, aber die Dinge seien ja mehr als 60 Jahre alt. Ich habe das Gefühl, die Stunde sei zu Ende, und setze mich auf. Der Analytiker sieht auf seine Uhr und sagt, es sei noch nicht soweit. Ich bleibe sitzen und muß ihn ansehen, ob das eigentlich noch ein Mensch oder ein Zauberer ist, denn ich fühle mich, als hätte ich ein Wunder erlebt.

Ich war danach sowohl erleichtert wie erschöpft. Und dann lebte ich zwei Tage wie in einem Märchen. Es war wie eine Wolke um mich herum, nein, eine Wolke ist ja naß und kalt, aber der Analytiker sagt, Märchenwolken seien warm. Wie es denn gewesen wäre, umhüllend? Nein, ich konnte sehen, aber es erreichte mich nichts

Böses. Und das verschwand urplötzlich, als mir einfiel, danach könnte ich süchtig werden. Der Analytiker sagt, da sei meine Angst dazwischengekommen. Und ich sage, man müßte so etwas dosieren können, nicht erst ein solches Übermaß und dann gar nichts. Der Analytiker sagt, es sei wichtig, daß ich es erlebt habe und mich daran erinnern könnte. Ich finde es verwunderlich, daß solche Wünsche nicht absterben, auch wenn sie keine Nahrung bekommen. Der Analytiker berichtet, daß auch 85jährige erlebt haben, daß solche Wünsche auftauchen. Ich frage: Und konnten sie damit leben? Er sagt, hier spräche schon wieder meine Angst.

Die Gespräche in den folgenden Wochen gehen von Träumen aus, oft handelt es sich um meine Beziehung zu Männern, aber meist kommen wir irgendwie dann doch wieder auf meine Mutter. Das, was sie mir an fraulichem Leben vorlebte, war für mich nicht attraktiv. Sich zu fügen, nicht geachtet zu werden, nicht selbst bestimmen zu können, das war für mich keine Zukunft. Und jetzt erkenne ich, daß ich mich im Grunde doch anderen Menschen gegenüber ähnlich wie sie verhalten habe, obschon doch in der Pubertät mein zweites Wort: »Nun gerade, schon aus Opposition« war.

15.2.: Eines Tages gibt der Analytiker seine Beobachtung wieder, daß ich Träume bringe, die ja auch gut und notwendig sind, um einen Zugang zu meinem Innern zu bekommen, aber es scheine ihm so, als verhinderte ich damit, daß der Alltag in die Analyse kommt. Ich sage, dieser Alltag erscheine mir so leer und schal, mein Leben spiele sich in den vier Stunden Analyse pro Woche ab. Schon auf dem Heimweg empfinde ich Aufsässigkeit ihm gegenüber: Da bin ich froh, daß ich Träume mitzubringen habe, die er mir deutet, und habe keine Lust, ihm Einblick in mein dürftiges Leben zu geben, weil ich mich dessen schäme. Ich finde es schön, daß er zu meinen Träumen Bilder findet, auf die ich wiederum mit Bildern antworten kann – »mich bedienen lassen«. Er sagt, verwöhnen, indem er so auf meine Träume einging, wie vorher nie jemand auf mich eingegangen ist. Statt dessen scheine er nun Arbeit von mir zu fordern. Das sei die eine Angst; die andere könne sein, daß ich mir keine Vorstellung von der Art der Analyse machen könne, die mit der Wirklichkeit arbeitet. Genau, sage ich. Er sagt, ich glaube wohl, meine Träume seien für ihn interessanter, ich müßte wohl noch immer etwas präsentieren, das ihm gefalle. Als Kind hätte ich mich abstrampeln müssen, um etwas Vorzeigbares für die Eltern zu finden. Er meint, er hätte gestern eine Beobachtung wiedergegeben, ich hätte ein Verbot daraus gemacht. Ich sage, seine Äußerung, die Traum-Besprechung sei ein Arrangement, um ihn von der Gegenwart auszuschließen, sei bei mir als Vorwurf angekommen. Er findet wichtig, warum ich das als Vorwurf empfunden habe. Ich denke, daß ich mich doch immer noch so klein fühle, daß meine eigenen Wünsche keinen Wert haben. Ich könne sie auch nur schwer verteidigen, obschon ich das jetzt ein bißchen versucht habe.

Tatsächlich sprechen wir jetzt meistens über mein gegenwärtiges Leben. Ich sage, ich fühlte mich jetzt so hautlos. Er führt den Gedanken weiter: »in der Häutung«, und es wird mir deutlich, und an einem kleinen Beispiel zeigt er mir, daß ich meine Bedürfnisse nicht anmelden kann, nichts sage, wenn ich mich gestört fühle; daraus könne doch die Umwelt den Schluß ziehen, mit mir könne man es machen. Und dieses viele Hinunterdrücken meines Unbehagens könne dazu führen, daß ich dann doch einmal explodiere, und alle sagen, wieso denn, sie hat doch nie etwas gesagt. Wenn man sich auf kleinen Gebieten nicht wehre, könne es dann fünf Stufen höher nicht gekonnt sein. Für andere konnte ich mich wehren, und dadurch, daß ich das gut konnte, hat keiner gemerkt, daß ich es für mich selbst nicht vermochte. Mir geht dadurch ein ganz neues Motiv für meine Berufswahl auf: Indem ich für andere bessere Bedingungen zu erreichen suche, zeige ich, was ich selbst wollte. Ich sage, nur hat das keiner gesehen.

Das Thema Rivalität bleibt, ob ich will oder nicht, immer gegenwärtig. Ich frage den Analytiker, ob denn Rivalisieren unbedingt zum Leben gehöre; er sagt, er könne sich die Menschheitsgeschichte ohne das nicht vorstellen, aber für mich sei es deutlich ein großes Problem in meinem Leben. Und ich hätte wohl einen Zweifrontenkrieg zu führen, gegen Vater und Mutter.

In der nun folgenden Osterpause nehme ich an einer Studienreise durch Sizilien teil. Da blüht es über und über golden: Ginster, Mimosen, gelbe Margariten, die Sonne scheint, ich genieße die schöne Landschaft. Zu meinem Unglück erwischt mich unterwegs ein heftiger Magen-Darm-Infekt, der über einige Tage geht und den ich nicht im Bett auskurieren kann, weil die Reiseroute rund um Sizilien geht. Da ist es mir nachts manchmal »sterbenselend«, und ich wünsche, es möge ein Ende haben, wie auch immer. Daß mich Mitreisende rührend mit Heizkissen und Kamillentee versorgen, tut mir gut. Nach schon eingetretener Besserung gibt es eines Nachts einen Rückfall, und ich bin tieferschrocken. Aber da schießt ganz stark der Wunsch in mir auf: Ich will doch noch einmal nach Hause zurück. Mit dieser Nacht, am Karfreitag 1988, in Syrakus, ist meine Depression vorbei: Ich möchte leben. Nach über 270 Stunden Analyse.

Siebenter Behandlungsabschnitt vom April bis Juli 1988 (41 Behandlungsstunden): *Darf ich als Löwin auch schmusen, aber auch andere anfallen?*

18., 19., 20. und 21. April 1988 (272–275): Frau Schweizer kehrte relativ zufrieden von der Sizilienreise im Frühling zurück. Sie fühlte sich in ihrer Wandergruppe sehr wohl, knüpfte mehrere Kontakte, wurde eingeladen, konnte auch auf Menschen zugehen. Zur zweiten Stunde Traum: *Bei einer Wanderung mit einer Gruppe von Menschen komme ich tief in einem Wald an ein paar Steinen vorbei, auf denen ein paar große Katzen sitzen. Von ferne halte ich sie für Wildkatzen und traute mich deshalb nicht näher heran. In einer Gastwirtschaft (wo ein sehr altes Ehepaar in einem Haus lebt) wird ein Imbiß angeboten: Eierpfannkuchen mit Sauerkirschenkompott. Ich esse es, fühle mich dabei wohl und bin anschließend wirklich satt.* Aus dem Schlaf voll Hunger aufgewacht, aber das Essen schmeckte wegen der Folgen einer Darmerkrankung noch nicht richtig. Zu Hause war die Katze das »einzig wichtige Lebendige«. Tief im Reinhardswald sah sie einmal verwilderte Katzen; für sie stellen Katzen etwas Wildes, Unberechenbares, aber auch was Schönes dar, das sie jedoch noch nicht näher kennt.

Für mich stellt dieser Traum das Programm des nächsten Analyseabschnittes dar: Sie ist unter Menschen, aber die Menschen sind noch undeutlich, und sie weiß noch nicht, was sie von diesen Menschen will. Ich deute, daß es jetzt in der Analyse um das unberechenbare Wilde in ihr geht, aber auch in den Menschen gegenüber. Gleichzeitig erinnere ich sie an zwei zu Anfang von ihr geäußerte

Phantasien über den Verlauf ihrer Analyse: ein »Dammbruch« oder ein »Vulkanausbruch«. Sie erzählt jetzt fasziniert von dem Ätna auf Sizilien. Das alte Ehepaar erinnert sie an viele Aspekte der Kindheit – um Essen und Verwöhnung kreisend –, die nur geringfügig vorhanden waren. Sonst sind Süßigkeiten nur Beiwerk, hier ist es das Hauptgericht. *Nach der bisherigen deftigen Nahrung dürfen Sie auch Süßspeisen als Hauptnahrung anerkennen.* In den letzten Wochen merkte sie bewußter, was sie möchte: »Als ich innerlich und äußerlich so sterbenskrank war, daß ich nicht mehr weiterleben wollte, merkte ich plötzlich, daß ich zurückkehren möchte, weiterleben und mich auf das Leben freue – und zu Ihnen in die Therapie kommen will.« Dazu fühlt sie, daß es »nicht schlechtgeht«, sondern zum erstenmal seit vielen Jahren »geht es mir wirklich gut«.

Aufgrund meiner Einfälle über mögliche Veränderungen in der Analyse frage ich mich, ob ich nicht selbst vor »Dammbrüchen« oder »Vulkanausbrüchen« Angst hatte und mein eigenes Modell der »Bewässerung der Wüste« mir helfen sollte, meine eigenen Ängste vor Ausbrüchen von zu intensiven Gefühlen von Frau Schweizer zu mindern. Ich stelle mir jetzt ein Kombinationsmodell vor: Eine Wand wird immer durchlässiger und darf schließlich endgültig wegbrechen.

25. bis 28. April 1988 (276–280): Aufgrund eines Traumes über eine Stiefmutter kann sie sich erstmals der Frage stellen, ob sie sich in Konkurrenz mit der Mutter und aufgrund der Abwertung der Mutter durch viele weibliche Gemeindemitglieder und dazu noch als Zigeunermädchen eine andere Mutter wünschen durfte. Ebenso überlegt sie erstmals, ob sie einen anderen Vater haben wollte. Dahinter steckte die jetzt deutbare Frage, ob sie und der Vater allein nicht gut ausgekommen wären. Dann phantasiert Frau Schweizer über mögliche neue Weichenstellungen während ihrer Entwicklung nach. Nach diesem Traum fühlt sie sich sehr beschwingt. Sie braucht zur Zeit keine Eltern, sondern als größer Gewordene einen Freund (Bruder?), um sich mit ihm auseinanderzusetzen, aber auch mit ihm zu sprechen. Die analytischen Stunden werden auch dadurch angereichert, daß ihr sehr viel mehr Einzelheiten, Alltäglichkeiten, aber auch ihre Interessen einfallen; so berichtet sie von einer sie enttäuschenden Ausstellung über Lanzarote, da sie dort die in ihrer Phantasie und Erinnerung vorherrschenden intensiven Farben nicht erneut antrifft. *Sie können die intensiven Farben und die Anteile der wilden Katzen in sich wahrnehmen, falls Sie sich dazu stellen. In Wirklichkeit brauchen Sie keine äußeren Anreize, um wahrzunehmen und – wenn gewünscht – zu genießen.*

In der nächsten Stunde berichtet sie, daß sie auf meine Deutung erschrocken und freudig reagierte. Ihr fällt noch ein Traum ein, *in dem sie mit einem Mann in einer Schloßschänke das am Horizont liegende Gebirge in den strahlendsten Farben intensiv sah und sich dabei sehr wohl fühlte.*

2. bis 13. Mai 1988 (281–288): Mit Ablauf des April ist die Kassenfinanzierung endgültig ausgelaufen. Frau Schweizer spricht erneut die Fortsetzung ihrer Analyse und erstmals das sich jetzt schwieriger gestaltende Problem der Weiterfinanzierung an (sie hatte sich auf das alte Honorar eingestellt und will die Analyse auf dieser Basis mit Hilfe eines Sparvertrages finanzieren; inzwischen haben gerade die Krankenkassen den Honorarsatz erhöht). *Ich bin über diese Frage erstaunt, da sie mir mehrfach vermittelt hatte, daß diese fortgesetzt wird.* In Analogie zu ihrer Kindheitsgeschichte befürchtet sie wieder, von mir als nicht wichtig weggeschickt zu werden, und erinnert sich sofort an eine Bemerkung von mir vor etwa zehn Wochen, die sie als Andeutung für eine Beendigung aufgefaßt habe. *Ich bin bereit, Ihre Analyse zu dem früher vereinbarten Stundenhonorar so lange fortzusetzen, wie Sie selbst daran interessiert sind, solange Sie Veränderungen bemerken und solange Sie mit mir weiter analytisch arbeiten möchten. Falls es zu einem umfassenden Stillstand kommt, müssen wir beide ergründen, woran es liegt und ob dies dann ein Hinweis für eine Beendigung ist.* Nach dieser eindeutigen Aussage ist ihre Angst völlig geschwunden, und sie erzählt von weiteren Veränderungen, so von einem sonntäglich »heiteren« Gefühl (Maibowle, Wanderung, Singen). Sie konnte im Spiel gewinnen und rivalisierte auch deutlich mit anderen Frauen.

Erst nach dieser Stunde wurde ihr gefühlsmäßig bewußt, welches Angebot zur Weiterarbeit sie von mir erhalten hatte. Sie freute sich sehr, merkte aber gleich ihre Schwierigkeit, es mir so mitzuteilen. Sie wünscht sich weitere Entwicklungsschritte und merkt gleichzeitig eine deutliche Angst davor. »Ich weiß nicht, wo es hingeht und wie der Endzustand sein wird.« Ständig merke sie jetzt an sich Veränderungen. So guckte sie eine langjährige Freundin am Wochenende erstaunt an, als sie bemerkte: »Von Hause aus bin ich doch ein Optimist« (eine derartige Aussage ist all ihren Freundinnen völlig unbekannt). Auch körperlich fühlt sie sich sehr viel wohler, und sie bewegt sich deutlich freier (auch auf der Couch liegt sie deutlich entspannter und bewegt sich häufiger). Zu Anfang ihrer Depression war sie so erstarrt, daß auch die Fachleute zunächst an ein Parkinson-Syndrom dachten. Jetzt leidet sie auch nicht mehr unter ihrem seit 15 Jahren bestehenden schweren Halswirbelsyndrom, des immer zu massivsten Verspannungszuständen mit starken Schmerzen führte.

Erstmals griff sie heute morgen zu einem Buch über Ältere und fing an, sich überhaupt mit diesem Lebensabschnitt zu befassen. Daraus entwickelt sich eine längere Diskussion über Bücher über Ältere, und ich erwähne das Buch von Leopold Rosenmayr *Die späte Freiheit* (mir sehr für sie passend). Natürlich phantasierte sie, warum ich ihr ein derartiges weiterführendes Behandlungsangebot machte. Sie weiß, daß es kaum psychotherapeutische Arbeiten über Ältere gibt. Sie hofft, daß ich meinen Kollegen mit Hilfe ihrer Behandlung zeigen kann, wie gut und erfolgreich diese verlaufen können. *Damit werden Sie die vorzeigbare Prinzessin und sind nicht mehr das abgelehnte, gerade noch geduldete Kind.* Sie vermute schon, daß sie hier die einzige sei. Schließlich hätte ich gestern gesagt, daß ich mit ihr zusammen erproben wollte, wieweit sich ein Mensch während seines Alterns verändern und entwickeln könne. Im Gegenzug nehme sie auch in Kauf, daß ich eine Untersuchung über ihre Psychoanalyse mache. *Sie wollen sich noch einmal vergewissern, ob Sie hier wirklich die einzige sind, mit der ich so arbeite.* Gestern wurde ihr bewußt, daß die Fortsetzung ihrer Analyse der erste Luxus ihres Lebens ist; zwar habe sie früher Reisen gemacht und sich gutes Essen gegönnt, aber immer mit dem Argument der Erhaltung der Arbeitsfähigkeit.

Sie merkt, wie sie zunehmend mehr gegen ihr bewußt werdende Vorschriften des Vaters aufbegehrt; so z. B. gegen sein Gebot, sofort beim Verlassen eines Zimmers das Licht auszumachen. Schließlich fragt sie sich, was der Vater von ihr und den Geschwistern beruflich und als Frau gehalten habe. »Mein Vater wäre bestimmt stolz auf meinen Beruf, aber entsetzt, erschrocken und irritiert über meinen Kirchenaustritt.« Ihre Schwester würde er zu ihrer Diakonissentätigkeit beglückwünschen, aber sei bestimmt enttäuscht, daß sie keine Karriere gemacht habe. *Als ich sie darauf hinweise, daß bei beiden Beurteilungen keine Meinung des Vaters sichtbar würde, was er von ihr als Frau, Ehefrau und potentieller Mutter von Kindern gehalten hätte*, ist sie ganz erstaunt. Nie vernahm sie vom Vater in ihrer Kindheit oder später während ihres Studiums irgendeine Anspielung in der Richtung. »Offenbar für meinen Vater nicht vorstellbar«. *Offenbar gab es ein Gebot des Vaters, daß seine Töchter bei ihm zu bleiben hätten, und die Töchter wohl stolz darauf waren, dies zu dürfen.* Nach anfänglicher Irritation über meine Deutung stimmt sie mir innerlich zu: »Ein anderer Mann war in den Augen meines Vaters für mich nicht vorgesehen.«

Die anstehende 14tägige Pause aufgrund einer von ihr seit langem geplanten Fahrt in die Provence (ihre Lieblingslandschaft und gleichzeitig die erste Probe, ob sie selbst Urlaub machen darf, wenn ich da bin und nicht wie bisher umgekehrt) kommt allerdings kaum zur Sprache.

25. Mai bis 3. Juni 1988 (289–294): Sie genoß den Urlaub in der Provence; sie empfand sich vergnügt und heiter. Dabei erlebte sie sich seit vielen Jahren wieder selbstverständlich als integrierter Teil einer Gruppe. Auch nach der Rückkehr verspürte sie keine Schuldgefühle gegenüber den vermuteten und auch dann eintretenden Vorwürfen ihrer krebskranken Freundin. Vehement konstatiert sie, daß sie dieser keinesfalls – wie früher häufiger phantasiert – ein oder zwei Behandlungsstunden pro Woche abgeben wolle. Schließlich fällt ihr noch einmal der Traum aus ihrer Kindheit über die »Posaunen des Jüngsten Gerichtes« ein. Ihr ist längt bewußt, daß sie von Kindheit an bis heute Autoritäten für Handlungsanweisungen (auch von mir) sucht. Zusätzlich geht es um »unvorstellbare und absolut wegzuschiebende Gefühle«, weswegen sie in der Kindheit mit dem Jüngsten Gericht bestraft wurde. Es geht um sexuelle Gefühle und wahrgenommene Körperveränderungen, wie z. B. das Eintreten der Regel, das Großwerden ihrer Brüste. Sie erinnert sich aber in keiner Weise an irgendwelche damit zusammenhängenden Gefühle (die ihr schon bei ihren Cousinen und Freundinnen auffielen). Die sexuellen Hemmungen in der Familie wurden ihr noch einmal daran bewußt, daß entweder gar nicht oder erst sehr spät geheiratet wurde.

Sie wird lockerer und darf ihre Träume auch vergessen. Sie ist dann aber doch beunruhigt, daß ihr zum erstenmal in ihrem Leben eine derartige Unpünktlichkeit (zu früh zur Stunde gekommen) unterlief. Sie ging dann bummeln (wo sie lebenslang immer mit innerem Auftrag zielstrebig rumgelaufen sei).

Beim Zurückblättern fand sie im Tagebuch lauter Notizen über langanhaltende Bitterkeit und Enttäuschungen. *Haben Sie nicht im ersten Teil Ihrer Analyse die ganze Welt und auch mich abgelehnt unter der Vorstellung: Keiner ist an mir interessiert, keiner ist fähig, mir zu helfen, und ich will mir auch gar nicht von einem Menschen helfen lassen.* Sie wunderte sich selbst oft, wie starr sie an dieser inneren Vorstellung festhielt und sich gegen alles abschottete. »Kann Beton sich auflösen?« *Ich bestätige, daß Beton nach allgemeiner Auffassung brüchig werden könne, aber entscheidender sei die Frage, vor welchen inneren Gefühlen und vor welchen äußeren Angriffen sie sich mit diesen dicken Betonmauern hätte schützen müssen.* Wieder geht es dann in den nächsten Stunden um sich allmählich verbessernde Beziehungen zur Umwelt. Gleichzeitig beschäftigt sie die Konkurrenz zu den Frauen, nämlich daß jetzige Konkurrentinnen sterben könnten und sollten; also die Konkurrenz zu Mutter und Schwester. *Sie haben zwar Mutter und ältere Schwester intellektuell übertroffen und damit besiegt, aber innerlich noch nicht als sexuelle Konkurrentinnen. Die beiden als solche zu erleben heißt, sich auch selbst Sexualität zuzugestehen. Wie Sie wissen, fürchteten Sie schon als Kind, hier die lebenslang Unterlegene zu sein.*

Erster Traum seit mehreren Wochen: *Junge Leute machen einen Überfall, ich bin in der Nähe. Ein junger Mann wirft mir einen Beutel zu, den ich auffange. Dann kommt die Polizei und führt die Bande ab. Der junge, nicht verdächtigte Mann kommt zu mir und verlangt den Beutel (mit der Beute?), aber ich finde ihn nicht.* Frau Schweizer amüsiert sich, daß sich in ihrem Inneren – trotz äußerer Gelassenheit – soviel abspielt. Im Traum erlebte sie sich als jung; der junge, ihr sehr gefallende Mann erinnert sie an den früher aufgrund seiner Filmrollen sehr geschätzten Gérard Philipe. Das im Traum auftauchende Mädchen, »eine Zwillingsschwester«, führt zu vielen Wünschen nach einer kindlichen Bündnispartnerin (aufgrund der großen Altersdifferenz nach oben und unten war sie Einzelkind unter sechs Geschwistern). Gleichzeitig verkörpert diese Zwillingsschwester für sie einen Teil von ihr selbst, d.h. etwas sonst Abgelehntes. Ihr fallen viele Kindheitsspiele ein, in denen sie allmächtig war, so z. B. von einem Kontinent durch die Luft zum anderen reisen konnte. Immer habe sie früher aus Illustrierten die Bilder schöner Frauen mit tollen, eleganten Kleidern ausgeschnitten etc. Dann gehen ihre Gedanken zu einer kürzlich erlebten zurückliegenden Hochzeit: Einerseits flirtete dort die 14jährige Tochter mit einem älteren Mann, und andererseits flirteten Vater und Tochter eng untergehakt. Beides ist ihr aus ihrer Kindheit nicht erinnerlich und auch nicht vorstellbar. *An Vater und Mutter haben Sie jetzt eine andere Frage: Nimmt mich der Vater als heranwachsende Frau wahr, und hilft mir die Mutter, eine junge Frau zu werden?*

Im Traum in der nächsten Stunde trifft sie ihren alten, heißgeliebten Lehrer in Spanien wieder. Sie erinnert sich an ihren letzten Besuch dort. Langsam wird ihr jetzt klar, wie dieser Besuch durch massive Konkurrenzgefühle zwischen den dort anwesenden Frauen geprägt wurde. Überall merkt sie jetzt Konkurrenz.

6. bis 10. Juni 1988 (295–298): Ein irritierender Traum: *Ich liege auf meiner Couch, und neben mir liegt eine Löwin. Sie räkelt sich, spielt mit mir und fängt dann plötzlich an zu knurren und die Zähne zu zeigen. Dann wird aus der Löwin meine Freundin L., die mich besucht und vor der ich Angst habe. Ich möchte, daß sie geht; aber weiß nicht, wie ich das fertigbringen soll, und telefoniere im Nebenzimmer nach Hilfe, die mir zugesagt wird. Bei einigen Auseinandersetzungen lehnt L. jeden Vorschlag ab. So bleibe ich mit der mich weiter ängstigenden Freundin allein.* Nacheinander lassen sich folgende Aspekte deuten: *Die Löwin ist ein Teil von ihr, so wie der Wolf in der Kindheit. Es ist ein gefährlicher Teil (dem sie sich erst allmählich stellen kann), etwas Raubtierhaftes, das auch beißen und zerstören kann. Sie weiß noch nicht, ob dieser Teil so gefährlich ist, daß er sie selbst zerstören kann. Die Freundin Lore verkörpert zunächst eine andere Frau, die sich aufdrängte (bisher in der Analyse nicht deutlich geworden) und die sie dann nach intensiver Freund-*

schaft im Stich ließ. Die Freundin verkörpert ebenso die Mutter, auf die sie immer noch nicht richtig böse sein darf. Schließlich verkörpert die Freundin auch alle die Frauen, denen sie am Wochenende begegnete, die unfreundlich, quengelig, uralt waren und ständig über ihre Krankheiten redeten. Schließlich steckt in dem Traum auch die Frage, ob ich ihre Anteile als Löwin auf der Couch ertrage oder sie lieber zügeln möchte. Sich intensiv mit dem Gefühl, »Löwin« zu sein, beschäftigt: Wie spielt man mit einer Löwin, wie fühlt man sich als Löwin, wie greift eine Löwin an? Sie vergleicht die Familienmitglieder mit Tieren: der Vater »ein kleines, schnell zupackendes Raubtier, wie ein Marder«, die Mutter »eine wiederkäuende dumme Kuh, die außer Milchproduktion nichts fertigbringt«. Keiner durfte jedenfalls zupackend, fordernd, einverleibend und aggressiv sein. Ihre Einfälle reichen von der frühen Kindheit bis heute. Seit einigen Tagen ißt sie auch im Alltag mit Genuß.

14. bis 23. Juni 1988 (299–304): Nach einem befriedigenden Wochenende Traum: *Ich blicke in einem Tal auf eine Statue (die mich an Friedrich II. von Hohenstaufen erinnert). Die Gestalt ist weit weg und wird vom Licht wie ein Scheinwerfer angeleuchtet.* Anschließend fiel ihr ein Vers von Wilhelm Busch ein (sinngemäß): »Auch dem größten Toren fällt es schwer, aus der vertrauten Haut herauszugehen.« Aufgrund des Traumes beschäftigt sie sich mit den Männern: ein Mann im Fernsehen als Nachkomme berühmter Vorfahren, ein Freund ohne eindeutige Meinungsäußerungen, Friedrich II. von Hohenstaufen (dessen Biographie sie gerade liest), ihr älterer, verstorbener Bruder etc. etc. *Mir fällt eine Paralle auf: Friedrich II. von Hohenzollern und ihr Vater, d.h., die zwei letzteren sind kleine Männer, von eher zarter Gestalt, sehr bestimmend, fordernd und absolut regierend.* Sie selbst lehnt »Löwen als Herren der Wüste« als langweilig ab, merkt aber, wie sehr sie von dem Roman über Friedrich II. fasziniert ist. Allerdings fragt sie sich, ob es sich in ihrem Alter noch lohne, sich mit Männern zu befassen. Sie merkt aber, daß es geschieht und sie derartige Gedanken nicht wegschieben kann.

Allmählich bemerkt sie auch, daß sich die »Woche als Zeit der Analyse« deutlich vom »Wochenende als Zeit ohne Analyse« unterscheidet. *Ich deute, daß sie sich durch die Analyse und damit durch mich verführt erlebe, andere, unvorstellbare und unbekannte Gefühle, Fragestellungen und Welten kennenzulernen, während sich jetzt am Wochenende wohl der altvertraute Zustand (der Familie?) jedesmal wieder einstellen sollte.* Langsam kann sie ihre Wünsche deutlicher äußern. Innerlich weiter mit dem Problem der Männer befaßt: entweder zu weich und schlaff oder zu zupackend, machohaft. Zu freundliche Männer rufen die Sorge hervor, mit Hilfe dieser Freundlichkeit hereingelegt zu werden. *Als ich sie diesbezüglich auf mich anspreche,* wird eine mögliche Synthese deutlich: »Sie sind eine neue Erfahrung für mich. Freundlich, nachdenklich, bemüht, und trotzdem zeigen Sie genügend energische Härte.«

In der nächsten Stunde aufgrund eines Traumes »innerlich abgestürzt«: *Es geht wohl weniger um die im Traum erlebten düsteren plakativen Bühnenbilder, sondern um die Handlung, die Sie zum Abstürzen brachte.* Seit heute morgen gehe ihr eine Schlagerzeile aus den vierziger Jahren nicht aus dem Sinn: »Schau mich nicht so an. Du weißt, wie ich mich nach dir sehne.« *Damit kann ich in Fortsetzung der gestrigen Stunde deuten: Gestern trauten Sie sich erstmals, mir als einem Mann gegenüber bestimmte Gefühle auszusprechen. Es geschah nicht umgekehrt – wie bisher lebenslang –, daß er es aussprechen sollte, damit Sie es dann entrüstet zurückweisen konnten.*

Zur übernächsten Stunde Traum: *Ich stehe am Fuß eines sehr hohen Turmes, von dem ein Seil herunterhängt, was hin und her schwingt. Ich überlege, ob ich dieses Seil nehmen und daran schaukeln soll.* Ihre Einfälle führen zu dem Märchen von Rapunzel, in dem ein Mädchen seine Haare herunterläßt: Kommt die böse Hexe herauf oder der erlösende Prinz? Dann erinnert sie sich an vergnügtes Schaukeln in der Schule und an ein Kettenkarussell mit Seilen. Von Kindheit an hat sie eine Höhenphobie, so daß sie auf keinen Turm steigen, keinen steilen Gipfel in den Bergen erklimmen und von keinem Balkon runtersehen kann. *Wenn Sie im Triumph als erste ganz oben stehen, hätten Sie einen unermeßlichen Überblick und könnten alle anderen übertreffen, aber dieses ist ein unerlaubter Wunsch. Dazu wissen Sie nicht, ob Sie sich einem Turm anvertrauen können und was passiert: Kommt der tolle Prinz oder vertreibt Sie die böse Hexe? (Nicht gedeutet wurden das phallische Symbol des Turmes und die mit dem Schaukeln verbundenen sexuellen Gefühle.)*

4. bis 19. Juli 1988 (305–312): Sie überlegt, ob sie einer guten Bekannten mit einem psychogenen Herzleiden eine Psychotherapie empfehlen und ihr einige Stunden bei mir abtreten solle. Dann wird ihr bewußt, daß sie jetzt dieser Frau gegenüber erstmals nach 15 Jahren die Erste ist, nämlich die Erste in der Psychotherapie und damit auch die bei mir weit Fortgeschrittenere und Erfahrenere. »Meinen Platz bei Ihnen kann mir keine Frau streitig machen.« Gleichzeitig erlebt sie ihre Situation ihrer Umwelt gegenüber als gleichberechtigt und ausgeglichen. Mehreren Frauen ringsrum geht es schlecht, so ihrer hiesigen Mitpatientin, ihrer Freundin L., etc. Sie hat keine so ausgeprägten Schuldgefühle mehr wie früher, als sie sich immer sofort zur Hilfe aufgefordert fühlte. Sie verläßt sich im Augenblick mehr (symbolisch und real über ihren Balkon dargestellt) auf das, was sich »wild ausgesät hat, anstatt auf das, was offiziell gepflanzt wurde«.

Bis zur langen Sommerpause hält der stabile Zustand mit weiteren neuen Aktivitäten und Kontakten an. *Dann merke ich, wie die Stunden vor sich hinplätschern, ohne es sofort auf die Pause zu beziehen.* In den verbleibenden Stunden vor der Pause kreisen die Einfälle immer wieder um ihre eigene Situation, wann und unter welchen Umständen sie im Lebenszyklus von Frauen, aber auch von Männern im Stich gelassen wurde. Als ihr dazu wieder ihr Vater einfällt, merkt sie, daß sie sich nicht traut, mir wegen des »Plätscherns der Stunde« Vorwürfe zu machen. Wiederum geht es anhand ihres Traumes über das Fegefeuer um die Frage, ob sie gegen die Normen und Gebote des Vaters verstoßen, ihn z. B. (wie sie es bei mir will) kritisieren darf. »Als verlorene Tochter gibt man seinen Anspruch auf das Paradies des Vaters auf.« Als sie als erwachsene Frau später ihren Kirchenaustritt vollzog, erlebte sie auf dem Flur ein so rasendes Herzklopfen wie noch nie zuvor und hatte gleichzeitig den Einfall, sie würde dadurch ihren Vater ermorden. Darf sie mich kritisieren, daß ich fünf Wochen weg bin und sie damit wieder im Stich lasse, oder muß sie sich wie damals beim Vater fügen?

Frau Schweizer: **Bericht über diesen Behandlungsabschnitt im Rückblick**

April 1988: Der Wiederbeginn nach dieser Reise zeigt, daß sich etwas verändert hat: Ich habe Sizilien trotz des Infekts genossen, konnte aufnehmen, was der Reiseleiter an Geschichtlichem und Kunstgeschichtlichem sagte (ich hatte lange Angst, daß mein Gedächtnis nichts mehr behielte), ich hatte Spaß am Umgang mit Mitgliedern der Reisegruppe. Nun bereite ich die nächste Reise vor. Aber ich sage zum Analytiker, ich könnte doch nicht nur von einer Reise zur anderen leben und brauchte auch hier etwas.

19.4.: Traum (s. S. 158) Der Analytiker sagt, dieser Traum zeige ein Thema für den neuen Abschnitt der Analyse. Er fragt, warum ich die Katzen nicht gestreichelt hätte. In meiner Kindheit waren doch die Katzen das, was mich tröstete. Ja, aber ob man wilde Katzen streicheln könnte, wäre mir doch zweifelhaft. Mir gefällt an Katzen, daß sie sich nur streicheln lassen, wenn ihnen danach zumute ist. Sie machen sich nicht untertan, leben aber doch in Gemeinschaft: Freundschaften mit Distanz.

20.4.: Eines Morgens, als ich bei Sonnenschein aus dem Hause ging, fiel mir plötzlich ein: Ich will, daß es mir gutgeht, nicht nur, daß es mir nicht schlechtgeht. Ich könnte das aber nicht fühlen, wie es aussehe. Der Analytiker sagt, wir müßten uns ansehen, wie es früher war, wenn es mir gutging. Meine Einfälle ergeben: Gutgehen habe mit Menschen zu tun. Ja. Und dann fällt mir ein, ob meine Liebe zu Katzen, die ihre Selbständigkeit aufrechterhalten, nicht einem Wunsch nach Nähe entgegenstünde. Ich denke manchmal, daß nach so langem Alleinsein dieses Bedürfnis nach Distanz bleiben wird. Es ist mir auch nicht klar, ob mein mich nicht mehr voll auf einen anderen Menschen Einlassen gut ist oder nur Schutz vor Verletzung. Der Analytiker sagt, das wisse er noch nicht. Sicher sei ich sehr verletzt worden, aber ich hätte doch auch erlebt, ganz und tief zu lieben und geliebt zu werden. Ja. Der Analytiker sagt dann, ihn beschäftige noch, daß sich Züge von Wildheit bei mir abzeichnen, und er denkt daran, daß ich mir früher einen Dammbruch wünschte, der meine Depression beseitigte, und er habe darauf mit dem Bild von einer zu bewässernden Wüste geantwortet, mir damit das Wilde nicht erlaubt. Ich sage, mein Wunsch nach Dammbruch sei aus der naiven Vorstellung gekommen, meine Depression beruhe darauf, daß ich etwas verdrängt habe, das aufgedeckt werde, und dann sei alles in Ordnung, und eben nicht dieses lange – und er fügt hinzu – mühselige Arbeiten. Mich hätte sein Bild von der Wüste sehr beeindruckt.

21.4.: Ich habe Seltsames geträumt. Ich bin in Ostpreußen, was ich nicht sehen kann, aber ich weiß es. Wir sind durch die Russen bedroht. Ein Teil der Menschen, die da in unterirdischen Laubhütten leben, ist legal dort und darf vorerst bleiben. Ein anderer Teil darf nicht bleiben, verbirgt sich, lebt im Dunkeln. Ich weiß, daß ich in dem Traum bin, aber ich weiß nicht wo. Und es fällt mir auf, daß ich keine Angst habe. Ich wache aber von diesem Traum auf und bin unruhig, weil ich mich frage: Was ist mit mir los, daß ich so verfremdet träume, in einer Woche, wo ich jeden Tag Anzeichen dafür finde, daß es mir gutgeht. Der Analytiker meint, dieser Traum zeige mir meine Familie, eingeengt, gefangen, im Dunkeln, voller Angst, ich bin nicht sicher, ob ich dazugehöre oder nicht, mitgefangen bin oder nicht. Ich bin entsetzt, daß die Auseinandersetzung mit meiner Familie noch immer nicht beendet ist. Ich wollte einen bewußten Schritt davon weg tun, aber ich weiß, daß es nicht geht, und der Analytiker sagt, viele kleine unbewußte Schritte. Er sagt, ich bekäme immer wieder einen harten Schuß vor den Bug, daß ich ja nicht übermütig werde. Ich sehe diesen Traum nicht so hart, sage aber, das lasse sich ja nicht auslöschen. Nein, sagt er, aber aus der Wunde kann eine Narbe werden.

Meine Vorstellungen davon, wie es mir gutgehe, sind zur Zeit passiv: mich langlegen und etwas Schönes lesen, im Garten liegen usw. Der Analytiker greift auf den Traum mit den wilden Katzen zurück und sagt, da sei zugleich Lockung und Angst gewesen; vielleicht müßte ich erst noch weiterwandern und Eierpfannkuchen essen, ehe ich mich an die wilden Katzen herantrauen könne. Ich sage, ich sei im Stand des Erwartens: ich ahne nicht, was kommen könnte, glaube aber, daß etwas kommt. Äußerlich geschieht noch nichts. Der Analytiker denkt, daß mir noch das Umsetzen ins Aktivwerden fehle, aber im Traum verändert sich mein Leben doch schon. Mein Bild von mir ist ins Schwimmen gekommen. Ich erlebe diesen Frühling bewußt und beglückend. Ich fühle anders, leichter, ja leichtfüßiger. Ich denke nicht unbedingt, daß dies so anhalten würde, aber ich habe das Gefühl, daß die schlimme Vergangenheit abgehängt sei, und sage einmal spontan: Eine Analyse ist doch eine unglaubliche Chance.

29.4.: Und dann ist prompt eingetreten, was ich ja auch erwartet habe: Es geht mir nicht schlecht, nein, aber die Spannung, das Erwarten, daß etwas geschieht, ist vergangen. Ganz frei kann ich noch nicht gehen, ganz geheuer ist mir noch nicht. Ich bin deshalb sehr froh, als mir der Analytiker anbietet, die Analyse fortzusetzen, wenn jetzt die Kostenübernahme der Krankenkasse abgelaufen ist. Es kommt mir ein bißchen wie Verwöhnung vor; so etwas, daß ich bevorzugt wurde, hat es in meinem Leben nicht gegeben, aber ich habe es mir gewünscht. Für mich ist jetzt wichtig, daß ich mit Unterstützung des Analytiker herausfinde, was eigentlich mit meinem Leben ist. Ich erlebe mich in altbekannten Situationen neu, d.h., ich richte mich mehr nach dem, was im Moment mein Bedürfnis ist, als nach dem Urteil der anderen und empfinde mich wesentlich gelassener.

6.6.: Dem widerspricht der Traum vom Löwen (s. S. 164). Der Analytiker sagt, daß er in dem Löwen eine Steigerung des Wolfes sehe, den ich mir als Kind geträumt hatte gegen die böse Tante. Er hat auch an die Wildkatzen auf den Steinen gedacht, mein Traum vor einigen Monaten, denen ich mich noch nicht näherte; jetzt habe ich einen Löwen auf der Couch. Ich sage, es wird mir selbst deutlich, daß in dem Löwen wohl ein Teil von mir steckt, und der Analytiker sagt, wenn man nicht aufpaßt, frißt er einen auf. Es zeige sich hier mein Zorn. Ob ich mich mit dem Gedanken anfreunden könne, daß dieser herauskommt? Ich sage, ja, wenn ich mir auch nicht vorstellen kann, wie sich das praktisch auswirkt. Der Analytiker fragt, was die Erwachsenen in meiner kindlichen Umwelt wohl gefühlt hätten, wenn ich als Kind einen Löwen neben mir gehabt hätte. Ich sage, vielleicht wäre der Löwe meine Antwort auf die Zumutungen durch meine Familie gewesen, daß ich mich mit Hilfe eines mächtigen Tieres groß geträumt hätte. Der Analytiker sagt, Göttinnen haben einen Löwen als Begleiter. Mir kommt der Gedanke, daß ich alle meine Energie darauf verwenden mußte, den Löwen am Zügel zu halten, dann bleibe für Aktivitäten nichts übrig. Und ich habe nicht gelernt, mit dem Löwen – dem Zorn – angemessen umzugehen, mußte ihn verstecken. Der Analytiker sagt, wichtig sei, daß ich mir einen Löwen zugestehe. Mir kommt dann noch ein anderer Aspekt des Löwen in den Sinn. Er ist auch ein Symbol für Habenwollen. Ja, sagt der Analytiker, fressen, zupacken. Wir sprechen dann darüber, daß in meiner Familie Habenwollen als etwas Böses galt.

Durch viele Stunden zeigen mir wieder auftauchende Erlebnisse, wie meine Kindheit wohl wirklich verlaufen ist. Ich habe zwar schon seit langem gewußt und es zur Empörung mancher Bekannten auch gesagt, daß ich keine glückliche Kindheit hatte, aber jetzt sehe ich, wo überall die Versäumnisse gelegen haben. Und durch ebenso viele Stunden bringt mir die Auseinandersetzung mit meinem Vater zugleich das Verstehen dafür, daß ich Männern gegenüber Distanz halten »mußte« oder von ihnen überrollt wurde. Ich lese eine Biographie Friedrichs des II. von Hohenstaufen, dessen Kraft ich bewundere, so auch Friedrich den Großen. Der Analytiker sagt: Das war ein kleiner, zäher Mann, aber stark. Mir haben Vorbilder an Starken gefehlt. Mein Vater war wohl zäh, aber nicht kraftvoll, und meine Mutter kämpfte noch nicht einmal wie eine Löwin um ihre Jungen.

28.6.: Am Ende einer ziemlich unruhigen Nacht steht der Rest von einem Traum (s. S. 166). Der Analytiker meint, daß in diesem Traum vom Turm mit dem Seil etwas Verlockendes gewesen sei. Das seien auch Löwenanteile. Und am Seil zu fliegen sei ja auch reizvoll. Ich sage, ja, ich möchte hinaus ins Weite, aber zugleich in einer Heimat bleiben.

5.7.: Es gibt im Fernsehen eine Reihe, in der Leonard Bernstein Beethoven-Symphonien dirigiert, und ich habe dies mit unendlicher Freude erlebt, nicht nur die Musik zu hören, sondern den Mann zu sehen, der so lebendig war, dessen ganzer Körper ausdrückte, was er durch seine Musiker an Tönen hervorrief: ein Mensch, und ich war ganz eins mit mir. Dann kam mir der Gedanke, wenn mein Vater sich so hätte körperlich ausdrücken können wie Bernstein, dann wäre das Schwingen am Seil an dem Turm, von dem ich geträumt hatte, wunderbar gewesen.

13.7.: Ich wache jetzt manchmal morgens mit dem Gefühl von Freude auf. Ohne einen bestimmten Anlaß: Wie lange habe ich das nicht mehr empfunden. Ich habe einige Male für den Analytiker einen Test ausgefüllt, wo man seine Gefühle auf einer Skala von minus 5 bis plus 5 einordnet, und ich befinde mich jetzt bei plus 3. Der Analytiker sagt: »Mal sehen, wie Ihnen das bekommt, wenn Sie andauernd auf plus 3 und darüber sind.« Es besteht auch kein gleichmäßiges, entspanntes Wohlergeben. Ich stelle an mich selbst den Anspruch, nun, da ich gesund bin, etwas vorzuweisen, und andere erwarten das auch von mir. So fragte ein Bekannter auf meine Mitteilung, daß es mir so viel besser gehe: Und was machen Sie jetzt? Es wird also erwartet, daß ich die Ärmel hochkrempele und aktiv werde. Aber ich wünsche mir, daß mir das Wohlergehen ins Haus geliefert wird, nicht ich mich darum bemühen müßte. Es sollte vom Himmel fallen wie beim Sterntaler. Der Analytiker sagt, das war ein braves Kind, dem es dann zur Entschädigung gutging.

Achter Behandlungsabschnitt von August bis Dezember 1988 (43 Behandlungsstunden): *Vater und Mutter waren doch viel mächtiger als erinnert – erst jetzt kann ich mich mit ihnen wirklich auseinandersetzen!*

29. August bis 9. September 1988 (313–320): Fünf Wochen genoß Frau Schweizer die Pause und dachte erst in den letzten Tagen wieder an die Analyse. Sowohl auf ihrer Reise als auch dann wieder zu Hause erlebte sie heftigste Konkurrenzgefühle zu Frauen, die sich in ihren Träumen fortsetzten. In einem stürzt sie eine junge Frau die Treppe eines Turmes hinunter. Gleichzeitig treten in diesen Träumen sie verletzende, grausame und sie bestrafende Männer auf. Aufgrund ihrer Einfälle: *Sie möchten Ihre alte Familienlegende wieder herstellen. Warum müssen Sie dieses alte Bild wieder aufleben lassen?* Ein Traum führt weiter: *Ich stehe vor einem Bild, auf dem Menschen in weißgoldenen Gewändern mit zeitlosem Ausdruck abgebildet sind. Die Sonne scheint durch große Fenster hinein. Es ist ein* *farbenprächtiges, sehr feierliches großartiges Bild.* Ihre Einfälle führen von den am Wochenende gesehenen Evangeliarien mit Bildern aus dem Mittelalter in glühend-prächtigen Farben über Bildteppiche aus Frankreich in die Welt der Grafen, Könige und Kaiser und in die Welt der christlichen Paradiesvorstellungen. *Stellt dieses Bild nicht eine Verheißung dar? Sie würden dazugehören, wenn Sie brav gemäß den Normen des Vaters und seiner Religion bis zum Lebensende weiterlebten!* Viele Erinnerungen werden wach. Die Paradiesvorstellungen des Vaters; seine Verheißungen, über die er lebenslang predigte; sein Pflichtgefühl und daß sie ihn erst nach seinem Tode zum erstenmal friedlich und erlöst wahrnahm. »Als ich das sah, war mir klar, daß an seinem Glauben doch etwas dransein müsse.« Sie schildert dann viele frühere Versuche, vom religiösen Gefühl her zu leben und ihr Bemühen, die vielen Textstellen aus der Bibel umzusetzen, die von Liebe und Fürsorge handeln. Sie las jetzt nach 23 Jahren ihr früheres Lieblingsbuch *Der Erwählte* von Thomas Mann erneut. Sie hatte dabei völlig verdrängt, daß er sich von der Kanalinsel (ihre eigene Sicht des Wesens in der Hundehütte) aufmacht, um seine edle Herkunft zu belegen, um – *wie ich fortfahre* – Papst zu werden. *Offenbar lautete die lebenslange Botschaft des Vaters, Siehe, wenn du mir nachfolgst, wirst du erlöst und kommst zu mir in das Paradies! Wenn Sie sich es jetzt auf Erden gutgehen lassen, dann distanzieren Sie sich damit von dem Auftrag des Vaters und gehen seines Versprechens verlustig.*

Nach Ansicht ihres Bruders ist »die Psychoanalyse des Teufels« (er weiß nicht, daß sie längst aus der Kirche ausgetreten ist). Beim Weiterlesen des Romanes fiel ihr auf, daß sie nach dem ersten Lesen vor 23 Jahren noch weitere Aspekte verdrängt hatte: nicht nur die Papstwahl, sondern daß er großartig wird, sich weiterentwickelt. Ebenso hatte das Wesen auf der Insel doch menschliche Züge und noch eine Stimme, um mit den Besuchern nach 17 Jahren zu sprechen. Immer dachte sie, daß das Wesen vom Regen lebte und nicht von der »Muttermilch der Erde« *(erst einige Stunden später kann ich deuten, daß sie sich offenbar nicht vorstellen könne, daß man von Muttermilch überhaupt und dann 17 Jahre lang leben könne).*

Parallel beschäftigt sie sich ständig mit ihren Beziehungen zu den Frauen heute und zu der Mutter früher. Sie merkt immer bewußter, daß sie zornige und hassende Situationen vermeidet und früher mit hilfsbedürftigen, schwachen Klientinnen immer eher liebevoll und freundlich, aber auch huldvoll umgegangen sei. Die so schwach und hilflos erlebte Mutter konnte sie nicht bekämpfen. Gleichzeitig registriert sie, daß die Mutter im Traum noch nie hilfsbedürftig erschien, sondern bedrohlich wie ein starrer, strenger Riese, der sie bewacht, sie abkanzelt und verfolgt. Eine Freundin habe sie kürzlich »entschärft« genannt. Sie kann jetzt besser wahrnehmen, wenn Frauen auf sie zornig sind oder sie ausnutzen. *Was wäre denn das Gegenteil von huldvoll und mildtätig?* »Leute mißbrauchen, als Treppe benutzen, abwerten, niedrig machen.«

Die Arbeits- und Übertragungssituation in der Analyse ist zur Zeit stabil und sicher. Ich frage mich, ob der Traum zu Anfang dieses Behandlungsabschnittes auch eine ödipale, rivalisierende Situation mit meiner Frau darstellt, wie sie sie erst jetzt mit ihrer Mutter zuläßt. Frau Schweizer arbeitet mit Spaß und Interesse mit und ist erstaunt, aber auch erfreut über ihre Fortschritte. Nachdem sie sich noch mal auf den Roman Der Erwählte von Thomas Mann bezog, bin ich fasziniert über die Erfüllung dieser Phantasie. Sie ist die einzige von ihren Geschwistern, die sich im Alter weiterentwickelt. Sie ist von allen meinen über 65jährigen Patienten bisher die einzige, die eine Analyse bekommen hat. Sie ist die einzige von mehreren bei mir in Therapie befindlichen Frauen (mit denen sie bekannt ist), die eine Analyse bekommt. Gleichzeitig weist Frau Schweizer mit ihrem Einfall auch darauf hin, daß der Erwählte eine unvorstellbare Zähigkeit besaß, um diese Zeit zu überleben. Unklar bleibt, ob nicht immer noch der sehr alte abgewehrte Wunsch, Junge zu sein, besteht.

13. bis 21. September 1988 (321–328): Traum: *Ich bin auf einem mir gut bekannten Schloß auf einer Gesellschaft, die von einer unfreundlichen und abweisenden Frau gegeben wird. Dieses Schloß gehört eigentlich mir. Ich wandere durch die Räume und stehe vor einem alten, lange nicht gesehenen Freund. Es geht ihm nicht gut, und er bricht zusammen. Ich beuge mich zu ihm nieder, um ihn zu trösten, nehme ihn dann auf die Arme und trage ihn hinaus.* Der Mann erinnert sie an ihren Vater. In den nachfolgenden Stunden lernt sie erst allmählich ihre Verzweiflung und ihren Kummer, aber auch ihren Zorn über seine Krankheit besser kennen. Sie möchte »auf Händen getragen« werden, statt dessen kümmere sie sich um ihn. Dazu sollte er sie vor den bösen Frauen beschützen, vor allem vor der Mutter bis hin zu jetzigen Frauen. Dabei klärt sich auch ein weiterer Teilaspekt des Erwähltseins: Gleichgültig, ob Prinzessin, ob Zigeunerin, ob Beste in der Klasse, immer glaubte sie, etwas Besonderes zu sein, da sie auch einen besonderen Vater hatte, der sich aufgrund seiner religiösen Vorstellungen zu den Auserwählten zugehörig fühlte.

27. bis 30. September 1988 (328–330): Wieder psychisch stabil. Traum: *Ich befinde mich in einer bahnhofsartigen Halle am Fuß einer Rolltreppe, die von unten nach oben läuft. Oben steht ein Mann. Ich liege am Fuß der Rolltreppe in einem Bett und bin grippekrank.* Ihre Einfälle verdeutlichen, daß sie darauf wartet, daß der Mann (welcher Mann?) herunterkommt, aber er kommt nicht. Die Rolltreppe verkörpert ihre gegenseitige Distanz. *Selbst mit einer Grippe könnten Sie die Rolltreppe benutzen, um zu dem Mann zu gelangen.* Es läßt sich jetzt erarbeiten, daß sie schon sehr große (Wiedergutmachungs-)Wünsche auch an die Männer hat und daß sie ständig darauf wartet. Dazu hat sie Zweifel an früheren Männern, die lediglich eine »zweitbeste« Lösung darstellten, zwar waren sie einerseits freundlich, warmherzig, ritterlich, aber andererseits bezüglich Intellektualität, Aktivität, künstlerischen Interessen etc. nicht ausreichend. Immer noch ist sie in den nächsten Stunden perplex, daß sie die Einladung der Rolltreppe nicht annahm. Sie bezieht es auch auf den Anfang der Analyse: »Ich war zwar ein Jahr hier bei Ihnen, aber ich habe Sie nicht wahrgenommen und erst recht nicht an mich herangelassen.«

In den darauffolgenden Stunden geht Frau Schweizer sehr viel kritischer mit mir um, fragt mehrfach nach und fühlt sich sogar eher gemaßregelt oder vorwurfsvoll behandelt. Zunächst spart sie aus, daß sie mich auf einem Kongreß in Kassel aus nächster Nähe erlebte: »Als ich im Hörsaal über Ihnen saß, nahm ich Sie plötzlich ganz anders wahr.« Sie erinnert sich an ihren Vater, der an seinem Schreibtisch arbeitete, schrieb, Bücher aufschlug, wie sie daruntersitzend zuhörte, die Arbeit seiner Beine beobachtete, aber sonst nichts mit ihm zu tun hatte. In einer Notsituation flüchtete sie auch vor der Mutter unter den Schreibtisch, als er nicht da war. *Als ich dieses Bild des Vaters zusammenfasse und mit dem Analytiker ver-*

gleiche, der auch schwer faßbar hinter der Couch sitzt, aber doch wie der Vater offenbar viel bewirkt, sagt sie erschrocken: »Der Vater war aber wie Gott« (d. h., er konnte sie trösten, sie bevorzugen, sie versetzen und sie weit weg zu den Großeltern schicken). Später formuliert Frau Schweizer, daß sie auf der einen Seite wohl wußte, daß ihre Analyse ein langer Arbeitsprozeß wurde, sie sich aber andererseits immer wieder wie ein kleines Mädchen wünschte, daß etwas Großartiges von allein in ihrer Psychoanalyse geschehen sollte, z. B. fiel ihr Moses ein, der mit dem Stock auf den Stein schlug, und das Wasser sprang heraus, oder der Staudamm ihrer gestauten Gefühle sollte brechen. Sie merkt, daß ihre Beziehung zu mir konkreter, aber auch kritischer wird und sie sich zunehmend in Parallele zu der Situation mit dem Vater fragt, was dieser außerhalb der Familie tat. (Was tut der Psychoanalytiker außerhalb der Psychoanalyse?)

4. bis 10. Oktober 1988 (331–334): Traum: *Ich zeige einer Gruppe von Kollegen Räume einer Rote-Kreuz-Stelle, die wie ein Krankenhaus aussehen. Ich mache ihnen deutlich, daß diese Räume sehr viel besser sind als ihre eigenen.* Anhand ihrer Einfälle wird deutbar, *daß sie mit Hilfe einer Identifizierung (Medizin besser als Sozialarbeit) ihre Kritik an der Hierarchie in der Medizin (ihr Hamburger Freund, der Arzt und der Psychoanalytiker als Arzt) verbirgt.*

Zur nächsten Stunde Traum: *Ich bin in einem großen Haus, das von einer kalten, feindseligen Macht beherrscht wird – repräsentiert durch einen Mann mit schwarzen Haaren. Er hat Helfershelfer, die mich hechelnd verfolgen, und ich kann mich nur von einer Tür zur anderen retten. Ich bin das Oberhaupt einer Sippe und kümmere mich um diese und beschütze sie. Nach vielen durchlaufenen Türen springe ich mit einem großen Satz durch ein hohes Glasfenster einen Stock tiefer; mir passiert nichts, und ich komme heil an.* (Alter in dem mehrfach in dieser Nacht in gleicher Abfolge geträumten Traum ca. 50 Jahre.) *Erstmals sind Sie den Männern in Ihrem Traum nicht hilflos ausgeliefert, sondern können sogar elegant flüchten und wollen den Kampf aufnehmen. Gleichzeitig sind Sie Oberhaupt einer Sippe; was ein Mann kann, können Sie also als Frau auch!* Zu dem Mann fällt ihr dann Peter Lorre aus dem Film »M – eine Stadt sucht ihren Mörder« ein, den sie allerdings nicht so mächtig erlebte. Dieser Einfall verdeutlicht noch einmal die Bedrohlichkeit der Männer, denn dieser Mörder bringt ja gerade kleine Mädchen um. Aufgrund ihrer weiteren Einfälle über die Möglichkeit, sich mit dem Vater auseinanderzusetzen, wird deutlich und *deutbar,* daß offenbar ein Leben als Mann »die einzige Möglichkeit war, sich mit dem Vater sowohl auseinanderzusetzen als auch von ihm anerkannt zu werden«. Der Bruder Theo war als Nachfolger »auserwählt«, und der Vater verstarb ein halbes Jahr nach seinem Tode. Dann setzt sie sich weiter mit mir auseinander, daß sie mich z. B. auf dem Kongreß als einen von neun Rednern nicht so mächtig erlebte. Ständig fallen ihr frühere Bemerkungen von mir ein, über die sie sich ärgerte und mit denen sie sich kritisch auseinandersetzte. Schließlich fällt ihr dazu ein Traum (wahrscheinlich zwischen dem ersten und zweiten Termin des Erstinterviews) ein, den sie nicht erzählt hatte: *Ich bin auf der Wilhelmshöher Allee. Vor mir geht eine Gruppe, zu der Sie gehören. Ich möchte aufschließen, aber ich kann nicht. Der Weg ist so schmal, daß immer nur einer hinter dem anderen gehen kann, und ich bleibe hinten und kann die anderen nicht überholen und bin dabei völlig verzweifelt.* Frau Schweizer weiß jetzt selbst, daß dies die bewußt gebliebene Darstellung ihrer Kindheit ist: der unerreichbare Vater, wobei sie in der Reihenfolge ganz hinten hinter den Brüdern zu gehen hat.

Beim Diktat meiner Notizen wird mir bewußt, daß ich die Einfälle über Peter Lorre weit von mir schob und zunächst gar nicht an mich heranlassen wollte: Auf keinen Fall wollte ich ein Mörder (mindestens der Gefühle) von kleinen Mädchen sein, d.h. in der Übertragung ein verführender und mordender Mann.

Heute morgen nach dem Aufwachen habe sie sich erstmals massiv über mich empört und geärgert. »Ich wollte Sie packen und schütteln.« Sie möchte nicht mit mir analytisch arbeiten, sondern möchte Gegenreaktionen haben. Sie verstehe jetzt, daß sie ihr seit 30 Jahren vorhandenes psychoanalytisches Wissen ständig benutzt habe, um meine Verhaltensweisen zu verstehen, zu akzeptieren, aber auch wegzuschieben. Aufgrund ihres Wunsches biete ich ihr dann an, dieses im Gegenübersitzen zu besprechen, was sie erstaunt, aber was sie gern annimmt. Viele Aspekte ihres Ärgers lassen sich dann ein Stück klären:

- Sie möchte mich packen, schütteln, um eine Antwort zu bekommen. »Wenn man eine Sparbüchse schüttelt, kommt etwas heraus.« Gleichzeitig fürchtet sie, mich zu verletzen und zu kränken. Sehr genau weiß sie, an welchen Punkten ich das nicht bin, was sie mir überstülpen möchte, z. B. der Arzt im weißen Kittel.
- Ich solle in der jetzigen Situation wütend reagieren, d. h. mehr Gefühle zeigen. Aber damit würde auch eine alte Situation hergestellt: Wenn sie wütend wurde, reagierten schließlich Mutter oder Vater oder Geschwister wütend, und sie wurde bestraft.
- Es ist befriedigend, mir gegenüber zu sitzen, so wie es beim Vater nur ein einziges Mal als junge, erwachsene Frau möglich war, als es um die Frage ihres Studiums ging. In Zukunft möchte sie aber wieder auf der Couch liegen.
- Noch nie in ihrem Leben habe sie jemandem ins Gesicht gesagt, daß sie wütend sei, und konnte es sich bisher auch nicht vorstellen.

Ich höre mir die vielfältigen Affekte ruhig, aber betroffen an und sage dann, daß wir beide wohl versucht hätten, angstmachende, bedrohliche, möglicherweise auch gefährliche Seiten der Männer – siehe ihr Einfall Peter Lorre – hier auszuklammern, denn der Peter Lorre im Film verführe kleine Mädchen und bringe sie dann um. »Wenn mir vor drei Jahren jemand gesagt hätte, daß ich davor innerlich Angst hätte, hätte ich ihn ausgelacht. Jetzt weiß ich besser, warum ich immer einen Bogen um die Männer machte; da ist irgendwo ein Stück sehr großer Angst.« *Nach der Stunde merke ich an meinem Ärger über den Anruf des Hausmeisters wegen eines Parkproblems, daß ich offenbar meinen Ärger über Frau Schweizer verschoben habe. Gibt es bei mir Anteile, die es ihr nicht gestatten, sich ihrem Ärger zu stellen?*

11. bis 14. Oktober 1988 (335–338): Frau Schweizer registrierte nach dieser Stunde auffallend unterschiedliche Reaktionen: Zunächst wollte sie sich bei mir spontan telefonisch bedanken, wußte aber nicht wofür. Zunehmend mehr bemerkte sie, daß sie sich wieder autoritären Männern unterwarf. In ihren Tagebuchnotizen der letzten 14 Tage sparte sie das Problem Mann aus und berichtete nur über die freundlichen Wahrnehmungen. Am Sonntagfrüh plötzlich massive körperliche Reaktion, fieberhafter Zustand mit Erbrechen und Unwohlfühlen. Im Halbschlaf ein Bild: *Sie (mein Analytiker) gehen durch das Zimmer und haben ein kleines Mädchen von acht Jahren mit blonden Zöpfen an der Hand.* Ihre Einfälle führen zu den Idealbildern zu Anfang des Dritten Reiches und zu den heftig beneideten Schulkameradinnen: »Ich habe das Mädchen in Blond geträumt, um mir nicht zu wünschen, daß Sie mich an die Hand nehmen.« Trotz aller Auseinandersetzungen mit mir möchte sie doch die alleinige sein, die nicht weggeschickt wird (in dieser Tagtraumphantasie gibt es weder Geschwister noch eine Mutter, noch sonst jemand). Das Vokabular von Frau Schweizer hat sich deutlich geändert, so fällt mehrfach der Satz: »Die Situation, die mir einfällt, ist zum Kotzen« (am Morgen hat sie auch gebrochen). *Es ist ja auch zum Kotzen, wenn Sie nicht an die Hand genommen werden, wie Sie es sich so intensiv wünschen!* Darauf erinnert sie sich an einen »vergessenen« Traum: *Ich bin in einem Zimmer mit zwei weiteren Frauen zusammen (eine ist eine ehemalige Kollegin). Die eine Frau zieht plötzlich eine Pistole heraus und setzt sie der anderen Frau an die Schläfe. Ich versuche einzugreifen, renne dann aus dem Zimmer und hole die Polizei. Diese wagt nicht, gegen die Kidnapperin vorzugehen. Aufgrund eines gefallenen Schusses weiß ich jetzt, daß sich die Kidnapperin umgebracht hat. Als der Ehemann der Kidnapperin hereinkommt, sage ich zu ihm: »Ich glaube, Sie wissen noch gar nicht, was vorgefallen ist.« Er wirkt ruhig und sagt, doch, ich weiß es, aber es macht mir nichts aus.* Nach anfänglich nur zögernden Einfällen: *Unverändert spüren Sie zwiespältige Gefühle mir gegenüber. Sie wollen mich trösten, aber gleichzeitig räumen Sie Frauen auf indirekte Art und Weise aus dem Wege, von denen die eine offenbar meine Ehefrau ist. Aufgrund dieser Situation sind Sie dann allein mit mir. Ich soll es gefaßt aufnehmen.* In den letzten Tagen ging ihre innere Auseinandersetzung mit mir auf mehreren Ebenen weiter: Einerseits fielen ihr ständig frühere sie kränkende Situationen ein; dazu fragt sie sich, warum ich überhaupt mit ihr die Analyse weitermache. Andererseits merkt sie ihre Fortschritte und freut sich auf die Arbeit in den Stunden. Nach Ansicht einer Freundin sei sie zur Zeit süchtig nach der Analyse.

In der nächsten Stunde fühlt sie sich fast »zu wohl«. Heute in der Nacht fast eine Stunde lang *ein Bild eines Himmels über sich gesehen, wobei in der schwarzen dunklen Nacht ständig Sterne aufblitz-*

ten und verblaßten. »Zur Zeit ist ein Zustand der Nicht-Ordnung, d.h. der nicht üblichen Ordnung, sondern es sei etwas Chaotisches, Neues (wichtig, aber nicht beängstigend).« In der Stunde springen dann ihre Einfälle so wie die auftauchenden und verblassenden Sterne hin und her zwischen der Situation eines achtjährigen Mädchens, das bestimmte Gefühle noch nicht haben darf, und eines 18jährigen, das um diese Gefühle weiß, aber sie abwehren muß. *Was würde wohl passieren, wenn Sie 18jährig an meiner Hand gingen: eine gefährliche oder eine verliebte Situation? Auf jeden Fall ein Aufbruch zu neuen Ufern!* »Ich bin ein Stück erwachsener geworden; irgend etwas ist in mir nachgewachsen, und ich bin jetzt größer.«

18. bis 20. Oktober 1988 (339–341): In den nächsten Stunden (die letzten vor der Urlaubspause) setzt sie sich intensiv mit dem Vater auseinander. Viele alte Erinnerungen tauchen – aber diesmal sehr viel heftiger –, insbesondere wütender und zorniger Art über den Vater auf: was er alles nicht konnte, wozu er nicht taugte, wie er sie im Stich ließ und daß er sie weggab. Sie ist erschrocken über die Intensität ihrer Gefühle, aber es geht ihr seither wieder sehr viel besser. Nach der letzten Stunde kaufte sie sich selbst einen Blumenstrauß: *Wenn Ihnen kein Mann einen Strauß schenkt, dann können Sie es jetzt selbst für sich tun.* Noch mal geht es in diesen Stunden um die Frage, ob sie ein erwünschtes Kind war. Für die Mutter reichten die drei großen Kinder aus, und sie war offensichtlich froh, daß sie während der letzten Kriegsjahre nicht erneut schwanger war. Für ihren Vater war sie ein heiß herbeigewünschtes Kind: »Symbol des Friedens und des Fortschreitens nach dem Krieg – wohl auch in der Ehe und im Beruf.« »Für meine Mutter war die Schwangerschaft wohl doch eine Katastrophe, wieder ein kleines Kind, dazu eine Schwangerschaft mit einer schweren Nierenbeckenentzündung.« Sie selbst wollte keine kleinen Geschwister mehr und sagte zu der Hebamme: »Dieses Kind ist nicht bestellt, nimm es wieder mit.« Erstmals fragt sie sich, ob sie auch der zehn Jahre jüngeren Schwester gegenüber nie zugestandene Eifersuchtsgefühle hatte. Frau Schweizer wird überflutet von nie gestellten Fragen, nie erlebten Gefühlen und völlig unbekannt erscheinenden Affekten, insbesondere dem Vater gegenüber. In der vorigen Woche besorgte sie sich erstmals einen Band der Werkausgabe von S. Freud und fing an über die »Dynamik der Übertragung« nachzulesen; sie las dann das ganze Wochenende fasziniert.

Die letzte Stunde vor der Pause zeigt noch eine weitere Bedeutung ihres Lesens: Sie hält dadurch Kontakt mit mir. Erstmals wird ihr bewußt, wie schlimm die Pause ist, und ihr fallen einige Zeilen von Rudolf Binding ein »Jetzt kommen die traurig-süßen Stunden, die langsam in meine hellen Tage einfallen.« Sie merkt aber, daß trotz dieser Traurigkeit ihr Tag hell bleibt, und sie erinnert sich voll Süße an die vergangenen Wochen ihrer Analyse. Dazu tauchen viele Abschiede auf, die sie sich nie zugestanden hat: auf Bahnhöfen von einem Freund, von sterbenden Freundinnen. Jetzt erst versteht sie, warum sie sich bei Pausen (in Wiederholung der Kindheitssituation) immer völlig erstarrt erlebte, ohne es sich einzugestehen.

22. bis 24. November 1988 (342–344): Nach drei Wochen ausgesprochenen Wohlbefindens fühlt sie sich jetzt wieder »durchschnittlich«. Frau Schweizer führt es selbst auf zwei Mitteilungen über schwere Erkrankungen sehr guter Freundinnen zurück. Sie erlebt sich traurig, aber nicht depressiv. Sie zitiert ein Gedicht von Rilke über die »fallenden Blätter im Herbst und das geringer werdende Laub«. *In meinen nicht ausgesprochenen Einfällen möchte ich sie zunächst trösten, daß nach dem fallenden Laub im Frühjahr wieder neue Blätter kommen und daß sie ja nicht bedroht sei. Als ich damit meinen hilflosen Versuch registriere, ihre Trauer einzuschränken, sage ich, daß es eine schreckliche Situation sei, so plötzlich möglicherweise zwei weitere lebenswichtige Menschen zu verlieren.* Nach einem langen Schweigen weint sie dann intensiv, und sie merkt, daß sie einerseits traurig sein darf und andererseits ihren Freundinnen durch Anrufe, Besuche etc. helfen kann. In der Familie durfte es nie Trauer über die vielen Verluste geben: die kleine Schwester im 9. Lebensjahr, der Bruder im Krieg, dann der Vater, dann die Mutter: »Ich war immer völlig erstarrt, sprach hoch und grell und zeigte keine Reaktionen.« Frau Schweizer nahm (jetzt!) sofort erstmals wahr, daß ich mitfühlte, mitlitt und sie offenbar trösten wollte. Dann wird ihr bewußt, daß sie das zwar früher schon registrierte, aber sich erst viele Tage danach zugestand, daß ich mitreagierte. Ihr fällt dann das gerade zu Ende gelesene »Glasperlenspiel« von Hesse ein: Der Abt verabschiedet sich aus dem Kloster und ertrinkt im See aufgrund eines Herzinfarktes. *Können Sie sich gar keine andere Lösung im Alter vorstellen?* Sie habe wohl lebenslang so gedacht: »Jetzt merke ich, daß es noch andere Wege gibt, sich im Alter zu verändern und mein Leben anders zu gestalten.«

Seit langer Zeit erstmals wieder (intensiv) geträumt: *Ich befinde mich in einer großen Menschenmenge: Frauen, Männer und Kinder. Ringsum stehen Burgen wie am Rhein, halb zerstört. Ich weiß, daß ein Unglück droht, wobei die Hälfte überleben wird und die andere Hälfte der Menge nicht. Ich laufe mit den Menschen umher und frage mich, ob die Burgen stabil genug sind, um die Katastrophe abzuwenden. Neben mir läuft ein kleines, zehnjähriges Mädchen, das ich kurzfristig an die Hand nehme* (in ihrem sich immer wiederholenden Traum sucht sie Hilfe, geht umher und wacht schließlich aus Angst auf). Sie weiß diesmal, daß sie nicht gemeint ist, aber ihr fallen alle unvorhersehbaren Katastrophen ein: der Bombenangriff in Dresden, als sie nach dem Angriff durch die zerstörte Welt ging, innerlich und äußerlich völlig erstarrt war und auch gar nicht reagierte, als hinter ihr ein Haus zusammenbrach und zwei hinter ihr gehende Menschen dadurch erschlagen wurden. Bei einem Bombenangriff eine Stunde später lief sie in einen Luftschutzkeller. Er mußte aufgrund des Brandes geräumt werden, und sie kam als letzte heraus; alle anderen wurden verschüttet. *Wir verstehen jetzt beide, daß Ihre Erstarrung ein Fluchtreflex ist und bisher die einzige, für Sie vertraute und erprobte Möglichkeit zu überleben.* Das kleine Mädchen ist sie einerseits selbst, das bei mir Hilfe sucht, und andererseits die heimlich gewünschte Tochter. Sie erinnert sich an das kurzfristige Ausbleiben ihrer Regel nach der Beziehung mit dem Hamburger Freund, als sie hoffte, schwanger zu sein. *Ich erinnere sie dazu an ihre Träume über die vielen jungen Praktikantinnen, und wie sehr sie die Enkeltochter ihrer Freundin liebt.*

29. November bis 2. Dezember 1988 (345–348): Aufgrund eines Telefonats mit der Pflegerin ihrer an einem Hirntumor erkrankten Freundin und eines Traumes setzt sich die Auseinandersetzung mit der Mutter fort: *Ich will in die Oper gehen; eine Frau (eindeutig die Mutter) soll mir helfen, und es klappt nicht. Die Mutter laufe zwar, aber sie komme immer zu spät und bringe das Falsche zum*

Anziehen. Schließlich bin ich fertig; ich trage ein langes weißes Kleid und schwarze, nur für Kinder passende unförmige Lackschuhe. Der Zorn richtet sich zunehmend auf die ungeeignete Mutter, die nie da war, wenn man sie brauchte, die sie nie passend ausstattete (äußerlich und als Frau) und jetzt Schuhe verpaßt, in denen sie ausgelacht wird.

6. bis 8. Dezember 1988 (349–351): Erstmals anhand des sie weiterbeschäftigenden Bildes vom »weißen Kleid« merkte sie bewußt gefühlsmäßig, daß ein Stück des Lebens endgültig vorbei ist. Wenn sie früher derartige Empfindungen bei sich registrierte, machte sie sich deswegen selbst Vorwürfe und fühlte sich schuldig. Sie verstand ihre Traurigkeit nicht.

Danach benötigte sie seit vier Jahren erstmals aufgrund einer unruhigen Nacht ein schweres Schlafmittel. In dem nicht mehr erinnerbaren Traum ging es um schwerste Vorwürfe an die Mutter. Aktualisiert wird das Erleben der sie im Stich lassenden Mutter durch die Krankheit der beiden Freundinnen. *Sie sind innerlich über den bevorstehenden Verlust empört, da Sie im Stich gelassen werden.* Sie schiebt diese Deutung zunächst verärgert beiseite. Dann kann sie die vielfältigen Phantasien zulassen, was sie mit den beiden Freundinnen in diesem nächsten Lebensabschnitt machen wollte und daß sie immer, anstatt ärgerlich zu sein, anderen Leuten großmütig verzieh und ihnen half. In Identifizierung mit dem Vater hat sie von sich ein idealisiertes Bild geschaffen und handelt bis heute noch nach seinen Normen. *Sie haben sich Ihrem Vater unterworfen und seinen Normen angepaßt; hier wissen Sie nicht, ob ich Sie mit ihren wütenden und vorwurfsvollen Gefühlen den Frauen gegenüber, die Sie verlassen werden, verstehen kann oder ob ich Ihnen diese Gefühle nicht doch noch verbieten werde.*

In der nächsten Stunde kann sie erstmals seit längerer Zeit wieder gezielt über ihre neue Freundschaft zu Frau Hinze berichten. Beide Frauen können sich ihre Sympathie zugestehen, sehen sich jetzt häufiger und laden sich gegenseitig ein. »Zum erstenmal seit vielen Jahren habe ich eine neue Freundin, die ich mir selbst suchte.« (Alle anderen Bekanntschaften bestehen schon so lange, daß es fast einer Familie entspricht.)

13. bis 16. Dezember 1988 (352–355): Als sie bei einem Telefonat formuliert »Ich werde von allen im Stich gelassen«, merkt sie, daß es unverändert um nicht zugestandene Vorwürfe an ihre Umwelt geht. Es ist für sie unvorstellbar – *aber auch für mich* –, daß sie plötzlich ohne zwei der wichtigsten Menschen ihres Lebens allein zurückbleiben könnte. Traum: *Zu Hause gibt mein Vater ein Fest für wichtige Leute aus der Gemeinde. Etwa 30 bevölkern die Räume zu Hause. Das Geschirr reicht nur für zwölf Leute (es ist das der Eltern, grün mit Goldrand), und nur die ersten zwölf bekommen etwas. Ich bekomme von der phantastischen Suppe nichts. Die Teller werden gespült, aber ich bekomme wiederum keine Suppe. Ich besorge mir eine Tasse Kaffee, aber auch die verschwindet. Dann kommt ein junger Mann auf mich zu, hat eine Schüssel mit heißer Suppe in der Hand und sagt, es reicht für uns beide.* Wiederum erweisen sich Vater und Mutter als unbrauchbar. Zu dem jungen Mann fällt ihr ein Student aus der Gesprächsrunde ein, der sich beim letztenmal beim Gang über die Straße wie selbstverständlich einhakte. Sie konnte es erstmals annehmen und genießen *(ging sie als junge Frau mit mir als jungem Mann?).* Frau Schweizer kann sich ihr Stück Sehnsucht zugestehen und erlebt gleichzeitig ihren Kummer und ihr Wissen über die jetzt begrenzte Zeit ihres Lebens. Kann sie, selbst wenn Ouvertüre, erster und zweiter Akt bereits vorbei sind, den dritten Akt genießen? Oder muß sie ständig auf ihre Uhr mit dem Gefühl gucken, es ist doch gleich vorbei?

Frau Schweizer fühlt sich in diesen Wochen unter den Menschen überall sehr viel wohler: auf der Straße, im Geschäft, in verschiedenen Volkshochschulkursen, in der Gesprächsrunde. Als eine Kursteilnehmerin ihr zum Schluß, Plätzchen schenkend, sagt: »Sie sind doch meine große stille Liebe«, und sich herzlich verabschiedet oder wenn die Kursleiterin sie am Ende umarmt, ist es ihr zunächst sehr ungewohnt, aber sie kann es annehmen. Sie merkt, daß sie offener wird, spontaner auf Menschen zugeht, aber auch spontaner Freundlichkeiten annehmen kann. Die Weihnachtspause – geplant ist eine Reise nach Ägypten – steht nicht bedrohlich vor ihr.

Frau Schweizer: Bericht über diesen Behandlungsabschnitt im Rückblick

In der Sommerpause mache ich zusammen mit einer Freundin eine Schiffreise auf dem Neckar mit dem Ziel, zwei Tage mit einer im Schwabenländle wohnenden dritten Freundin zu verbringen. Meine alte Schwierigkeit in einer Dreiergruppe taucht wieder auf, aber ich wähle hier mit Bedacht nicht mein altes Verhalten, mich vorzudrängen und das meiste zu sagen zu haben, sondern stecke zurück und fühle mich mit der freundlichen Zuwendung der Freundin wohl.

29.8.: Ich frage danach den Analytiker, ob das die Möglichkeit sei, mit Konkurrenz umzugehen; er weiß nicht, ob es die einzige Möglichkeit ist, aber es sei eine gute.

Im September fange ich an, mich ein wenig zu verwöhnen. Und ich plane für die Weihnachtsferien eine Ägyptenreise, um der Kälte und dem Alleinsein zu entgehen und Sonne und Bequemlichkeit zu haben, und ich schaffe es nach einigem Zögern, mich für eine Schiffsreise auf dem Nil zu entscheiden, auch wenn das »sündhaft« teuer ist. Verwöhnung ist längere Zeit Thema unserer Gespräche. Mir wird so ganz deutlich, daß ich mein ganzes Leben lang allein war und mich um alles selbst kümmern mußte. Das geht mir jetzt erst richtig auf, da ein Mensch da ist, der sich meiner Probleme annimmt.

28.9.: Dann steht einige Wochen lang meine Beziehung zum Analytiker im Mittelpunkt der Gespräche, nie von mir hineingebracht. Ich habe immer Angst vor Abhängigkeit gehabt, sie »panisch« vermieden, wie er zu meiner Empörung einmal sagte, jetzt ist er der Mittelpunkt meiner Gefühle und Gedanken. Es findet ein Kongreß der Deutschen Gesellschaft für Gerontologie in der Universität statt, an dem ich teilnehme. Ich bin mir dabei völlig darüber klar, daß mein Interesse nicht so sehr den dort behandelten Themen gilt, sondern daher rührt, daß auch der Analytiker darin aktiv sein wird. Ich wollte ihn endlich einmal sehen, nicht nur die Sekunde, wo er mir die Tür öffnet und mich einläßt, und bei dem kurzen Abschied. Ich denke mir, daß er das doch ganz genau weiß, und finde es nicht angenehm, daß er immer wieder darauf zurückgreift. Er fragt, ob ich meinen Vater bei der Arbeit erlebt habe. Ich sage, ja, ich saß unter seinem Schreibtisch, wenn er sich vorbereitete. Ich habe aber nur seine Beine gesehen und dann gehört, wie er aufstand und wegging. So unbekannt ist mir auch der Analytiker.

7. 10.: Eine Bemerkung von ihm, das Kind erfahre ja auch nicht, was mit den Eltern sei, wie sie lebten und was sie dächten, ist wohl erst am nächsten Morgen richtig bei mir angekommen: Ich wachte mit Wut auf ihn auf. Und sage das dann auch in der darauffolgenden Stunde: Ich hätte ihn am liebsten schütteln mögen. Er sagt, wie eine Sparbüchse, damit etwas herauskommt? Das hätte ich wohl auch mit meiner Mutter tun mögen, aber ein Kind kann seine Mutter nicht schütteln. Er fragt, wie ich mir denn wünsche, wie er sich verhalten soll. Ich sage, er solle ein Kontrahent sein und nicht so sanft. Er »ersticke« meine schöne Wut. Und überhaupt könne man im Liegen nicht wütend sein. Er schlägt daraufhin vor, daß wir uns setzen, aber mein Ärger verweht. Der Analytiker meint, das Gegenübersitzen sei mir ungewohnt. Ja, ich habe meinem Vater nie so gegenübergesessen, und ihm sagen, ich sei wütend auf ihn, sei völlig undenkbar. Ich mußte Wut verbergen und habe sie allmählich abtrainiert. Der Analytiker sagt, ich wäre wohl früher mit meiner Wut gegen eine Gummiwand gelaufen. Er faßt zusammen: Im ersten Jahr der Analyse hätte ich keinen Mann auch nur ansehen können, jetzt werde er konkret, ich könne ihn und damit den Mann ansehen. Ich beginne eine erste vorsichtige Auseinandersetzung mit dem »Mann«.

13. 10.: Ich sage, ich könnte nur versuchsweise mit Bildern darstellen, wie mir heute nacht zumute war: wie ein Himmel voll kreisender Sterne, ganz durcheinander, ganz in Bewegung, und ich war voller Unruhe, ohne Besorgt-Sein, es war eine heilsame Unruhe. Mir wäre Chaos eingefallen, aber nicht das Durcheinander, wie wir das Wort meistens benutzen, sondern der Urgrund, aus dem etwas geformt werden kann. Ich konnte dann nicht wieder einschlafen; es ist ein Glücksgefühl in mir, gesund zu sein. Ich bin gelöster, freier, als selbst vor der Depression, und es geht mir besser als all meinen Freunden und Bekannten, die etwa in meinem Alter sind.

Vier Wochen Pause. Ich mache eine Florenz-Reise mit einem ausgezeichnetem Reiseleiter. Ich sehe zum erstenmal eine Renaissancekirche unter dem Gesichtspunkt: Der Mensch gab das Maß für den Bau. Ich sage nach der Besichtigung beeindruckt, das sei doch keine Kirche, das sei ein Tempel der Vernunft. Das mindert nicht meine Bewunderung für die Schönheit romanischer Kirchen, zugleich ist es aber irgendwie ein Stück Befreiung.

Am Tag meiner Rückkehr erfahre ich, daß die eine meiner Skat-Partnerinnen mit einem Lymphdrüsenkrebs in der Klinik liegt, und wenig später, daß eine meiner liebsten Freundinnen in Süddeutschland wegen eines Hirntumors vor einer Kopfoperation steht. Als erstes tritt der alte Reflex des Beiseiteschiebens und Erstarrens ein, und der Kummer und der Schmerz kommen erst, als in einem Telefongespräch mit einer anderen Freundin diese sagt, du hast deine liebste Freundin an Krebs verloren, und nun sind wieder zwei Menschen in Gefahr.

22.11.: Ich empfange den Analytiker bei Wiederbeginn der Zusammenarbeit mit diesen beiden schlimmen Nachrichten. Doch bleibt es nicht bei der alten Erstarrung, mit der ich früher auf solche Schläge reagierte. Ich fühle Angst und Trauer, zitiere einen Freund, der gesagt hat: »Es wird licht um uns...« und zitiere Rilkes Herbstgedicht, »die Blätter fallen, fallen wie von weit«. Mir kommen die Tränen, und ich überlasse mich ihnen auch mit dem Gefühl, hier gut aufgehoben zu sein. Diese Trauerarbeit zieht sich durch die nächsten Wochen. Der Analytiker ermuntert mich, ausführlich von der todkranken Freundin zu erzählen. Er hilft mir dazu, mir auszumalen, was an Wunscherfüllung durch ihren Tod verlorengehen wird. Ich spüre, wie sehr Trauer anstrengt; als ich dann auf der Straße bin, muß ich mich tatsächlich mühen, die geringe Steigung auf meinem Wege zu bewältigen. Ich sage am nächsten Tag, die gestrige Stunde sei anders gewesen als alle anderen bisher. Und ich hätte mir überlegt, wieso. Er hat nichts analysiert, sondern einfach meinen Kummer angenommen. Er fragt, was das mit mir gemacht habe. Ich sage, er wisse ja, daß ich nie zu meinen Eltern um Trost hätte gehen können, es sei etwas völlig Neues für mich gewesen. Er sagt, das sei in meiner Analyse mehrfach vorgekommen, da konnte ich es nicht wahrnehmen. Ich sage, ich hätte es wohl mit dem Kopf aufgenommen, gehört und gespeichert. Aber wirklich erreichen konnte es mich erst jetzt. Wir sprechen weiter über Trauer und Verlust. Früher habe ich mit Aufbegehren oder Erstarren reagiert, jetzt, in der Angst um meine Freundin, bin ich traurig, aber lebendig. Ich trauere sowohl um den Verlust, den es für mich bedeutet, als auch darum, daß zwei Menschen ein Stück Leben abgeschnitten wird. Wenn wir die Analyse im Frühling beendet hätten, würde ich relativ unberührt, verkapselt diese Bedrohung erleben. Der Analytiker sagt, unberührt nicht, verkapselt ja; ob es jetzt eine schwere Belastung oder ein Fortschritt sei? Ich sage, ein Fortschritt. Ich bin traurig, aber lebendig. Mir fällt auf, daß ich so müde bin. Der Analytiker sagt, das sei bei vielen Menschen, die trauern, der Fall; ob es mich lähme? Ich sage ja, ich bin nicht aktiv, aber das Alltägliche läuft.

Daneben kommt, ich glaube erstmals, das Altsein ins Gespräch. Ich habe ein Buch von Leopold Rosenmayr gelesen, der sagt, Altern sei Verlust unter Widerstand. Der Analytiker nennt drei Möglichkeiten, mit den Verlusten des Alterns umzugehen: Die eine wäre zu sagen, es ist nun mal so, die andere, sich dagegen auflehnen, die letzte, dennoch aktiv bleiben. Diese leuchtet mir am meisten ein. Ich will noch etwas im Leben, und ich will auch mit Menschen leben. Wenn ich am Anfang des Jahres dachte, ein Altersleben müsse weise, abgeklärt, kontemplativ sein, so möchte ich jetzt sehen, was noch für mich drin ist.

1.12.: Dahinein paßt ein Traum (s. S. 182). Der Analytiker fragt, wann man die Mithilfe der Mutter beim Anziehen brauche, ich sage, bis zur Schulzeit, und er sagt, als Jugendliche auch, aber da war ich ganz auf mich allein gestellt und hatte an ihr kein Hilfe. Ich sah bei meinen Freundinnen, daß in anderen Familien die Mütter für hübsche Kleidung ihrer Töchter sorgten. Erst als Erwachsene, Jahre, nachdem ich nach Westdeutschland gegangen war, konnte ich mir ein »weißes Kleid« leisten. Der Analytiker sagt, mit 30 Jahren Verspätung sei ich in die Oper gekommen.

2.12.: Mir ist danach schwer zumute, und ich bringe das in die nächste Stunde. Er habe die 30 Jahre Verspätung bis zur Erfüllung des »Opernwunsches« angesprochen, und für mich klang es wie »zu spät«. Dem widerspricht er, hebt heraus, daß ich doch noch in die

»Oper« gekommen bin. Ich sage, mir wäre eingefallen: 60 Jahre falsch gelebt. Ich weiß nicht mehr, wie er darauf reagiert hat, er sagt später, sein erster Impuls wäre gewesen, dem etwas Positives entgegenzuhalten, was er »natürlich« als Analytiker doch nicht getan hat. Ich sage, ich wüßte keinen Weg aus dieser Empfindung, aber ich sei es satt, nur die Bedürfnisse der anderen zu erfüllen. Ich mache danach Besorgungen, kaufe mir Blumen, um es mir so gut wie möglich gehen zu lassen. Zu Hause fällt mir ein, daß ich mein »falsches Leben« als von mir verschuldet empfunden habe. Wahrscheinlich hat mich deswegen sein »30 Jahre zu spät in die Oper« so sehr getroffen. Jetzt sage ich, wenn ich schon so lange falsch gelebt habe, will ich nun versuchen, nein, versuchen ist zu aktiv, ein richtigeres Leben zuzulassen. Am nächsten Morgen fällt mir wieder das weiße Kleid mit den plumpen Schuhen ein. Ich bin zuerst deprimiert, aber dann erinnere ich mich, daß der Analytiker gesagt hat: Sie kommen zwar zu spät in die Oper, aber Sie kommen. Das ist wohl jetzt dran. Dieses Leben, das so anders geworden ist, als ich es mir wünschte, anzunehmen. Auch wenn der erste Akt der Oper vorbei ist.

Seit Monaten war meine Mutter kein Thema gewesen, es ging um meinen Vater und um Männer überhaupt. Der Analytiker meint, die Krankheit meiner Freundin hätte die Frage nach Frauen wieder aufgeweckt. Und der Traum vom weißen Kleid mit den unpassenden Schuhen hat ins Gefühl zurückgerufen, daß meine Mutter nicht dafür sorgte, mich so zu kleiden, daß ich nicht ausgelacht wurde. Aber ich empfinde noch immer keine Empörung über meine Mutter und sage dem Analytiker, ich sei in all den drei Jahren der Analyse nie mit ihm darüber einig gewesen, daß sie nur eine ungute Mutter gewesen sein sollte.

Ich fange an, mich darin zu üben, »unedel« zu sein: Ich höre nicht mehr endlos die Klagen der anderen, auch wenn diese berechtigt sind, an, um dann mit beruflich geübter Gesprächstechnik darauf einzugehen. Dann habe ich den Einfall, Edelsein sei so etwas, wie auf dem hohen Roß sitzen: Da ist man weit über den anderen und auch vor deren Nähe geschützt; wenn es gefährlich wird, ist man schnell weg. Aber jetzt will ich hinunter, weiß noch nicht so richtig, wie ich auf dem Boden mitten unter den anderen leben kann. Ich habe ja auch keine Vorbilder dafür, mich auf neue Menschen einzulassen und mich doch vor dem Aufgesogenwerden zu bewahren. Und wenn man immer auf dem hohen Roß saß, ist das Zu-Fuß-Gehen mühsam, aber auch sehr spannend. Ich kann mir nicht, wie Rosenmayr schreibt, einen Plan machen für mein Leben. Der Analytiker sagt, früher hätte ich einen Plan nötig gehabt, als Absicherung, jetzt komme es darauf an, offen zu sein. Ich sage, ich weiß nicht so genau, ob es recht ist oder nicht, aber ich lasse vieles treiben und suche mir die Rosinen heraus. Es ist in meinem Empfinden der Gegenwart ein Auf und Ab entstanden. Wenn ich zurückblicke, sehe ich, daß doch nicht alles ohne Freude in meinem Leben gewesen ist, wenn ich auch zur Zeit das Versäumte stärker empfinde und von Versöhnung noch weit entfernt bin.

Neunter Behandlungsabschnitt von Januar bis März 1989 (24 Behandlungsstunden): *Auch höchst widersprüchlich erlebte sexuelle Gefühle und abgewehrte traurige Gefühle sind meine eigenen Gefühle!*

6. bis 20. Januar 1989 (356–360): Zunächst berichtet Frau Schweizer spontan und lebendig von ihrer Ägyptenreise. Sie schätzte die Wärme und die Kultur, fühlte sich anderen Menschen gegenüber gleichberechtigt und genoß es, daß die Mitreisenden sich liebevoll und freundlich um sie kümmerten. Traurig und beunruhigt bei dem Gedanken an ihre Freundin in Stuttgart, deren Zustand sich rapide verschlechtert. Dazu machte eine Freundin eine Bemerkung über neue Beschwerden (weitere Krebserkrankung?). Sie merkt immer wieder, wie sehr sie diese Menschen im Augenblick braucht. Traum: *Ich sitze in einem Seminarraum. Nachdem der Dozent das Seminar beendet hat, gehen alle hinaus. Ich habe das Gefühl, es fehlt noch etwas, und möchte bleiben. In der Ferne sehe ich meine Freundin Lilo, die sich entfernt.* Der Dozent erinnert sie an mich, und die Freundin ist eben die Erkrankte. *Äußerlich geht etwas regulär, wie das Seminar, zu Ende. Ihr Analytiker und die Freundin verlassen Sie. Sie merken aber, daß Sie doch noch etwas Individuelles für die nächste Zeit brauchen (im Herbst 1988 wurde verabredet, daß die Analyse voraussichtlich Ende 1989 auslaufen wird).*

Traumfragment: *Ich bin in einem langen niedrigen Haus. Meine Mutter geht an mir vorbei und entfernt sich. Ich rufe hinterher, aber sie dreht sich nicht um und geht hinaus. Ich überlege, daß ich ihr in diesem Hause auf einem anderen Wege doch noch begegnen könnte. Ich gehe die Tür hinaus, die zur Garage führt, und die Garage ist plötzlich verändert: dreimal so groß, ganz weiß gekalkt, frisch zugemauert, in der Ecke liegt ein schwarzer Stein. Ich habe keine Angst.* Zu dem Stein fallen ihr die schwarzen Steine aus den Grabmälern in Ägypten ein und zu der Garage die nicht fertiggestellten tristen Hotelbauten aus Beton in Spanien. Die auf ihr Rufen nicht hörende Mutter ist so alt wie bei ihrem Lebensende. Die Mutter macht einen etwas gespensterhaften Eindruck. *Sie wagen einen Ausflug in eine schlimme Unterwelt oder Innenwelt, um sich die Mutter erneut anzugucken. Kann sie als Gespenst begraben sein, oder ist sie immer noch mächtig?* Im darauf einfallenden 2. Teil des Traumes erlebte sie eine andere Situation: *Ich liege mit dem Rücken auf einer Wiese und habe eine Decke über meine Beine gezogen. Als ich die Decke wegziehe, sehe ich zwischen meinen Oberschenkeln ein Gewühl von Raupen (solche graubraunen, haarigen Raupen, aus denen später Schmetterlinge werden). Es ekelt mir bei diesem Anblick (sie müßten ja aus meiner Scheide kommen oder in die Scheide hineinkriechen), und ich breite die Decke schnell darüber aus.* Sie erinnert sich voll Ekel an einen Haufen Fleischmaden bei toten Tieren im Walde und phantasiert über Leichenwürmer, die einen Körper zerfressen. »Aber ich fühle mich nicht tot.« *Ekel ist ein starkes, aber negatives Gefühl. Sie dürfen etwas an sich nicht sehen und decken lieber schnell die Decke drüber.* Plötzlich fällt Frau Schweizer zu dem Traum noch ein, daß hinter ihr ein junger Mann saß (sie deutet dahin, wo ich als ihr Analytiker sitze), der danach fragte und die Würmer sehen wollte. *Vor mir und dem jungen Mann decken Sie lieber die Decke drüber, damit wir nicht sehen sollen, was mit Ihrem Inneren und Ihrem Unterleib und Ihren Gefühlen los ist. Mit welcher Stimme fragte denn der junge Mann?* Nach ihren Erinnerungen so wie die Männer, die sie als junges Mädchen ansprachen oder sie begleiten wollten. *Weder sollen der junge Mann noch ich als älterer Analytiker sehen, daß es um sexuelle Gefühle und Bedürfnisse geht, die Sie selbst im Augenblick als ekelhaft träumen müssen und damit auch ablehnen dürfen.* Zunächst berichtet sie, daß sie seit vielen Jahren keine sexuellen Gefühle hatte, korrigiert sich dann aber, daß solche doch zu Anfang der Analyse, als es ihr besserging, wieder wach wurden. Ihre weiteren Erinnerungen (schon häufiger vor der Tür meines Behandlungsraumes eingefallen, aber nie drinnen) führen in die Zeit, als sie mit zehn Jahren im Bett des Vaters am Sonntagmorgen lag und sie aufgrund des hochrutschenden Nachthemdes sein sie ekelndes und abschreckendes Genitale sah. Sie sei damals aber stolz gewesen, als sie ihre Regel bekam, denn sie habe die anderen Mädchen damit endlich eingeholt. Trotz ihres Stolzes ekelte sie sich auch vor dem Blutgeruch. *Wenn alles, wie in dem ersten Traum, regulär ablaufen soll, dann fehlen bei Verliebtheit eben auch sexuelle Gefühle und Wünsche. Ich erinnere mich an Ihre zahlreichen Lieder, Phantasien und Träume über Hochzeitsfahrten mit der Kutsche, unglückliche Liebe etc., bei denen Sie die sexuelle Seite völlig aussparten. Im Augenblick erschrecken Sie äußerlich über die Raupen, aber Sie wissen, daß daraus großartige herumflatternde Schmetterlinge werden.*

In der nächsten Stunde fallen Frau Schweizer zunächst Belästigungen durch junge Männer ein, zunächst in Dresden, später während ihrer Sekretärinnenzeit in Westdeutschland. Sie erinnert sich dann an einen Traum (Weihnachten vor einem Jahr), in dem ein älterer liebenswürdiger Herr sie zu einer Hinrichtung führte. Vorher erlebte sie aber – dieses verschwieg sie mir bewußt – mit ihm eine sie hochbefriedigende, intensive sexuelle Vereinigung. *Offenbar liegen bei Ihnen die Gefühle von tiefer Lust und dem Ermordetwerden ganz dicht nebeneinander; nach der Lust muß – möglicherweise zur Bestrafung – etwas Schreckliches passieren.* Nochmals erinnert sie sich an ihre Beziehung zu dem Arzt: »In diesem Zustand war ich ganz offen, völlig aus mir herausgerissen und fand mich nicht wieder. Es war fast wie ein Sterben.« *Sie wünschen sich solch einen Zustand, haben Angst vor solch einem Zustand und sind empört, daß Sie dazu einen Mann benötigen.* Sie merkt dann ihre Abneigung, über dieses Thema weiter nachzuphantasieren, erinnert sich aber doch an die onanierenden Brüder, wobei die jüngeren immer petzten: »Der scheuert schon wieder«, worauf die Mutter schimpfte. Alle Geschwister haben keine Kinder; haben, wenn überhaupt verheiratet, schwierige Ehebeziehungen etc. *Sie weisen mich daraufhin, daß die ganze Familie in diesem Bereich Probleme hatte, nicht nur Sie, aber hier geht es um Sie.*

Im Post-Graduate-Seminar – wo ich Frau Schweizer mehrfach

vorstellte – verschwieg ich meinen Wunsch, über diese Psychoanalyse ein Buch zu publizieren, meinen Kollegen; offenbar soll Frau Schweizer bisher allein für mich die Auserwählte sein. Irritiert war ich über die Frage eines Kollegen, ob ich sie liebenswert fände, d.h. zum Verlieben. Ich mag sie schon eindeutig, aber ich bin mir nicht klar, mit welchen Gefühlen ich ihr als 20 Jahre jüngerer Frau begegnen würde: ein guter Kumpel, ein Kamerad zum Reisen oder eine Frau zum Verlieben? Wieder bestätigt sich für mich, daß die Analyse mit Älteren sowohl die unvorstellbare Situation der bei mir eingeforderten mütterlichen Gefühle mit sich bringt, als auch die noch gefährlichere Situation des Wiederaufleben inzestuöser Gefühle gegenüber der eigenen Mutter. Ganz offensichtlich ist es der Wunsch des in der Relation deutlich jüngeren Mannes, die Sexualität Älterer, insbesondere der älteren Frauen meiner Kindheit, doch noch kennenzulernen.

Fortsetzung der Behandlungsberichte

24. bis 26. Januar 1989 (361–363): *Traum: Ich bin auf dem Postamt in Dresden (wo ich als junges Mädchen lebte) und arbeite dort in einem kleinen dunklen Raum für mich; es gibt keine Menschen. Dann liege ich in einem großen Saal der Hochschule und bin krank. Ein junger Arzt gibt mir Spritzen, aber erklärt mir nicht richtig, was los ist. Ich weiß, daß Sie (mein Analytiker) zwischen eins und zwei Uhr vorbeigehen werden, aber ich warte diesmal vergeblich. Ich sehe Sie nicht und fühle mich allein.* Aufgrund ihrer Einfälle über die sie verlassende Frau und über den aufgespaltenen Mann (der anwesende junge Arzt und der abwesende ältere Psychoanalytiker) *spreche ich sie auf die mir jetzt bewußteren Probleme der sich ablösenden Frauen und des nicht (mehr?) zur Verfügung stehenden Psychoanalytikers (also auch die Angst vor einer Beendigung der Analyse) an.* Frau Schweizer weist mich darauf hin, daß sie selbst diese Träume hatte und diese wohl auch ein Stück ihrer Bedürfnisse und Gefühle ausdrücken würden. Seit diesem Aufenthalt in Teneriffa wisse sie, daß ich einerseits der im Augenblick für sie wichtigste Mensch sei, aber andererseits auch bestimmte Gefühle draußen blieben. Immer mehr merke sie, daß sie mich jetzt erst genau angucke. Bestimmt sei ich nicht mehr gottgleich und ganz weit weg, aber sie wünsche sich von mir auch Autorität. Das ganze Thema Sexualität sei sie intellektualisierend und auch wegschiebend angegangen. Natürlich wisse sie um das Phänomen der Übertragung und habe ganz selbstverständlich gedacht, daß es eben auch hier so passieren würde. Dann zitiert sie mich mit Hinweis auf ein spezifisches (sexuelles) Übertragungsphänomen und meint, daß sich nach ihrer Ansicht Freud geirrt habe, als er meinte, es ginge immer um sexuelle Übertragungen: »Ich glaube, bei älteren Menschen ist doch alles ganz anders.«

Nach dieser Stunde bemerkt Frau Schweizer wieder sehr widersprüchliche Reaktionen: Das trotzige dreijährige Kind will nicht mit mir alles und insbesondere nicht seine Gefühle besprechen. Es sei für sie völlig ungewohnt, so direkt über Gefühle zu reden, das sei noch nie in der Familie üblich gewesen; für sie war es schon viel, auf den Kongreß zu gehen und mich einmal in Ruhe und ungestört lange betrachten zu können. Selbst wenn ich ein Interesse als Analytiker daran hätte, über die Sexualität zu sprechen, so seien es doch eben ihre Träume, die darauf hinwiesen, daß sie wolle. Nachdem ich so vieles bei ihr bewirkt habe, sei es auch richtig, daß dieses Stück hier in die analytische Arbeit hineinkäme.

Unmerklich führen diese Stunden zu einer neuen Sicht ihres Vaters und damit ihrer Situation in der Psychoanalyse. Als es vor einigen Tagen in der Behandlung um die Frage ging, ob die Mutter oder möglicherweise die Tante die bessere Frau für den Vater gewesen sei, dachte sie plötzlich: »Ich bin es, nur ich.« Erstaunt und erschrocken sehe sie immer mehr, wie ähnlich sie dem Vater sei: geistig, von ihrer Energie her, von ihrer Schnelligkeit aus und Zähigkeit; dazu spüre sie auch keinen Groll und keine Vorwürfe oder Wut mehr. Sie bedauere ihn jetzt eher und sei traurig, daß er so wenig aus sich und seiner Welt machen konnte. Sie phantasiert dann *(mit mir zusammen)* darüber, wie sich wohl der Vater – unter anderen finanziellen Bedingungen mit der Möglichkeit eines Studiums und ohne Sorge für allzu viele Kinder – hätte entwickeln können. Sie sieht auch seine fast völlige Unfähigkeit zum Genuß, seine Hinwendung zum Jenseits im Sinne einer Belohnung für die diesseitige mühselige Arbeit, etc. Hier in der Analyse setzt sie sich jetzt mit mir auseinander, aber fühlt sich auch verstanden. Sie merkt, daß ich sie eindeutig von den anderen Patientinnen unterscheiden kann, und ist erfreut – wenn auch immer wieder erstaunt –, daß ich so viele Einzelheiten von ihr behalte und auch z. B. darauf hinweise, daß mich ein Traum oder eine Bemerkung weiterbeschäftigt hätte.

31. Januar bis 3. Februar 1989 (364–367): Traum: *Ich bin im Alter von etwa 60 Jahren in einem großen Haus zu Besuch. Ich sehe die Wohnung der Zwillinge, der abwesenden Eltern und die Wohnung der anwesenden Großmutter. Diese – eine große, stattliche, seriöse, huldvolle und freundliche Dame – heißt auch mich herzlich willkommen. Danach befinde ich mich mit einem jungen Mädchen bei einem etwa 60jährigen, mich etwas an den Vater erinnernden Mann. Auf die Frage, wie es mir geht, berichte ich, daß ich die Nacht mit dem Mann meines Lebens verbrachte, es sehr genoß und mich sehr wohl fühlte. Das junge Mädchen sagt darauf, sie könne es noch nicht beurteilen, dazu fehle es ihr an Erfahrungen. Dann befinde ich mich auf dem Weg zu diesem Mann, trage einen Koffer und habe weiteres Gepäck bei mir. Es soll aber keiner wissen, wo dieser Mann wohnt.* Plötzlich tauchen scharf umrissene Bilder über die Großeltern auf: die Großmutter, die sie mit 40 bereits als Matrone und »vertrocknete Frau« ansah, die ganz zurückgezogen lebte und immer in schwarzen Kleidern herumlief. Der Großvater war ein lebenslustiger, vergnügter Mann, »kein Kostverächter von Frauen«, die Taschen voller Bonbons, der »Herr Fabrikant« mit großen Gesellschaften und einem schönen Haus, der gleichzeitig eifersüchtig über seine Töchter wachte. Die Tante (also die Schwester seiner Frau) erzählte, daß sie sich nachts immer aus Angst vor ihm einschlösse. Hier blühte ihre Mutter während des Krieges, in Abwesenheit des Vaters, auf. *Sie können sich allmählich zugestehen, daß es nach Ihrem so schmerzlich abgebrochenen Verliebtsein in den Vater noch ein Verliebtsein in einen weiteren Mann, nämlich den Großvater, gab. In dieser Zeit spielten Sie immer die sich verheiratende Prinzessin und schätzten offenbar Menschen, die Ihnen mit offenen Armen, mit Wärme und liebevoll begegneten.*

Sich nach der gestrigen Stunde sehr »beschwingt« erlebt und etwas »über dem Boden schwebend«. Ihr wurde plötzlich bewußt, daß es eine Verheißung (d.h. ein anderes Männerbild) gab und daß das Bild des Großvaters sie doch deutlich mitgeformt hat. Die ältere

Frau im Traum kann zunächst die Frau sein, die sie nie gehabt hat und sich immer herbeigesehnt hat; es kann der Analytiker zu Anfang der Analyse sein, der mütterlich half. Sie weiß nicht, ob ich (als ihr Analytiker) ihr den Weg in die richtige Welt zeige oder ob die richtige Welt schon wirklich vorbei ist. Gestern und heute erlebte sie tiefe Trauer über das wiederaufgetauchte Bild des Großvaters, das sie wohl in ihrem Leben so wenig nutzen konnte.

7. bis 9. Februar 1989 (368–370): Ein stabiles Wochenende mit vielfältigen Besuchen, Telefonkontakten und zwiespältigen Gefühlen. Vor allem erlebte sie die Trauer über die sterbende Freundin, die dann auch die nächste Stunde nachdrücklich prägt. Drei Träume: *Ich gehe an einer Straßenbahnhaltestelle spazieren. Ein Mann fällt über mich her und vergewaltigt mich* (im Halbschlaf eine körperliche Empfindung und Erregung gehabt). *Am Fenster eines Turmgemaches mit einem weiten Blick auf das Land sitzt eine Frau mit langen fließenden Gewändern (wie von Tischbein gemalt). Ich muß diesen Traum erzählen, und die Frau tröstet mich. Ich lehne mich an ihr Knie und fühle mich erleichtert.* Im dritten Traum *sitze ich in einem Hörsaal der Universität, auf der einen Seite ein junger Student und auf der anderen Seite ich (ihr Psychoanalytiker). Jeder im Hörsaal hat einen großen Bildband mit wundervollen Fotos von Landschaften vor sich liegen. Jeder werde aufgefordert zu träumen, und dieser Traum erscheint dann auf einer großen Leinwand vor allen. Der junge Nachbar träumt von einer wandernden Gruppe in einem südlichen Gebirge mit Sonne und Wärme. Ich selbst setze den Traum fort und lasse den Zug weitermarschieren, bin selbst mit dabei. Ich (der Psychoanalytiker) würde den Zug dieser Gruppe weiterträumen, und ich sehe, wie er auf einen großen, weißen griechischen Tempel zugeht.* Für Frau Schweizer ist der dritte Traum einer der seltenen, in denen ich als ihr Psychoanalytiker selbst vorkomme und dazu in einer hier gleichberechtigten Beziehung. Wir träumten beiden den gleichen Traum, und für sie sei es immer wieder wichtig, daß ich eigene Phantasien, Bilder und Vorstellungen einbrächte, um ihr damit zu helfen, so wie in der letzten Woche beim Großvater. Zum erstenmal in ihrem Leben habe sie bewußt zusammen mit einem anderen Menschen Phantasien und könne mit ihm an diesen Phantasien arbeiten. Ich sei nicht mehr weit weg und sei nicht mehr gottgleich, sondern sitze neben ihr und arbeite mit ihr zusammen.

Aufgrund der beiden anderen Träume: *Sie möchten einerseits meinen mütterlichen Anteil genießen, um mir die Ihnen zugefügte Brutalität und Ihre Traurigkeit erzählen zu können, damit ich Sie trösten kann; gleichzeitig wissen Sie immer noch nicht, wie ich als Mann bin, ob ich nicht über Sie herfalle und Sie mit ihren Gefühlen vergewaltige.* Sie ist selbst darüber irritiert, daß sie eine sexuelle Beziehung fast immer als Vergewaltigung träumt. *Ich erinnere sie dann an ihre vielen Träume von Männern mit Messern, Lanzen oder Maschinenpistolen.* Früher schob sie die dabei erlebten Gefühle immer auf ihre volle Blase, aber heute weiß sie, daß es sich um sexuelle Bedürfnisse handelt. *Der Mann macht also etwas Schlimmes, sich böse Auswirkendes, bewirkt aber gleichzeitig ganz heimlich erregende Gefühle.*

14. bis 24. Februar 1989 (371–376): Das Alltagsleben wird »stinknormal«. Dieser Ausdruck ist ein Vorwurf aus der Studentenrevolution, der sich gleichzeitig gegen ihr früheres Zuhause richtet. Dennoch kann sie ihren Alltag sehr viel besser akzeptieren und genießen. Sie erinnert sich an die Eintopfgerichte der Mutter und merkt, daß die Mutter die abgelehnte Normalität repräsentierte und der Vater doch das Bessere. Der Alltag durfte bisher nur unalltäglich sein; obwohl sie Krimis im Fernsehen liebt, hat sie noch nie in ihrem Leben einen Kriminalroman (wie die Mutter häufig) gelesen. Aufgrund ihrer heißen Verliebtheit in den Vater wurde alles, was die Mutter verkörperte, als nicht wichtig und unakzeptabel weggeschoben. Zwei Träume spiegeln die jetzige Gemütsverfassung und ihre Wünsche wieder: *Ich gehe über einen Acker, bin ganz allein. Der Acker ist steif gefroren, es liegt noch eine dünne Schicht Schnee darüber. – Ich bin bei einem Fortbildungsseminar mit 50- bis 60jährigen Frauen. Ich fühle mich dort unwohl und will am Abend doch in meine Wohnung nach Hause, die mir bequemer erscheint. Ich setze es gegen den Widerstand der anderen durch.*

Obwohl Sie sich längst Spaß, Vergnügtsein, Unterstützung, Austausch mit anderen erlauben dürfen, muß die Welt im Traum noch gefroren sein und unter einer dünnen Schneedecke liegen. Dann kann sie sich mehr bewußt zu ihren jetzigen Wünschen, zumindestens im Traum, stellen: *Ich bin ein ungebärdiges, sechs bis sieben Jahre altes Kind und hole mir ein anderes braves, stilles Kind.* Soll der zweite Anteil den ersten Anteil beschwichtigen? Wieweit darf sie jetzt die wilden, ungebärdigen Anteile eines sechs- bis siebenjährigen Mädchens haben, das deswegen immer in die Besenkammer gesperrt wurde? Darf sie in dieser Situation nur die brauchbaren, angepaßten Teile vorführen?

28. Februar bis 3. März 1989 (377–379): Sie empfindet sich zur Zeit auf der einen Seite weiterhin »stinknormal«, auf der anderen Seite starrer, aber nicht erstarrt. In einem Traum *sieht sie Patiencekarten, die miteinander spielen und sich in die richtige Reihenfolge legen (aber in den weichen Farben des Herbstes).* Die Freundin ist gestorben; sie versucht zunächst mit den bisher bewährten Strategien ihre Trauer wegzuschieben, zu rationalisieren und sachlich zu reagieren. Dabei hat sie das tiefe Bedürfnis, getröstet zu werden. Die Traurigkeit über die gestorbene Freundin erreicht sie aber allmählich viel stärker, und sie kann häufig weinen. Sie merkt, daß ich mitbedrückt bin, aber sie weiß nicht, ob sie mich traurig machen darf. Gleichzeitig steht wiederum die Frühjahrpause bevor.

Frau Schweizer: Bericht über diesen Behandlungsabschnitt im Rückblick

Es folgen die Weihnachtsferien, ich habe eine Reise auf dem Nil gemacht, in der Sonne an Deck gelegen, mich verwöhnen lassen, mich wohl gefühlt, aber eben vergeblich nach dem Hochgefühl gesucht, das mich dieses ganze Jahr – seit der Nacht in Syrakus – getragen hatte. Es war völlig weg. Ich konnte genau sagen, ab wann es sich aufgelöst hatte, seit der Stunde, in der der Analytiker ganz beiläufig gesagt hatte, die Ehefrau kenne den Mann besser als die Schwester. Wieso kann ein so starkes Gefühl gelöscht werden? Aber ich fühle mich wohl, bin auch nach der Rückkehr verhältnismäßig aktiv und komme mit mir aus.

17. 1.: Nach vier Wochen Pause beginnt die Analyse wieder, und in der Nacht davor geht es mir nicht mehr so gut. Ich sage das dem

Analytiker und sage, ich hätte einige Wochen gut mit mir selbst gelebt, ohne mich in Frage zu stellen. Er fragt, muß man das immer? Ich beschreibe, wie ich es mir selbst angenehm gemacht habe. Aber nun liegt ein Traum vor (s. S. 190).

18. 1.: Zwei Träume zeigen wohl an, wo ich mich innerlich befinde (s. S. 190f.). Der Analytiker denkt, ob mein Traum ein Gang in die Unterwelt war, die mir keine Angst verursacht; die Mutter kann gehen, ich bin nicht mehr von ihr abhängig. Diese Deutung stimmt zu meiner Stimmung. Der andere Traum (s. S. 191): Ich hatte inzwischen genug Freud gelesen, um zu wissen, welche Bedeutung dieser der Sexualität zuschreibt; es war mir klar, daß mein Traum in diese Richtung deutete. Ich hatte aber schon vorher immer signalisiert, daß mir dieses Thema nicht mehr so dringlich erscheine. Deutlicher gesagt, ich wollte es nicht besprechen. Ich sage deshalb, bis zum nächsten Traum in dieser Richtung, könnten wir das Thema für abgeschlossen ansehen. Er sagt, wir beide könnten es in Ruhe abwarten.

23. 1.: Aber es meldet sich mit einem anderen Traum ein anderes Thema (s. S. 193): Ich sage, als ich den Traum in der Analyse berichte, mir sei meine Feststellung, ich fühlte mich so wohl, schon ein bißchen zweifelhaft gewesen. Eine nahe Bekannte, die auch an einem Krebs leidet, war bei mir gewesen und wirkte kränker, als ich befürchtet hatte. Der Analytiker zeichnet noch einmal meine Situation zwischen lauter Schwerkranken, wo ich Verluste zu befürchten habe, und das zeige auch der Traum.

Und heute füge ich diesem Traum noch einen weiteren hinzu, ich bin zusammen mit der Bekannten, die so krank ist, in meinem Auto auf Reisen. Der Analytiker nimmt die Träume der vorigen Woche dazu. Den, in dem ich an einem Seminar teilnehme, an dem er der Dozent ist; den mit den Raupen, den von gestern, wo er nicht kommt, und heute träume ich nur noch von einer Frau. Ob ich unsicher sei, wie es mit meiner Analyse weitergehe? Ich habe erlebt, daß mein Vater auf die intensiven Wünsche der dreijährigen Tochter mit Entfernung reagiert hat, daß mich mein Freund verlassen hat, wenn nun der Analytiker »die Raupen sehen wolle« und ich das ablehne, ob er mich dann auch verlassen würde? Er meint, dieses Thema sei für mich das ganze Leben hindurch schwierig gewesen, wir könnten wohl jetzt nicht zu einem Beschluß kommen, sollten es aber im Auge behalten. Ich sage, meine Beziehung zu ihm sei mir schon die Frage wert. Ich hätte ihm doch vor längerer Zeit gesagt, er wisse wohl, daß er zur Zeit der wichtigste Mensch für mich sei, und das sei für mich sehr viel an Äußerung gewesen. Vielleicht hätte ich mich als Schutz vor eventuellen Verletzungen etwas zurückgezogen. Jetzt fahre ich mit einer Frau zusammen im Auto, während ich früher im Traum ihn mitgenommen habe.

2.2.: In den folgenden Wochen geht es in immer neuen Varianten um meine Schwierigkeit, aus den Normen herauszukommen, die mir mein Vater vorgelebt hat. Immer noch habe ich das Verpflichtungsgefühl, ich müsse Leistungen erbringen, und ich frage mich, ob es mir gelingen kann, aus solchen Einengungen herauszukommen, die mir ja auch Halt gegeben habe. Ein lockeres Leben ist reizvoll, aber auch gefährlich, und ich schwanke zwischen der Freude, daß es mir jetzt gutgeht, und dem Betrübtsein, daß ich so vieles in meinem Leben nicht leben konnte. Und so geschieht es, daß ich zwischen einem Gefühl von Beschwingtsein und dem von Flügellahmsein schwanke. Ich empfinde mich so lebendig, wie ich nie vorher gewesen bin, und wahrscheinlich ist das noch nicht so vertraut und scheint mir gefährdet. Vielleicht ist überhaupt mein Wohlfühlen eine Abwehr gegen etwas Darunterliegendes. Der Analytiker sagt, Trauer. Ja, sage ich, die Trauer um nicht gelebtes Leben, die wohl immer mitgelaufen ist. Er sagt, die könne man auch erst zulassen, wenn es einem möglich sei, sich wohl zu fühlen.

24.2.: Ich erkenne, daß ich noch eine besondere Schwierigkeit habe, mich von dem Leid um mich herum auf eine gute Weise abzugrenzen. Manchmal lasse ich mich richtig per Mitleid erpressen. Und ich sehe ein Bild vor mir, ein großes, stählernes Tor steht am Strand, dicht am Meer, das Meer spült den Sand unter der Tür weg und zieht mich mit hindurch. Ich will da gar nicht hin, es geschieht. Ich möchte eine Möglichkeit finden, daß ich durchaus Mitleid und Einfühlung für andere habe, aber stehenbleibe und mich nicht unter dem Tor hindurchspülen lassen muß.

2.3.: Meine Freundin stirbt, und ich kann meine Traurigkeit beim Analytiker ausdrücken, habe aber wohl nicht genug Geduld mit mir. Will schnell etwas in Ordnung bringen, was, wie der Analytiker sagt, gar nicht zu ordnen ist. Warum ich mir Gewalt antue, etwas zu bewältigen, was so schnell nicht bewältigt werden kann? Ich sage, als meine erste Freundin starb, hätte ich eine Art Falltür runtergelassen und nichts gespürt. Aber wenn ich allein bin, spüre ich, daß sich mein Inneres wieder einengt. Ich bespreche es mit dem Analytiker, und er sagt, in einer Situation von Verzweiflung und Trauer griffe man zu dem Bekannten und Bewährten, mit dem ich ja ein Leben lang solche Situationen gemeistert habe. Ich sage, dann ist das schon ein Mechanismus geworden; wie kann man den lösen? Er sagt, Trauer und Wirren aushalten, an mich herankommen lassen und hier aussprechen. Oder ob ich fürchte, ihn zu traurig zu machen? Nein, das nicht, aber es ist mir aufgefallen, daß er einmal, als ich von dem Krebs um mich herum sprach, an die Menschen gedacht hat, die ihren Krebs überlebt haben, und vor wenigen Tagen, als ich viel Unklares vorgetragen hatte, er das herausgriff zum Weiterbesprechen, was Leben bedeutet. Er macht eine Bemerkung, als habe er sich da falsch verhalten. Ich sage, wenn er nicht hin und wieder zeige, daß es ihn anrührt, wäre es noch schwieriger.

Zehnter Behandlungsabschnitt von April bis September 1989 (79 Behandlungsstunden): *Kann ich auch ohne die abgelehnten, aber auch geschätzten Eltern meinen Weg selbständig finden?*

11. bis 14. April 1989 (380–383): Zunächst ein sehr befriedigender Bericht: zusammen mit ihrer Freundin (trotz der Krankheit) genoß sie den Aufenthalt in Zypern außerordentlich; sich offen, vergnügt, fröhlich und so aufgelockert wie seit langem nicht mehr erlebt. Sie ging auf Leute zu und ließ sich einladen; konnte Wärme, Essen und Blumen genießen (rein zufällig merkte sie, daß ihre Höhenphobie fast völlig geschwunden ist). Nach der Rückkehr deutlich besseres Verhältnis zur sie besuchenden Nichte wie auch zu Bruder und Schwägerin: »Wir erzählten uns in anderthalb Stunden gegenseitig mehr aus unserem Leben als in den 40 Jahren zuvor.«

Dazu kümmert sich der Bruder auch mehr, ruft an, und ihre Beziehung ist viel herzlicher. Inzwischen wurde für Eigenbedarf innerhalb von zwei Monaten ihre Wohnung gekündigt, und es beunruhigt sie nicht ausgesprochen. Für sie stellt sich die Frage: Könne sie langfristig warten, bis sie in einer gewünschten und vertrauten Gegend (an das Wohnhaus des Großvaters erinnernd) etwas bekomme? Das Haus des Großvaters bedeutet die wirkliche Kindheit: menschlich und materiell »reich«, mit entsprechendem Lebensstil des Großvaters, wo sie nach ihrem Weggeschicktwerden von zu Hause als einzige Enkeltochter lebte und verwöhnt wurde. »Großvater, das ist die wirkliche Kindheit.« Großvaters Haus, das sind die Blumen mit ihren Farben, der Wald, die Wärme, der große Park, die Wege über die Wiese. Entsprechend bedeutet Großvaters Haus zunächst einmal Großvater und sehr viel weniger Großmutter und die dort lebende Tante. *Neben einer jetzt praktischen Wohnung suchen Sie immer noch eine Wiedergutmachung für Ihre Kindheit, damit auch die Fortführung einer vergangenen Welt.*

18. bis 21. April 1989 (384–387): In den nächsten Stunden geht es sowohl um die weiter intensiv erlebte Konkurrenz zu Frauen, mit der Chance, sich erfolgreich abzugrenzen, als auch um ihre erstmals anhand eines Traumfragmentes wahrgenommene Angst vor dem Sterben. Traum: *Mir ist übel, und ich soll herzkrank sein, chronisch und schlimm herzkrank. Ich denke, daß es doch nicht sein kann, wieso kann man denn vom Essen krank sein, und warum soll ich in die Klinik*. Schon auf dem Rückflug von Zypern bei einer Turbulenz wollte sie diesmal – im Gegensatz zu vielen früheren Turbulenzen beim Fliegen – nicht sterben. Alles wehrte sich heute nacht nach dem Traum, daß jetzt mit dem Leben aus irgendeinem Grunde Schluß sein könnte. *Sie träumen einen sehr symbolischen Traum. Heißt chronisch herzkrank chronisch liebeskrank? Sterben Sie jetzt am gebrochenem Herzen?* Nach langem tiefen Schweigen und Seufzen kann sie sich zugestehen, was sie vermißt: »Ich muß wohl das gebrochene Herz träumen, da es mir doch in Wirklichkeit gutgeht. Ich kann mehr lieben als früher, aber ich muß es wohl vor mir selbst verstecken.« Beim Gehen lächelt sie mich intensiv an.

25. bis 28. April 1989 (388–391): Vor der nächsten Stunde spürt sie ein deutliches Stück Widerstand, hierher zu kommen. In ihrem Französischkurs in der Volkshochschule machte sie erstmals ihre Schularbeiten nicht (einfach etwas nicht übersetzt und von der Nachbarin abgelesen). »Noch nicht einmal ein schlechtes Gewissen«. *Sie versuchen Dinge, wie z.B. das Nichtmachen der Schularbeiten, die Sie offensichtlich in Ihrem Leben noch nie versucht haben, und nehmen Ihre Wünsche deutlicher wahr.* Jetzt dürfen ihr zahlreiche »Grenzüberschreitungen« einfallen und zahlreiche Wünsche. Sie phantasiert über einen Lotteriegewinn und merkt, daß ihre bisher immer ausreichend erschienenen Geldmittel (sie gibt fast die Hälfte ihrer Pension für ihre Analyse aus) nicht mehr ausreichen: Anschaffungen und Kaution für die Wohnung, Reisen, Kleidung etc. Überall lebt sie selbstverständlicher, aber gibt auch selbstverständlicher ihren Wünschen nach. Auch in den nächsten Stunden flattert Frau Schweizer von »Bild zu Bild«. Damit wird ihr Alltag für mich sehr viel lebendiger, aber auch ihre Lebendigkeit selbst deutlich. Sie trifft regelmäßig ihre neue Freundin und genießt es. Gestern im Kino lachte sie so laut, daß ihre nebensitzende frühere Kollegin erstaunt und etwas vorwurfsvoll reagierte: »Ihnen geht es ja wohl sehr gut.«

11. bis 24. Mai 1989 (392–396): Frau Schweizer genießt zur Zeit ihr Leben, merkt aber immer noch, daß ihr viele Lebenssituationen unbekannt sind. Als sie gestern in der Stadtbücherei in ausgestellten Büchern zu schmökern begann, hatte sie plötzlich den Impuls, nach Hause zu gehen, um ihre Hausarbeit zu machen. Die Analyse dieses Impulses zeigte, daß Schmökern eine ihr unbekannte Versuchungssituation war, d.h. sich einfach den Büchern zu überlassen und augenblicklichen Impulsen nachzugeben. Allerdings war es auch ein besonderes Buch: »Zeus, Hera und eine Nymphe« (also eine Dreieckskonstellation!). Etwas widerstrebend akzeptiert sie meine Deutung, *daß sie in der Schilderung dieses Buches die Nebenbuhlerin völlig ausklammert und daß es wohl immer noch um eine Konkurrenz zu den derzeitigen Frauen gehe, z. B. mit meiner Frau.*

30. Mai bis 9. Juni 1989 (397–403): Der inzwischen stattgefundene Umzug in ihre neue Wohnung bestimmt äußerlich die Thematik der Analyse. Frau Schweizer bewältigte ihn offenbar ohne Ängste und weitergehende Aufregung gut und richtet sich nach ihren Wünschen (soweit es finanziell möglich ist) ein. Im Gegensatz zu früheren Umzügen und insbesondere zu dem vor vier Jahren schafft sie alle äußeren Aufgaben ohne Anstrengung. Zum erstenmal tauchen Phantasien über ihren Zustand nach Beendigung der Analyse auf.

13. bis 23. Juni 1989 (404–411): Erstmals fragt Frau Schweizer, ob die Stundenzahl in der Analyse reduziert werden könne, z. B. auf zwei. Sie fühlt sich auf der einen Seite langfristig wohl und merkt zunehmend (wegen der Hälfte der Pension für die Psychoanalyse), wie sehr sie sich einschränkt und wieviel Wünsche doch an ein bequemes und sie befriedigendes äußeres Leben bestehen. *Ich reagiere innerlich traurig, etwas irritiert, fühle mich von ihrer weiteren Entwicklung mehr ausgeschlossen und erlebe es gleichzeitig als einen weiteren Schritt auf das Erwachsenwerden. Ich schlage vor, erst einmal ihren Wunsch ausführlich in der Analyse zu verstehen. Es erschiene mir möglich.* Entscheidend für Frau Schweizer ist jetzt, daß sie erstmals in ihrem Leben ohne Schuldgefühle etwas für sich ausgeben und sich verwöhnen kann. Sie erlebt zur Zeit sehr unterschiedliche Altersstufen: Sie fühlt sich wie eine Drei- bis Vierjährige, die an die Hand genommen werden möchte; sie ist 18 Jahre alt (als ob das Leben noch völlig vor ihr steht): sie fühlt sich wie 45jährig (vor intensiven Freundschaften mit Frauen stehend), sie weiß um ihr reales Alter von jetzt fast 70 Jahren, und sie fühlt sich insgesamt völlig zeitlos. Die jetzige Wohnung ist innerlich und äußerlich die passende, aber sie muß aufgrund der notwendigen hohen Miete offenbar ihre eigenen Wünsche vor sich verstecken. Gestern nach der Stunde war sie erschrocken und traurig über ihren Wunsch, die Analyse zu reduzieren. Bisher durfte sie sich nicht klarmachen, wieviel Geld sie für ihre Analyse und damit an mich bezahlt. »Immer wieder merke ich meinen Wunsch, mit einer Art Paste mein Leben so zu glätten, daß es keine Täler und keine Höhen gibt.«

Überall (sei es in der Volkshochschule, sei es im Kontakt mit ihren Bekannten) merkt sie, welche Stimmungen und Bedürfnisse sie hat, kann sie reflexiv analysieren und selbständig so weit bearbeiten, daß sie die Situation jedesmal entsprechend ihren Wünschen verändern kann.

27. Juni bis 7. Juli 1989 (418–419): Die Wohnung ist inzwischen innerlich und äußerlich bewohnt, und sie fühlt sich »zehn Grad über dem Erdboden« (sie schwebt und hat eine heißere Betriebstemperatur). Es geht ihr ausgezeichnet, ganz selten merkt sie eine aufziehende Wolke durch die weiter fortbestehenden Krankheiten in ihrer Umwelt.

Anhand eines Traumfragments und eines Konzertbesuches *läßt sich deuten, daß sie die Anwesenheit meiner Frau im Konzert weitgehend ausklammert, d.h., daß sie keine Rolle spielen darf.* Sie erlebt die Frauen ringsum (die Schwägerin, die Mitpatientinnen) nicht mehr so sehr als Konkurrentinnen, nimmt aber bedrückt wahr, daß sie doch nicht die einzige ist. »Ich habe mich mehrere Jahre hier als Ihre einzige und wichtigste Patientin erlebt, Sie waren umgekehrt für mich die wichtigste Person, und es war ein traumhafter Zustand.« Sie sah mich schon mit meiner Frau im Opernfoyer stehen: »Ich wollte weder Ihre Patientin noch eine frühere Kollegin sein.« Meine Frau entsprach nicht ganz ihren Vorstellungen: nicht so groß und nicht ganz so elegant gekleidet (sie hatte immer die Phantasie eines sehr teuren Modegeschäfts, in dem meine Frau einkaufen ginge). Erst jetzt wird damit im Rückblick noch einmal eine Zustandsverschlechterung im letzten Dezember deutlich und deutbar. *Sie merkten damals, daß zwischen Ihnen und dem Vater noch andere Frauen standen. Damals interpretierten Sie es als Verrat des Vaters und zogen sich bedrückt zurück. Heute können Sie zulassen, daß es andere Frauen gibt, mit denen Sie konkurrieren können, aber nicht konkurrieren müssen. Jetzt dürfen Sie sich meine Frau genauer ansehen. So wie Sie jetzt genauer hingucken dürfen, welche Frauen um den Vater herum sind: manche, die Sie kritisch ansehen, manche, die Sie ablehnen, und manche, die Ihnen gefallen dürfen.* In dieser Situation schlägt Frau Schweizer vor, die Analyse bis zum Ende des Sommers noch mit vier Stunden fortzusetzen und dann erst zu reduzieren (ein Geschenk für mich?).

11. bis 21. Juli 1989 (420–427): Bei einem gemeinsamen Abendessen mit einem befreundeten Ehepaar fühlt sie sich diesmal der Frau eindeutig überlegen. Traum: *Ich stehe vor einem Tribunal aus Frauen. Die Vorsitzende ist eine Frau und trägt ein Kleid, das einen schwarzen und einen gelben Ärmel hat. Ich werde zum Tod durch*

Erhängen verurteilt und finde es ganz selbstverständlich (ich spüre keinen Affekt dabei). Ich darf dann allein zur Richtstätte fahren und komme in eine verwinkelte Stadt mit verwinkelten Gassen. Mir begegnet der Henker, der mit seinem Auto nicht durch die Gassen fahren kann, und ich lade ihn ein, mit dem Auto mitzufahren, und zeige ihm den Weg bis zu meiner Richtstätte. Auf der Richtstätte habe ich plötzlich Angst, daß ich eine volle Blase habe und daß man, wenn man mich erhängt, sehen könnte, daß der Urin herauslaufen könnte. Ich suche noch vorher eine Toilette. Frau Schweizer fragt sich selbst, warum sie nach so langer Zeit wieder einen derartigen Traum träumt. Zu der Richterin fällt ihr eine Frau aus einer gestrigen Talk-Show ein, die sie teils bewunderte und teils ablehnte, weil sie einerseits ein Thema aufgreift und andererseits die Teilnehmer ins Messer laufen läßt. Sie fühlte sich eben doch einer bestimmten älteren Kollegin vorgeführt und dazu ebenso der Mutter. Sie selbst nähte sich nach dem Krieg ein schwarzes Kleid mit einem gelben Einsatz. Diese Datierung ermöglicht die Deutung: *Im Traum verurteilten Sie einen Teil von sich selbst wegen einer schlimmen Tat. Vermutlich haben Sie voll Zorn eine Frau umgebracht. Was Sie sich jetzt bewußt schon (s. Ihre Reaktionen gegenüber Ihrer älteren Kollegin in der vergangenen Woche) erlauben, läßt die Traumzensur noch nicht zu. Deswegen akzeptieren Sie so selbstverständlich Ihre Verurteilung und zeigen dem Henker noch den Weg. Wenn Sie Frauen gegenüber Haß empfinden, taucht wiederum die alte Frage auf, ob der Mann dann nicht doch auf der Seite der anderen Frau steht (wie der Vater) und mithilft, die Verurteilung zu vollziehen.* Traum und Deutung ermöglichen eine andere Sicht der Mutter (»Ich mußte mir diese Gedanken aufschreiben, um sie wirklich festhalten zu können«): Sie sei als Unterpfand für die Fortsetzung der Ehe von seiten der Mutter nicht willkommen gewesen; diese habe sie dazu noch als selbständig werdendes Kind als »böses Kind« abgelehnt und ihr jegliche Aggressivität ausgetrieben. Dazu paßt das Detail des Traumes, wo sie sich zunächst auf den Mann vertrauensvoll stützt, der sich dann als ihr Henker (= der sie weggebende Vater) erweist. Endlich versteht sie einen eigenen durchgehenden Wesenszug; edel sein heißt auf Distanz zu anderen zu gehen und Wut und Aggressivität zu unterdrücken. Ich erinnere sie an einen der ersten Träume, in dem sie ein Reiter (= Ritter) auf einem weißen

Pferd sein wollte, d.h. wie St. Georg gegen den bösen Drachen kämpfen. Der sich beherrschende Vater war immer ein unerreichbares Vorbild; noch auf dem Totenbett wollte er aufstehen und auf die Toilette gehen. Wiederum klärt sich ein Detail ihres Traumes: Sie war bei einer Tante mit vier Jahren im Bett, machte sich naß und wünschte sich nichts sehnlicher, als immer ihren Körper beherrschen zu können. *In die Hose machen heißt Anpinkeln! Sie sind viele Monate sofort immer nach der Analysenstunde auf die Toilette gegangen, offenbar um so mit Ihrer eigenen Wut fertig zu werden!* Erst allmählich kann sich Frau Schweizer die große Kränkung zugestehen, welche die Begegnung mit der Kollegin ihr noch einmal vermittelte, wie sie sich, lebenslang unterlegen, mit der Mutter und ihren Nachfolgerinnen auseinandersetzte und wie sie jetzt immer noch darunter leidet. Die einzige als Kind erinnerbare Wut war die in Form des Wolfes unter dem Bett der Tante wahrgenommene. Immer waren die wütenden und sie verfolgenden Frauen (s. der Traum mit dem Ungeheuer, das sie durch den Wald verfolgt) maßgeblich. *Schließlich läßt sich noch ein weiterer Aspekt deuten, nämlich daß sie in der Rolle der Richterin die Mutter für alles Böse und Schlimme endgültig bestrafen möchte.*

Wieder erlebte sie sich mit beiden Beinen auf der Erde stehend. Sie versteht jetzt besser ihre teilweise ablehnende Haltung einer Freundin gegenüber, die aus der Perspektive eines kleinen Mädchens sehr viele Anteile der Mutter verkörpert: Körpergröße und -fülle, Stimme, Verhalten etc. Sie läßt in Gedanken viele Frauen Revue passieren und bemerkt viele kritische Aspekte. Noch einmal wird ein weiterer Anteil des Vaters ansprechbar, nämlich der Vater als »Erfüllungsgehilfe der Mutter«.

24. Juli bis 5. August 1989 (428–434): Bei einem Besuch von mehreren früheren Freundinnen in einer kirchlichen Einrichtung erlebte sie diesmal keine Konkurrenzsituation, sondern nahm die Kontakte und die kirchliche Atmosphäre mit deutlicher Distanzierung wahr und genoß die Reise. Traum: *Ich bin in einem großen weißen Burgraum, mit niedrigen, breiten Fensterbrüstungen; nebenan arbeiten jede für sich meine Freundinnen. Die eine beschäftigt sich mit Gartenarbeit, und die andere stickt. In meinem Raum sind viele intensive gelbe Farben, es ist ruhig und still.* Jede der Frauen muß und darf für sich sein, dann läßt sich aber auch eine heimatliche, aus der Kindheit stammende Atmosphäre im Hause der Großeltern genießen. Viele Erinnerungen an das, was Heimat verkörpert, werden in den nächsten Stunden noch einmal mit einer gewissen Traurigkeit nacherlebt. Sie versteht, daß das Haus aus ihren ersten Träumen in der Analyse zwar aktuell mein Haus sein sollte, aber in Wirklichkeit das Haus des Großvaters ihrer Kindheit war. »Diese maximal anderhalb Jahre dort, das war meine Kindheit.« In der Analyse herrscht jetzt eine Atmosphäre von Stille, ruhigem Treibenlassen und zunehmender Traurigkeit über das, was vorbei ist.

8. bis 15. August 1989 (435–442): Am Wochenende zahlreiche Kontakte mit Frauen, die wie ein »bunter Blumenstrauß« erlebt wurden, wobei keine Konkurrenzgefühle mehr bestanden. Nach der letzten Stunde schaute sie sich ein Foto aus dem letzten Lebensjahr der Mutter an, welches 30 Jahre lang neben ihrem Schreibtisch hing. Erstmals erlebte sie in dem Bild der Mutter Härte und Macht. Weiter beschäftigt sie die Frage, warum sie in den Träumen die Todesstrafe erhält oder warum sie Krebs haben soll. Waren ihre Mordgelüste gegenüber der Mutter so intensiv, daß sie so bestraft werden muß? In einem weiteren Traum *bezieht sie mit ihrer zwölf Jahre älteren verstorbenen Freundin einen Schlafsaal einer Universität.* Ihre Erinnerungen verdeutlichen jetzt, daß sie sowohl mit 18 als auch mit 40, wie wohl auch jetzt immer wieder hoffte, mit einer älteren, warmherzigen Frau das Leben noch einmal beginnen zu können, um mütterlich behütet zu starten. In diesen Wünschen ist gleichzeitig der massive Vorwurf an die Mutter enthalten, daß sie all dies nicht leistete. *Mit Ihren Einfällen und mit der Beurteilung in den letzten Wochen haben Sie in Wirklichkeit längst Ihre Mutter zu einer Nicht-Mutter gemacht: Sie ist danach eine unbrauchbare, unfähige, unqualifizierte und unselbständige Frau, die kein Vorbild sein kann, weder für eine junge Frau noch für eine Ehefrau, noch für eine Mutter. Schlimmer kann man seine Mutter in Wirklichkeit nicht beseitigen.* Frau Schweizer ist jetzt erneut bewußt geworden, daß die Mutter verhinderte, daß sie je eine Ehe führen konnte.

22. August bis 1. September 1989 (443–450): Zur Zeit erlebt sie die Analyse zäh und schwierig, eher intellektualisierend: »Ich trage wie ein Kamel in der Wüste Wasser, aber ich habe keinen Anteil; lieber würde ich auf dem Balkon unter meinen Blumen sitzen.« Erst allmählich wird ihr im Verlauf mehrerer Stunden bewußter, daß sie mit mir hadert, weil sie »sehr viel (zu viel) für mich tut und arbeitet« *(und bezahlt).* In einer Phantasie befindet sie sich auf einer großen ansteigenden, asphaltierten Straße, die irgendwo hoch in den Bergen verschwindet und deren Ziel nicht absehbar ist. Wir schieben einen Handwagen, aber sie habe dabei den größeren Anteil. Sie möchte dann den Handwagen umdrehen, sich reinsetzen und zu Tal fahren. Unten liegen eine blühende Wiese und ein Bach; sie möchte sich ins Gras legen und träumen (wobei sie mich offenbar oben auf der Straße stehenläßt). Ihre Erinnerungen führen wiederum zu dem Vater, der sie nicht auf die Schulter nimmt, sondern sie mit falschen Vorspiegelungen müde bis nach Hause lockt. *Es geht offenbar um ein nicht eingelöstes Versprechen des Vaters, den Sie sich noch immer als Verbündeten im Hintergrund wünschen. Was hätte wohl der Mord an der Mutter für die Beziehung zum Vater bedeutet?* Nach langem Schweigen stellt Frau Schweizer seufzend fest: »Ich wäre dann der Liebling des Vaters gewesen und immer an seiner Seite: Er hätte mich aber lebenslang dafür verurteilt, und mein gut ausgeprägtes schlechtes Gewissen hätte nicht zugelassen, es zu nutzen.«

Ich spüre in der Beziehung eine Veränderung. Frau Schweizer möchte nicht mehr so viel für mich tun, sondern möchte von mir frei sein. Könnte es sein, daß sie sich lebenslang auf ein angenommenes, unausgesprochenes Versprechen des Vaters gestützt hat, daß es eines Tages (unter Umständen nach dem Tod der Mutter oder noch sehr viel später in diesem Leben oder sogar im nächsten Leben) eine intensive, liebevolle, sie beglückende und verwöhnende Beziehung von seiten des Vaters zu ihr geben könnte (im Sinne einer Belohnung für alle Mühe, die sie zunächst in den Vater, dann in die weiteren Männer und jetzt in mich investiert hat)? Ist dieses das in den Wolken versteckte Ziel am Ende der Straße, das sie jetzt nicht mehr ansteuern muß? Voraussetzung für den eigenen Weg wäre dann, darüber voll Zorn noch einmal zu trauern, sich in Trauer von mir zu lösen und mich auf dem Berg stehen zu lassen.

Als ich diese Überlegungen in die nächste Stunde einbringe, wird Frau Schweizer nach langem Schweigen bewußt, daß der Vater aufgrund seiner religiösen Ideale diesen Wunsch nie hätte einlösen können. Er liebte, als seinen Nachfolger, ihren älteren Bruder; er gab sich auf und starb, als dieser nach dem Krieg nicht zurückkehrte. »Nach der Verbannung zum Großvater hatte ich bei dem Vater keine Chance mehr.« Als sie merkt, daß sie jetzt allein entscheiden kann, ob sie den Berg im Leiterwagen herunterfahren will (allein oder mit mir), fühlt sie sich deutlich befreit. In ihren Einfällen zu weiteren Träumen findet sie jetzt andere Wege zu Männern; sie findet einen anderen Weg (als der Vater) und verhält sich auch zum Bruder anders. Sie braucht die Männer nicht mehr. Sie weiß aber noch nicht, ob die Männer ihr wirklich ihre aktiven männlichen Anteile als Teil ihrer Persönlichkeit zugestehen. Ihr Vater hätte in der Phantasie mit dem Leiterwagen noch einen anderen Weg gewußt: er hätte sich umgedreht und wäre allein weiter in die Wolken und damit in den Himmel, seine Pflicht tuend, marschiert.

Nach einem vergnügten Wochenende sah sie mich (mit meiner Frau und unserem Sohn) auf dem Friedrichsplatz in Kassel von ferne (im Kino zusammen mit ihrer Freundin hatte sie mich offenbar nicht wahrgenommen oder wahrnehmen dürfen). Danach weinte sie voll tiefer Traurigkeit noch einmal darüber, daß sie nicht vor 40 Jahren bereits eine Psychoanalyse gemacht habe. *Sie waren traurig, daß Sie sich bei mir nicht einhaken konnten, um damit zur Familie dazuzugehören.* In der Familie gab es keine Gemeinsamkeit, also auch für sie keine Identität und kein Vorbild, wie man Frau und Mutter sein konnte. Immer in ihrem Leben habe sie parallel, aber getrennt von ihrer Umwelt etwas begonnen, so in der Schule, so beim BDM, so bei ihrer Ausbildung als Sekretärin. Lediglich bei dem Hamburger Arzt bestand die Phantasie, gemeinsam die Praxis zu führen. Dann berichtet sie, daß sie im vorigen Jahr bei einer Wanderung in der Nähe meines Hauses vorbeigekommen sei, es sich weder näher angucken noch es in der Stunde sich hatte einfallen lassen dürfen. »Wie bei einem verehrten Lehrer, wo man vor dem Fenster steht und ihn anhimmelt.«

Voll anhaltender Traurigkeit erlebt sie ihren Zustand wie »einen stillen, treibenden Fluß mit Blättern, der tief ist und bei dem man noch nicht weiß, wo es hingeht«. Dazu fällt ihr eine weitere Parallele anhand eines abgedruckten Gedichtes ein: Ein erblindeter Jude spricht von seinem Gang über eine zwischen Drahtseilen hin- und herschwankenden Brücke. Hinter ihm der immer größer werdende

Schatten, aber er ist doch gestützt auf eine noch nicht eindeutige Sicherheit. Sie weiß jetzt um diese Sicherheit und kann zuwarten.

In der nächsten Stunde hält dieser Zustand an, aber die Traurigkeit ist geschwunden. Traum: *Ich gehe durch eine hell erleuchtete Stadt mit vielen Menschen, schlendere herum, es ist eine ruhige, freundliche Atmosphäre im Süden.* Nach der gestrigen Stunde mit einer Rose in der Hand durch die Stadt gebummelt, sich wohl gefühlt, aber niemanden angesprochen. *Nach Ihrer verschwundenen Traurigkeit genießen Sie die losen Kontakte und fühlen sich unter den Menschen trotzdem wohl.* Es ist eine stille, ruhige Stunde, in der Frau Schweizer versucht, ihren sehr tiefgehenden Bedürfnissen nachzuspüren. »Ich weiß nicht, ob ich jetzt 40 oder 70 Jahre alt bin; bin ich ganz ruhig und abgeklärt, dann wäre ich wohl 70 oder 100; wenn ich 40 wäre, wäre ich noch intensiv neugierig.«

5. bis 15. September 1989 (451–458): Trotz einer massiven Durchfallerkrankung (wohl nicht psychosomatisch, da zwei Freundinnen auch daran leiden) kommt sie geschwächt zur Stunde. Sie kann jetzt besser (im Gegensatz zu vor zehn Jahren, als sie in keiner Weise daran dachte) Hilfe annehmen und sich adäquat von ihren Freundinnen und vom Arzt versorgen lassen. Traum: *Ich sitze in einem blauen Audi 100 und fahre selbständig und schnell gen Osten. In einem Hotel soll ich das Zimmer elf bekommen. Ein süffisant lächelnder, hochnäsiger Ober schaut mich an; ich finde meinen Schlüssel nicht. Schließlich zeigt mir der Ober in einem Schuhputzraum, daß man durch Zurückschieben der Schlüsselnummern den Schlüssel finden kann. Am nächsten Tag frage ich, ob ich in dem Innenhof des Hotels meinen Wagen neben einigen Nobelkarossen abstellen kann. Schließlich sitze ich mit diesem süffisant lächelnden Ober in einem Überlandbus und fahre weiter. Dann verhandele ich mit zwei Männern und weise sie darauf hin, daß ich bereits vor zehn Jahren einmal eine Verhandlung wegen der Sozialarbeit führte und zitiere: »Männer sind zu groß für die Sozialarbeit.«* Aufgrund ihrer eindeutig auf mich abzielenden Einfälle Deutung: *Falls Sie selbständig und flott mit dem eigenen großen Auto (vor-)fahren und noch wagen, Ihren Wagen parallel zu den anderen (auch meinem Volvo) abzustellen, dann wissen Sie noch nicht, ob ich Ihre Selbständigkeit akzeptiere oder ob ich Ihnen süffisant lächelnd durch die Schlüssel-*

suche beweise, daß Sie immer noch nicht den Schlüssel zu allen unbewußten Prozessen finden können. Ihr fallen sofort viele Erinnerungen an die Brüder ein, die ihr ständig ihre Kleinheit und Nichtigkeit bewiesen hätten. Sie fahre aber mit dem Mann im Traum gleichberechtigt weiter, lasse ihn dann zurück und weise die Männer darauf hin, daß die Sozialarbeit seit 50 Jahren ihre Domäne sei, nicht die der Männer. (Auch nicht meine, trotz meiner Professur im Fachbereich Sozialwesen.) Vor 50 Jahren war Kriegszeit, und sie hatte damals die Phantasie, allein als Fremdsprachenkorrespondentin im Ausland zu leben.

Unter dem Einfluß der jetzt bevorstehenden Pause signalisiert Frau Schweizer mir immer wieder, daß ich in Ruhe wegfahren kann, da sie auch in Ruhe wegfährt. Die »Wiese« bekommt allmählich die Bedeutung der Möglichkeit, sich zurückzuziehen, sich treiben zu lassen. Allmählich wird klar, daß darin eine gewisse Übereinstimmung mit der Mutter besteht. Diese konnte sich (früher abgewertet als Faulheit und Unfähigkeit) auch treiben lassen, so beim Einkaufen, beim Erzählen, beim Lesen, beim Ins-Kino-Gehen und Sich-verwöhnen-Lassen, »eine völlig neue Sicht, die zu nie gestellten Fragen führt«. Die Beziehungen zu ihren Bekannten und Freundinnen sind im Augenblick eng. Gleichzeitig bemerkt sie immer wieder ihr Bemühen, von der Wiese aufzustehen und aktiv zu sein (ihre lebenslange Strategie, derartige Wünsche abzuwehren).

Frau Schweizer: **Bericht über diesen Behandlungsabschnitt im Rückblick**

In den Osterferien mache ich eine Reise nach Zypern, wo es mir sehr gutgeht. Dann kommt die vor zwei Jahren so sehr gefürchtete Kündigung meiner Wohnung, und bei der Suche nach einer neuen treten alte Sehnsüchte wieder hervor: Waldnähe, Garten, Blumen sollten da sein. Der Analytiker fragt, ob das vielleicht eine Fortsetzung des kindlichen Wohlfühlens bei den Großeltern sein könnte, und mir fällt ein: Wiedergutmachung. Danach kann ich mich für eine im Zentrum der Stadt liegenden Wohnung, die in Schnitt und Ausstattung angenehm ist, entscheiden, aber am nächsten Morgen überfällt mich, als ich aus dem Hause komme, die Angst: Da singen doch gar keine Vögel. Ich sage dem Analytiker, die Ketten, die mich an das Vergangene banden, seien gelöst, aber es gibt doch noch Nachwirkungen. Er sagt, mit einmal Bewußtwerden sei es noch nicht gelöst.

28.4.: Die Aufarbeitung der alten Gefühle zieht sich durch die nächsten Wochen, und neue Gefühle tauchen auf. Sie sind noch sehr ungewohnt, ich sage, es sei, als gehe ich auf Glatteis, alles ist neu, zugleich spannend wie befremdlich, ich kann meine Beine noch nicht richtig setzen. Ich habe die Erwartung von etwas Neuem, aber keine Ahnung, was das sei.

Aber: Alte Mechanismen, mit denen ich seit langem Menschen auf Distanz hielt, springen auch jetzt noch an, selbst dort, wo ich gerne Kontakt haben möchte. Das wird mir im Darüber-Sprechen klar, ohne Gewähr, daß ich mir dessen in Zukunft immer vor dem Einschnappen dieses Mechanismus bewußt werde.

Im Juni 1989 erfolgt der Umzug in die neue Wohnung, in der ich mich sofort – und heute immer noch – wohl fühle.

Nun, da ich zehn Minuten vom Zentrum der Stadt entfernt wohne, macht es mir Spaß, durch die Stadt zu bummeln. Dann sehe ich in den Schaufenstern manches, was mich lockt. Aber während ich in der Depression nie Geld ausgegeben und es aufs Sparbuch gebracht habe und davon ja nun seit einem Jahr die Analyse bezahle, habe ich jetzt nichts übrig. Das ist für mich ein Anlaß, den Analytiker zu fragen, wie er darüber denke, meine Stunden auf zwei pro Woche zu reduzieren. Er läßt sich berichten, wie ich zu diesem Gedanken kam: Es ist eine Geldfrage, genau besehen bekommt er 50 bis 60% meiner Rente. Wir zählen noch einige andere Punkte dazu. Ich sage, daß ich es manchmal schöner finde, nicht zu reflektieren, einfach so zu leben; das wäre zwar oberflächlich und ist natürlich schlecht. Er sagt, das seien immer noch die elterlich-christlichen Normen. Ich sage, daß ich wohl weiß, daß ich noch nicht allein die weiterhin offenen Probleme lösen könne. Und wir haben einen Punkt, mein Altsein, das wir noch kaum bearbeitet haben, aber gerade dazu habe ich zur Zeit keine Lust, weil ich das Lebensgefühl einer 18jährigen habe, fröhliches Drauflosleben. Und da sei manchmal das fehlende Geld lästig. Ich hätte diese Frage nach einer eventuellen Reduzierung an den Fachmann gestellt, der meine Befindlichkeit vielleicht etwas anders sieht als ich. Er sagt, er glaube durchaus, daß es mir gutgeht. Wir müßten diese Frage heute nicht entscheiden. Darüber bin ich heilfroh. Am Ende dieser Woche komme ich für mich zu der Entscheidung, es doch bei der jetzigen Lösung zu lassen, weil ich es mir wohl gehen lassen möchte.

11.7.: Ich habe geträumt (s. S. 205 f.). Der Analytiker erinnert an andere Träume, in denen ich sterben sollte. Aber in diesem Traum träume ich ja selbst mein Urteil, also verurteilt etwas in mir mich. Und ich kann immer noch nur Trauer über nicht Gelebtes empfinden, aber keine Wut, höre aber aus den Äußerungen des Analytikers heraus, daß das dazugehöre. Er sagt: Es ist ein Kapitalverbrechen, ganz tief verpackt.

Auf dem Heimweg fiel mir ein: Wenn mich Frauen verurteilen, vielleicht habe ich doch Wut und Empörung gegen meine Mutter gefühlt, als ich noch sehr klein war, und sie »räumte mich aus dem Wege«. Das sitzt so tief, daß es sich erst jetzt, wo es mir gutgeht, im Traum zeigen kann, aber immer noch ohne ein Gefühl von Schrekken, und ich habe es dem Analytiker fast lachend erzählt. Er sagt, ich hätte jetzt den Mut, etwas zu denken, das schwer sei. Ich habe dann weiter gedacht, daß mein »Edel«-Sein gegen die mit dem Tod bedrohte Wut steht. Ich sage, ich hätte den Anspruch gehabt, Herr über meinen Körper und über meine Gefühle zu sein. Der Analytiker sagt, es gebe nicht den Ausdruck: Frau über meine Gefühle, das sei etwas Männliches. Ja, sage ich, das Vorbild vom Vater, und ich berichte von seinem Krankenlager. Er hat mit seinem Stellvertreter und der Gemeindeschwester am letzten Tag seines Lebens alle Akten der Gemeinschaft aufgearbeitet: ein Energiebündel. Und während ich das berichte, fühle ich den Stolz darauf, daß mein Vater so war und ich ihm ähnlich. Er sagt, das sei deutlich zu hören gewesen. Ich sage, ich fände das jetzt ja gar nicht mehr gut, aber man könne sich doch nicht ganz umkrempeln, wohl etwas lockern; ja, das glaubt er.

13.7.: Der Traum vom Tribunal kommt immer wieder mit neuen Facetten ins Gespräch: Wofür wurde ich verurteilt? Was war im Traum vorher? Vielleicht ein Aufstand gegen Frauen? Ich erschrecke wieder darüber, daß ich das Todesurteil ohne Erschrecken und Furcht und Widerstand hingenommen habe. Der Analytiker sagt, die Richterin und der Henker arbeiten zusammen: Die Mutter urteilt, mich aus dem Wege zu räumen, der Vater bringt mich zu den Großeltern. Aber ihn habe ich danach unter seinem Schreibtisch gesucht. Der Analytiker sagt, vielleicht verurteile auch ich mich. Empörung, Wut, Haß dürfen nicht sein, sind mit dem Tod bedroht. Ich schweige, es entsteht eine Pause, und ich fühle einen starken Schmerz, so etwas wie: Wie können die nur! Ich bin nach dieser Stunde so angestrengt, daß ich die leichte Steigung auf dem Heimweg nur mit Mühe schaffe.

26.7.: Eine Bekannte, die nach schwerer Krankheit jetzt versucht, sich wieder im Leben zurechtzufinden, sagte in einem Gespräch, daß sie eine Heimat suche. Das war mir nicht einfühlbar. Ich berichte dem Analytiker davon. Ich sage, Heimat sei für mich nicht das Land der Kindheit. Mir fällt ein Gedicht ein: »Eine Heimat hat der Mensch, doch er ist nicht drin geboren«, und ein Wort von Bloch, Heimat sei, worin noch keiner war. Der Analytiker weist darauf hin, daß mir solche Dinge einfallen, während die meisten Dichter als Heimat bezeichnen, wo sie ihre Kindheit verbrachten. Ich frage, ob es denn so sei, daß ich wieder, wie immer, denke: Das, was ich mir wünsche, gibt es nicht, also hilf dir selber. Der Analytiker gibt mir meine Frage zurück: Ob es so geblieben sei? Nein, Heimat ist ja weitgehend etwas Selbstgeschaffenes, aber nicht ohne Menschen. Mit Landschaft, Musik und Gedichten. Der Analytiker sagt, um Heimat zu suchen, müßte ich meine Wünsche und Sehnsüchte kennen. Es tut mir weh, und ich bin traurig. Am nächsten Tag berichte ich dem Analytiker von der Trauer, die seit gestern in mir ist, daß ich keine Heimat habe. Wir sprechen wieder darüber, daß das Haus bei den Großeltern mir zur Heimat geworden ist. Wahrscheinlich durch den Großvater, auch wenn ich keine Erinnerung an Zärtlichkeit von ihm habe. Ich habe überhaupt keine solche Erinnerung, wahrscheinlich ist all das, weil unerreichbar, getilgt. Der Analytiker sagt wenig, läßt mich die Trauer aushalten. Ich stehe zwei Minuten »zu früh« von selbst auf, er sagt nichts dazu.

28.7.: Am nächsten Tag sage ich ihm, mein zu frühes Weggehen hieß nicht, daß ich es nicht mehr aushalten konnte, sondern ich fand es einfach »rund«. Der Analytiker hatte es so verstanden, daß ich, wie von jeher, solchen Kummer mit mir allein ausmachen wollte, weil ich nicht glauben könne, daß ihn jemand mit mir teilt. Ich widerspreche: Daß er schweigend dabei saß, war Voraussetzung dafür, daß ich es überhaupt ertrug. Der Analytiker denkt, daß für mich Heimat von Männern bestimmt ist. Ich sage, ja. Aber meiner Mutter gegenüber fühle ich doch Mitleid, daß sie dieses Leben führen mußte. Der Analytiker sagt, wir näherten uns der Frage, wieweit Heimat bei Frauen für mich möglich wäre, und ich empfände Mitleid. Ich sage: meine alte Art, mir etwas vom Leib zu halten.

3.8.: Ich habe geträumt: Studenten wollen ein utopisches Projekt, und ich muß dabei mitmachen, der Analytiker ist als Berater zugeordnet. Das entlastet mich, aber er sagt, er wolle in seinen eigentlichen Beruf zurück und dazu brauche er ein Praktikum in der Verschickung von Kleinstkindern. Bei der Besprechung fragt er nach dem Begriff Utopie, ich sage, wir haben eine gemeinsame Utopie: meine Analyse; da es mir vorkommt, als höre er das nicht so gern, sage ich schnell, daß für mich Utopie nicht eine Illusion ist, sondern etwas zwar schwer zu Erreichendes, aber wert, darauf zuzugehen. Der Analytiker sagt, in meinem Traum müsse er lernen, wie man mit Kleinstkindern umgehen kann. Das gelte meinem Vater: Kleine Kinder schickt man nicht weg. Und der Analytiker arbeitet heraus, daß dieser Traum sagen könnte: Wenn mein Vater das noch lernte, wäre alles in Ordnung. Ich sage: Traum als Abwehr. Er sagt, wir sind von der Frage der Frauen wieder zu den Männern zurückgekommen, dann muß ich mich dem Traumgericht nicht stellen. Wir sprechen über die Unruhe, die wieder in mir ist. Nach einer Zeit, in der es mir sehr gutging, tut sich wieder Schwieriges auf, und ich hatte gedacht, es würde leichter. Der Analytiker sagt: Je tiefer man kommt, um so schwerer wird es. Ich denke, diese Unruhe sei in mir, seitdem ich erkannte, daß ich keine Heimat habe. Der Analytiker meint, seit dem Traum vom Todesurteil. Ich gehe um mein Problem mit Frauen herum. Ich sage, es wäre mir immer noch sehr schwer zu akzeptieren, daß mich meine Mutter »aus dem Wege geräumt« hat. Warum hat sie gerade mich abgelehnt? Der Analytiker denkt, daß ich mich wohl schon als sehr Kleines zum Vater, von Mutter weg, gewendet habe, so daß diese zu Recht empfand, ich sei ein unmögliches Kind. Daß ich selbst dazu beigetragen habe, »aus dem Weg geräumt« zu werden, scheint mir besser erträglich als ein Faktum, das unerklärbar bleibt. Ich frage: »Aber Sie sind sicher, daß ich es akzeptieren muß?« Er sagt: »Sonst müßten Sie mit dem Todesurteil leben.«

8.8.: Ausgelöst durch einen Traum von meiner verstorbenen Freundin, sprechen wir über sie und ihre Mutter, die fürsorglich und anteilnehmend waren, wie es zu Hause nie war. Der Analytiker sagt, es sei ja ein heftiger Vorwurf gegen meine Mutter darin: Andere geben mir, was du nicht tatest. Er bringt eine Fülle von Argumenten, daß ich voller Zorn auf sie gewesen sein muß, sie gehaßt habe. Er verweist auf den Traum vom Tribunal, Beleg dafür, daß in mir etwas in Bewegung ist.

In dieser Zeit fällt mir die Analyse sehr schwer. Es geht mir ein Vers aus einem Frühlingsgedicht von Rilke durch den Kopf: »Streng war ihr Lehrer.« Eines Abends denke ich, da gehe ich morgen nicht hin. Natürlich bin ich am nächsten Morgen hingegangen, aber ich habe dem Analytiker gesagt, ich hätte keine Lust gehabt. Er fragt, was ich denn statt dessen lieber getan hätte. Ich sage, in die Stadt bummeln gehen. Er findet es gut, daß ein solcher Impuls kommt: nicht arbeiten, nicht mühsam Leistung erbringen. Mir gefällt nicht, daß er es – therapeutisch – gut findet. Ich hätte es lieber, daß es ihn kränkt, wenn ich nicht komme, wobei ich natürlich genau weiß, daß es den Analytiker nicht kränkt.

16.8.: Mir scheint, ich habe einen schwierigen Stand in meiner Analyse erreicht. Auf dem Heimweg fühle ich Ärger darüber, daß ich so leben muß, wie ich lebe. Es stört mich, daß ich nicht Herr im eigenen Hause bin, daß ich nach etwas Tiefvergrabenem bohren soll, das sich doch gar nicht rührt. Ich empfinde die Analyse zur Zeit wie eine Wüstenwanderung, allerdings mit einem Kamel neben mir, das Wasser und Brot dabei hat. Immer noch auf der Suche, warum meine Mutter mich hat »wegräumen« lassen, denke ich, vielleicht hätte ich als kleines Kind meiner Mutter mit der Faust gedroht; ich war ja lebhaft, so wie mein Vater lebhaft war. Vielleicht erinnerte ich meine Mutter zu sehr an meinen Vater? Ich sage, eigentlich hätte ich selbst das Todesurteil ausgesprochen. Der Analytiker sagt: ein

Teil von Ihnen, Ihr Gewissen. Ich sage, eigentlich hätte doch mein Vater mit bei dem Tribunal sein müssen. Der Analytiker sagt, er genüge doch als Henker. Wir schweigen viel, und es strengt mich sehr an. Mir kommt das Bild: Ich schiebe einen schweren Wagen einen Berg hinauf, und ich weiß nicht, was nach dem Berg kommt, er ist im Nebel verhüllt. Der Analytiker fragt, was er dabei tue: Er schiebt schon mal mit. Was ich tun möchte, fragt er. Da kommt mir ganz plötzlich: den Wagen herumdrehen, ihn hinunterlaufen lassen, mich draufsetzen. Unten ist ein Wiesental mit einem Bach, ich lege mich in die Wiese. Der Analytiker fragt, was mir dann für Gedanken kämen? Ich seufze. Ich würde den Wagen wieder den Berg hinaufschieben.

24.8.: Ich bin am nächsten Tag noch sehr angestrengt von gestern: Ich bin es selbst, die mich verurteilt, weil ich Zorn auf meine Mutter hatte. »Nur« mein eigenes Gewissen. Der Analytiker denkt, daß das mühselige Den-Wagen-den-Berg-Hinaufschieben doch nach dem Vorbild des Vaters, in seinem Namen, um ihm zu gefallen, geschieht. Aber gestern sei ich den Berg hinuntergefahren und hätte mich unten in die Wiese gelegt. Mir ist, als hätte sich mir ein Blick in ein weites Land aufgetan. Und ich sage seufzend, ich hätte vor 40 Jahren eine Analyse machen sollen. Schweigen. Nach einigen Minuten kann ich nicht mehr still liegen, ich sehe auf die Uhr, die Zeit ist fast um, und stehe auf.

25.8.: Erst zu Hause ging mir auf, daß ich eine große Befreiung erlebt hatte: daß es nicht die Analyse ist, die mich den Berg hinauftreibt, sondern die Werte meines Vaters. Ich denke nicht, daß das nun für immer ohne Schwierigkeiten wäre. Der Analytiker sagt: Es ist ein Schritt. Er fragt, was mein Vater getan hätte, wenn ich den Wagen den Berg hätte hinunterrollen lassen? Ich sage ganz schnell, er hätte ihn nicht mehr aufhalten können. Und er selbst wäre wohl weitergegangen. Er wußte ja, was ihn auf dem Berg erwartet. Das Tal, in das ich hineinrolle, ist meine Landschaft: eine Wiese neben einem Bach, ein Weg, dessen weiterer Verlauf durch eine Kurve nicht ganz zu erkennen ist, der aber verlockt.

In den Tagen danach spürte ich ganz stark Trauer darüber, daß vieles in meinem Leben nicht vorkam und auch nicht nachholbar ist.

Aber diese Traurigkeit war nicht bedrückend und lähmend, und ich habe sie auch nicht mit dem langjährig erprobten Leistung-Erbringen zugedeckt. Mir erschien dieses Traurigsein als »wichtig«. Ich habe keine Vorstellung, wie es weitergeht, auch nicht in meinen Stunden beim Analytiker. Es ist wie ein langsam fließendes Gewässer, auf dem Blätter treiben. Der Analytiker sagt zum Schluß: sehen, wohin die Blätter treiben.

31.8.: In den folgenden Wochen fühle ich mich gleichzeitig, als wäre ich 40 Jahre: aktiv, was ein Traum vom lebhaft bewegten Fluß anzeigt, und realerweise 70, gelassen, nein, das ist mir noch zu weit weg, aber doch abwartend, zwar neugierig, aber nicht gespannt. Ich denke manchmal, aufzustehen von der Wiese neben dem Bach, vorzugehen, sehen, was hinter der Kurve ist. Ich frage: Wenn ich von der Wiese aufstehe und weggehe, wohin auch immer, gehe ich allein? Der Analytiker sagt, ja. Zu Hause denke ich, daß jetzt noch Abschiedsschmerz über die Neugier auf das Neue überwiegt.

Elfter und letzter Behandlungsabschnitt, Oktober 1989 bis März 1990 (47 Behandlungsstunden): *Mein Weg führt mich jetzt durch das Tal zu mir noch unbekannten Zielen.*

24. bis 27. Oktober 1989 (459–462): Frau Schweizer erscheint vergnügt in einem neuen weiß-grün karierten Kleid und berichtet, daß sie gerade vom Sekt beschwingt vom einem 75. Geburtstag kommt. *Mir war bei der Durchsicht meiner Kontoauszüge aufgefallen, daß sie erstmals eine Rechnung (vom September) nicht bezahlt hatte.* Es folgt ein ausführlicher, lebhafter und sehr farbiger Bericht über ihre Reise nach Süditalien, mit zahlreichen und vielen Kontakten in ihrer Reisegruppe. »Ich gehörte selbstverständlich und geschätzt dazu und führte auch viele ernsthafte Gespräche.«

Unter Hinweis auf die unbezahlte Rechnung merkt sie, wie weitgehend sie sich jetzt einschränken muß, und möchte auch von daher ihre Analyse allmählich begrenzen und dann beenden. Sie fühle sich seit langem sehr wohl, sei frei von Ängsten und Einschränkungen, könne ihren Neigungen und Interessen nachgehen. Nach gründlicher Abklärung aller Aspekte verabreden wir, bis Ende November weiter vier Stunden pro Woche Analyse zu machen, dann im Dezember noch je drei und bis Ende März noch je zwei Stunden. »Ich möchte jetzt von der Wiese aufstehen, meinen Weg alleine weitergehen, wobei ich noch nicht weiß, welchen Menschen ich begegne.« Traumrest (von vielen intensiv geträumten, aber wenig behaltenen Träumen): *Ich bin Mitglied einer Selbsterfahrungsgruppe, fühle mich dort wohl und nehme aktiv teil. Der Therapeut ist ein Mann mit lockigem schwarzen Haar und dicker Hornbrille, etwa um 45. Er leitet an diesem Wochenende die Gruppe anregend. Am Montag kommt er völlig verändert zurück, nämlich als eine Frau mit blonden Haaren. Auf allgemeines Erstaunen hin bemerkte er, daß er sich jetzt sehr wohl fühle, die Verwandlung sei ein Erfolg der Therapie.* Sie deutet sich den Traum so, daß eine Verwandlung von männlichen zu weiblichen Zügen erfolgen kann und wohl auch bei ihr erfolgte; dazu fühle sie sich unverändert in Gruppen wohl (die sie an meiner Stelle leitet!)

Nach der gemeinsamen Verabredung über die zu beendende Analyse fühlt sich Frau Schweizer weiterhin wohl. Traum: *Ich bin in einem großen Raum, und dort liegen lauter kranke Ältere (d.h. in meinem jetzigen Alter). Eine junge Therapeutin kommt herein und sagt zu mir, ich könne jetzt als geheilt gehen. Ich stehe auf und lasse die kranken Älteren in diesem Raum zurück.* Warum trifft eine junge Therapeutin diese Aussage? Vermeidet sie die Wunscherfüllung durch mich oder kann ihr eigener jugendlicher, weiblicher Anteil festlegen, daß sie geheilt ist. Erst jetzt hat sie das Ausmaß ihres damaligen Rückzuges begriffen: aus allen Beziehungen, aus der Landschaft, von den Blumen, Farben, Musik, von ihrem Auto etc. Die Beziehungen zu vielen Bekannten und Freundinnen überlebten nur, weil diese sich um sie kümmerten. Gleichzeitig sind alle früheren Einschränkungen ihres Lebens, die sie immer wieder ihrem Prozeß des Älterwerdens anlastete, völlig geschwunden. Ebenso verschwanden »viele zwanghafte Züge«, z. B. das sofortige Abwaschen nach dem Essen, ihr Ordnen von Briefen und Dokumenten, die ständigen Pflichterfüllungen etc.

Auf der Reise beobachtete sie noch einmal, wie einige ältere Frauen auf einer Wallfahrt verzückt mit einem jungen Priester sprachen. »Es grauste mir« vor der Macht, welche die Kirche – verkörpert durch den Vater – ausübte. »Es tröstet mich jetzt, daß es ein

Zufall ist, der mich entstehen ließ, und ein nicht mehr funktionierender Regelkreis, der mich sterben läßt.« Sie erinnert sich noch, wie sie beim Austritt aus der Kirche vor 16 Jahren zitterte, als sie die Unterschrift unter das Formular setzte. Die alte Hierarchie: Vater = lieber Gott, ist geschwunden.

1. bis 10. November 1989 (463–468): Sie fühlt sich unverändert wohl, aber ist doch beunruhigt durch ihre überall sichtbar werdenden Veränderungen. So lernte sie erstmals nicht für ihren Französischkurs, sondern hörte Musik. *Sie möchten unverändert alles in der Hand behalten und Sie sind erschrocken festzustellen, daß Sie etwas sich Vorgenommenes gar nicht machen wollen.* »Ich stehe auf zwei unterschiedlich schnellfahrenden Rolltreppen: Die langsame ist die frühere, und die schnelle ist die heutige, aber ich kann noch nicht sicher wechseln.« Traum: *Ich gehe über Baustellen und rutschige Lehmwege zu einem Haus (mittelgroß und gelb, wie die Schlösser früher). Einige Jungs im Alter von etwa zehn, elf Jahren helfen mir dabei. Als ich in dem Haus bin, gucken plötzlich Leute rein, und mir wird bewußt, daß ich völlig nackt bin. Ich versuche mich einzuriegeln und die Leute, die das Haus besichtigen wollen, wegzuschicken. Auf dem Tisch liegt ein kleines Bündel, das ich anfange auszuwickeln. Das Bündel ist mit einer Nadel zugesteckt, und ich steche mich beim Auspacken. Beim Auswickeln kommt ein äußerst lebendig wirkender Dackel heraus. Ich kann ihn nur so weit auspacken, daß drei von vier Beinen und der Kopf zu sehen ist, das andere ist noch in einer Folie eingeschweißt (Dackel = Wesen auf dem Stein). Dann bin ich auf dem Marktplatz, in Gegenwart meiner früheren, aber noch sehr viel jünger aussehenden Freundin. Der Hund läuft hinter mir her, bellt, versucht zu beißen. Der Hund zwickt mich auch einmal in die Hand, als ich ihn streicheln will.* Frau Schweizer liebt Dackel heiß und innig. Der Stich in den Finger erinnert sie an Dornröschen. Sie diskutiert mit Männern unverändert scharf, aber nicht mehr »tödlich«. *Zusammenfassende Deutung: Das Haus verkörpert ihre Situation und ihren Körper: eine angemessene Villa in angenehmen, befriedigenden Farben, ohne Schloßcharakter. Noch immer schämt sie sich gewisser Anteile, die andere Menschen nicht sehen dürfen, z. B. Wünsche, sich anzuschmiegen und geborgen zu sein. Der Weg zu diesem Haus war lang, aber die*

Jungs (ihre jungenhaften Anteile und der Analytiker) halfen. Ebenso verkörpere der Dackel sie selbst. Er habe sich mit ihrer Hilfe befreit, zeige liebevolle, aber auch beißende Seiten, d.h., sie könne sich zu ihrem Zorn stellen. Dornröschen ist nicht mehr durch die mächtigen Mütter verzaubert und hundert Jahre erstarrt, sondern lebendig. Haus, Dackel und Frauen aller Altersstufen verkörpern ihre verschiedenen Anteile. Über die Deutung dieses, ihr zunächst unverständlichen Traumes sehr erfreut, ohne es mir direkt zeigen zu können. Die vielen, im Traum abgebildeten Anteile von ihr mit allen sich darin widerspiegelnden Veränderungen irritieren sie immer noch. Sie erinnert sich noch einmal an meinen »Spiegel-Beitrag« über eingeschränkte Veränderungsmöglichkeiten Älterer. Einerseits wollte sie ein völlig anderer Mensch durch die Analyse werden, und andererseits hat sie Angst: »Alles splittert auseinander, und von mir bleibt nichts Stabiles mehr übrig, wenn sich meine Fesseln lösen.« Die nächsten Stunden werden dann durch die Öffnung der Mauer und den Umbruch in der DDR bestimmt. Viele weitere Kindheitserinnerungen sind plötzlich parat. Sie definiert sich erstmals auf der Couch als überzeugte Sächsin und Dresdnerin. Diesmal wird Dresden wirklich »viel schöner als Florenz« zur Heimat; zwar bot das Elternhaus keine brauchbare Heimat, aber die Welt darum einen gewissen Ausgleich.

14. bis 30. November 1989 (469–478): In einem Traum weiß sie nicht, was sie in eine Reisetasche einpacken soll. Die Einfälle führen noch einmal in ihre Kindheit, Reise zu den Großeltern, Schule, Krankenhaus, eindeutig Aufbruchssituationen. Als sie mich am Freitag im Konzert sah, war sie zunächst erschrocken, weil es so überraschend kam. *Das Ende der Analyse bedeutet einen Aufbruch, aber wohin? Frühere Aufbrüche waren offenbar mit Schrecken verbunden. Jetzt wissen Sie nicht, was und wieviel Sie auf die Reise mitnehmen dürfen und wohl wollen. Wird die Reise wohl spätere Begegnungen mit mir ermöglichen?* Frau Schweizer wird zunehmend bewußter, daß sie sich neben ihrem außerordentlichen Wohlfühlen auch traurig über das bevorstehende Ende der Analyse fühlt.

In dem Traum mit dem gelben Haus und dem Dackel war ein Detail unklar geblieben: warum einer der kleinen Jungs, nämlich ein kleiner, blonder Junge, zu der Mutter ihrer Freundin gehörte? Jetzt fiel ihr sich überstürzend und befreiend folgendes ein: Während ihres Landjahraufenthaltes lernte sie ein Mädchen kennen, mit dem sie sich sehr befreundete. Die Mutter einer anderen Freundin war mit diesem Mädchen intensiv und offenbar auch intim befreundet. Sie wurde dann von dieser Mutter als Nachfolgerin ausgewählt, d.h., diese Mutter schrieb ihr; schenkte ihr Gedichte; drückte sie an sich und streichelte sie als 16jährige; es kam schließlich zu einer intensiven, auch körperlichen Beziehung. Auf der einen Seite sehnte sie sich nach Nähe und erlebte es als unvorstellbar, und auf der anderen Seite fühlte sie sich völlig überrollt und auch immer wieder mißbraucht – ein ständiger Prozeß des Angezogen- und Weggestoßenseins. Die Beziehung dauerte über das Kriegsende an, und schließlich sei sie (wie ihr eben erst bewußt wird) vor dieser Frau nach Westdeutschland geflüchtet. *Diese endlich zugelassene Erinnerung erklärt, warum Frau Schweizer einerseits immer wieder intensive (wenn auch nicht körperliche) Beziehungen zu älteren Frauen suchte, sich dann aber andererseits wieder erschrocken zurückzog. Im Rückblick gab es in der Analyse (in Phantasien und Träumen) immer wieder Hinweise auf diese Frau, ohne daß ihre Bedeutung für mich verstehbar war. Damit hatte Frau Schweizer vier Mütter: die eigene mächtige, sie ablehnende und später als unbrauchbar und schwach eingestufte leibliche Mutter; die »eingetrocknete« Großmutter; die böse, sie hart strafende ledige Tante und schließlich die sich ihr um den Preis der sexuellen Verführung zärtlich nähernde Mutter der Freundin: in sich alle unbrauchbar, gefährlich, beunruhigend, verführerisch und sie teilweise mißbrauchend, d.h. auch die Grenzen der Nähe zerstörend.*

Nachdem diese Aspekte noch einmal zusammenfassend ein Stück geklärt und gedeutet werden können, klingt die Stunde ruhig und entspannt aus.

Traum nach dem Wochenende: *Ich bin in einem großen Kirchenraum. In der Mitte sitzen der Pfarrer und seine Sekretärin (eine eher bigotte Frau, eine typische »Kanzel-Schwalbe«). Ich sitze in einem Armsünderstühlchen an der Seite. Selbst 60jährig, mache ich den Vorschlag, daß als Nachfolgerin eine Sozialarbeiterin eingestellt wird. Da kommt eine von mir sehr geschätzte Frau herein und setzt sich zu mir an den Tisch. An alle werden jetzt frische Walnüsse verteilt. Ich bekomme auch welche, bringe aber dann dieser Kollegin auch welche.* Die Einfälle führen zu den Walnüssen der Kindheit. Sie selbst nahm immer welche mit; verschenkte sie an Mädchen, mit denen sie sich anfreunden wollte, und aß sie am liebsten noch ganz weiß. Dieser Traum wird als Fortsetzung der letzten Stunde verstehbar und deutbar: *Ihre Eltern haben unter dem Deckmantel der Kirche nichts miteinander zu tun, aber auch nicht mit ihren Kindern. Statt dessen gehen Sie selbst auf eine andere Frau zu, schenken ihr die Nüsse Ihrer Kindheit, d.h. Gaben und Gefühle. Damit wiederholen Sie im Traum eine jetzt endlich geklärte Kindheitssituation.* Diese Erinnerung an die sie mißbrauchende und verführende Mutter ihrer Freundin tauchte in den letzten Monaten mehrfach auf, aber noch nie in der Analyse (sie hat es auch noch nie irgendeinem Menschen erzählt). Immer fühlte sie in dieser Beziehung, daß sie lediglich als Stellvertreter des anderen Mädchens geliebt würde. Sie ist sich bis heute nicht sicher, ob es auch um einen eigenen liebenswerten Anteil von ihr ging. Sie suchte sich später immer nur solche älteren Frauen aus (die sie an Kindes Stelle annahmen), bei denen die Beziehungen sicher und damit geklärt waren. Als sie sich nach dem 40. Lebensjahr noch einmal intensiv in ihre damalige Freundin verliebte, zog sich diese zurück; seitdem versteckte sie selbst ihre Gefühle hinter einer Steinmauer.

Die nächsten Stunden sind der Nacharbeit dieses wichtigen Teils ihrer Biographie gewidmet. Sie möchte eine Art Absolution von mir haben und damit eine Bestätigung, daß es nicht so schlimm war. Dazu versteht sie allmählich besser, welche Wünsche noch an die Beziehungen zu Frauen bestehen. Gleichzeitig ärgert sie sich ein Stück über mich, daß ich zu sehr die Beziehung zu der Kollegin (der sie Nüsse schenkt) analysiere, anstatt auch noch einmal auf die so bigotten Eltern einzugehen, die ihr einerseits den Zugang zu Wärme und damit Sexualität versperrten und sie damit in die Arme dieser Frau zwangen. Schließlich merkt sie, daß ich als Mann doch nicht zu genau um ihre Gefühle gegenüber Frauen wissen dürfe (in Parallele zu dem Vater früher).

6. bis 15. Dezember 1989 (479–482): Sie beschäftigt sich intensiv mit der Frage, warum jetzt fast »dammbruchartig« noch einmal die Frage ihrer sexuellen Beziehungen und Bedürfnisse aktuell wurde. Bei der Oper »Figaros Hochzeit« am letzten Wochenende verstand sie zum erstenmal, daß die vielen Gesänge und Lieder dieser Oper nicht von »ätherischer Liebe« handelten, sondern ganz eindeutig von handfester Sexualität (küssen, umarmen, anschmusen, anhimmeln bis – fast – zusammen ins Bett gehen). Sie fragt sich irritiert, was sie so lange verdrängen mußte. Schließlich erinnert sie sich noch an zwei Traumreste: *In dem einen lag sie nackt im Bett in den Armen von jemand anders (Mann oder Frau?), und in dem zweiten lief sie ungeniert nackt durch ihre Wohnung.* In ihren Einfällen tastet sie vorsichtig ab, inwieweit sie in ihrer Kindheit im Schlafzimmer der Eltern (in dem sie bis zum 9. Lebensjahr mit allen Geschwistern schlief) entsprechende sexuelle Akte der Eltern wahrnahm. Lediglich der eine Bruder konnte, durch ein Stück Übernahme männlicher Identität vom Vater, eine brauchbare Ehe führen. Möglicherweise war sie auch über die Eltern enttäuscht, daß ihr diese nie ein Stück gegenseitige Zuneigung, Verliebtheit etc. zeigten. Auch in der Beziehung mit dem Arzt spielten mehr die Wünsche nach Partnerschaft, Kindern eine Rolle als die reine Sexualität. *Darf es neben dem Gefühl der Geborgenheit in der Analyse, das sie »bis zum Ende auskosten will«, noch weitere intensive geben? Mir fällt (zur Warnung?) noch einmal ihre Einnerung ein, in der sie als 18jähriges Mädchen von einem Mann bedrängt wurde und mit Panik reagierte.*

9. bis 26. Januar 1990 (483 bis 488): Sie ist befriedigt von der Reise aus Marokko zurückgekehrt. Erst auf der Reise konnten sie und ihre mitfahrende Freundin die verschiedenen Motive und gegenseitigen Erwartungen befriedigend klären und auch ihren unterschiedlichen Interessen nachgehen. Noch einmal wird ihr an der Freundin klar, wie eine äußerlich schwache und kranke Frau (in Parallele zur Mutter) die Umwelt beherrscht und sich als sehr mächtig erweist. Infolge konnte sie sich auch endlich ihre massive Wut über die nicht auf sie Rücksicht nehmenden »Scheiß-Weiber« zugestehen. »Solche Wut habe ich noch nie in meinem Leben gespürt.«

Im Januar geht die Klärung der Beziehung zu den verschiedenen Frauen, vor allem zu ihrer neuen Freundin, weiter. Sie kann mit ihr über Bedürfnisse und Schwächen reden und auch Hilfe annehmen. Ihr ist bewußt, als sie an einem akuten Schulter-Arm-Syndrom erkrankt, daß sie damit sich Zuneigung und Geborgenheit von außerhalb holen, sich mir noch einmal als Patientin präsentieren (sich noch einmal meine mütterliche Fürsorge zum Schluß holen?) und mir gleichzeitig verdeutlichen will, daß sie allein gut zurechtkommt. Obwohl es der ganzen Umwelt im Augenblick sehr schlechtgeht, geht es ihr inzwischen wieder relativ gut. Sie erlebt sich noch nicht als »lebenssatt«, sondern hat Lebenshunger und möchte noch vieles wahrnehmen und genießen. Schließlich bemerkt sie auch irritierende Gefühle, z. B. Neid auf mein »dickes, großes, stabiles Auto«. *Dürfen Sie in die Analyse auch andere Gefühle einbringen, die z. B. mich betreffen: Neid auf meine Lebenssituation, Neid auf mein Einkommen und mein Auto, Neid auf meine universitäre Stellung und Neid auf mich, als Mann. Dürfen Sie gleichzeitig sehen, daß Sie andere Wege gehen möchten – selbst wenn einige nicht mehr möglich sind.*

Die zwiespältigen Gefühle in der Analyse bleiben in den nächsten Wochen bewußt: Einerseits möchte sie mir vermitteln, daß sie selbst ihre Analyse fortsetzen kann und mich nicht mehr braucht, und andererseits möchte sie sich noch lange mit Hilfe der Analyse verwöhnen und spürt schließlich auch eine gewisse Angst vor dem zukünftigen Alleinsein. *Frau Schweizer führt ihre Analyse weitgehend selbständig; ich höre zu, kommentiere und gebe selten Hinweise. Ganz eindeutig trennen sich unsere Wege, und ich erlebe (um mich auch trennen zu können?) erstmals eine gewisse Müdigkeit bis hin zur leichten Langeweile.*

30. Januar bis 2. März 1990 (489–498): Sie löst sich eindeutig weiter von mir ab. Traum: *Ich befinde mich in einem komfortablen Bus, etwa in der 8. Reihe in der Mitte und fühle mich sehr wohl und habe viel Platz um mich herum. Vor mir und hinter mir sitzen andere, mir von früheren Reisen bekannte Menschen.* Sie hat sich in ihrer jetzigen Lebenssituation komfortabel eingerichtet, hat viel Platz für ihre Interessen und Besonderheiten, genießt die Kontakte zu Menschen und muß nicht mehr vorn neben dem Fahrer sitzen. Sie ist neugierig auf das unbekannte Reiseziel.

In der Zeitung liest sie eine Notiz über ein Forschungsprojekt einer universitären Arbeitsgruppe, in dem Erfahrungen älterer Frauen über die Kriegs- und Nachkriegsgeschichte gesucht werden. Sie hat dabei völlig überlesen, daß es sich um ein Forschungsprojekt meiner Arbeitsgruppe handelt. Dann versteht sie, daß sie einen anderen, also professionellen Zugang zu mir sucht und sich selbst in anderer Form einbringen möchte.

In einem weiteren Traum *bezieht sie eine Wohnung in Dresden, in einem schön gelegenen kleinen Park, in einem großen, modernen Haus mit großen Glasveranden (ein Haus von heute, und sie ist in ihrem heutigen Alter). Dabei begegnet sie zwei Frauen, mit denen sie früher etwas zu tun hatte.* Sie will jetzt bewußt in der Stadt leben und bewußt nicht mehr in einem alten und verfallenen Haus (also mit Erinnerungen und Gespenstern), sondern die Neuzeit genießen: »Ich bin so alt, wie ich jetzt wirklich bin, aber die Vergangenheit in Dresden gehört jetzt auch zu mir.«

6. bis 16. März 1990 (499–502): Frau Schweizer hörte sich zwei Vorträge von mir in der Volkshochschule an und nimmt mich noch einmal anders wahr: nicht hinter ihr sitzend, nicht über ihr sitzend, sondern als Zuhörerin von Angesicht zu Angesicht. Allmählich kann sie sich besser vorstellen, mir auch später außerhalb ihrer Analyse zu begegnen. *Ich weise bei dieser Gelegenheit darauf hin, daß ich mich freuen würde, nach einem halben Jahr etwas von ihr und ihrem Zustand zu hören.* Sie benutzt mich als Sachverständigen und gleichberechtigten Partner bei sie betreffenden Fragen, so fragt sie mich z. B. nach Details über die Krankheit einer Besucherin aus Dresden. Sie wünscht sich Männer, die sie jetzt zunehmend sympathischer finden kann. Vor einigen Tagen sah sie in einem Lokal einen Mann, der mir so ähnlich war, wie sie sich meinen älteren Bruder vorstellt. Sie erinnert sich an ihren Traum aus der Anfangszeit der Analyse, wo sie meinem hilfsbereiten, jüngeren Bruder begegnete. So differenziert sie am Ende der Analyse noch einmal ihre Wünsche, welche Männer sie mag und welche eben nicht. Dabei merkt sie ein vorsichtiges, aber zunehmendes Interesse an Männern rings um sie her.

19. bis 23. März 1990 (503–505): In der letzten Woche ihrer Analyse der letzte Traum: *Ich gehe einen Bergabhang entlang, und unten im Tal läuft eine Bahnlinie. Ich gehe den Weg entlang, rutsche aber ab. Meine jetzige Freundin ist bei mir, gibt mir die Hand und stützt mich.* Frau Schweizer versteht diesen Traum als Hinweis an mich, daß sie sich doch lieber auf die Frauen als auf Männer stützen möchte. *Wahrscheinlich geht es um eine tiefsitzende Angst, vielleicht doch abzustürzen, wenn die Männer fehlen. Dann ist es gut, daß eine Frau da ist.* Allmählich kann sie auch mehr Trauer über das Ende ihrer Psychoanalyse zulassen. Es ist eine eindeutige Abschieds-, aber auch Aufbruchssituation: »Um mich herum sind keine Mauern mehr, ich kann Sie auf Ihrem Weg am Berg weitergehen lassen. Mein Weg führt jetzt im Tal entlang, aber ich weiß noch nicht, wo er hinführen wird. Was jenseits der Berge liegt, weiß ich noch nicht.«

Am Anfang der letzten Stunde schenkt mir Frau Schweizer einen kostbaren Bildband über die Wüste (sie wußte längst um meine Leidenschaft für die Wüste) und berichtet, daß sie am Morgen nach dem Aufwachen zunächst intensive Symptome bekam (frühes Aufwachen, Magenschmerzen, auf die Toilette gehen, was sie immer verspürte, wenn sie sich auf eine neue Reise begab). Damit ist das Ende eben nicht nur eine Abschiedssituation, sondern gleichzeitig auch eine Aufbruchssituation: Äußerlich und innerlich befindet sie sich auf einem neuen Weg.

Frau Schweizer: **Bericht über diesen Behandlungsabschnitt im Rückblick**

Es folgt die fünfwöchige Herbstpause, in der ich eine schöne Reise durch Apulien mache. Nach der Rückkehr bitte ich in der ersten Stunde den Analytiker, mit mir zu überlegen, wie wir die Beendigung der Analyse angehen wollen. Es ist nicht nur eine Finanzfrage. Es ist so, daß ein Teil von mir gern noch »auf der Wiese« = Couch bliebe, ein anderer Teil aber findet, ich könne nun allein gehen. Ich bin mir klar darüber, daß ich in der Zeit meines Mich-mit-mir-selbst-Beschäftigens in der schützenden Gegenwart des Analystikers ein sehr intensives Gefühl des Lebens gehabt habe, wie ich mir auch weiter wünsche. Ich habe ja so viel nachzuholen. Muß ich zugleich akzeptieren, daß es so intensiv vielleicht nicht weitergehen wird? Die hierin verborgene Frage nach weiteren Veränderungsmöglichkeiten gibt mir der Analytiker zurück: Ich suchte ihn dazu zu verführen, meine Theorie über Festgelegtsein zu bestätigen.

Wir wüßten doch gar nicht, was noch kommen könne, und er fragt, was ich mit der Vorstellung, es gehe nichts mehr, wegschließe. Die letzten Wochen der Analyse sind ein Durchdenken des gemeinsam Erarbeiteten und ein Ausblick, welche Möglichkeiten des Lebens sich mir auftun. Ganz aufregend für mich war, als mir durch einen Traum (s. S. 226) aufging, daß ich nicht vorn sein muß, daß ich mich in der 6. oder 8. Reihe wohl fühle. Das war wirklich etwas völlig Neues, weil ich ja den größten Teil meines Lebens damit bestritten habe, daß ich »vorn« sein »mußte«. Und es war mir sehr wichtig, daß ich selbst herausgefunden hatte, was dieser Traum mir sagte: Es sitzt sich in der Mitte sehr angenehm mit viel weniger Anspannung und ohne Verantwortung. Und wir besprechen immer wieder einmal, daß mein Wohlbefinden nach der Trennung vom Analytiker unterschiedlich sein, es auf und ab gehen wird.

Dies ist die erste Trennung in meinem Leben, die vorbereitet wird und die ich als einen wichtigen und notwendigen Schritt bejahe. Der Prozeß, den ich durchlaufen habe, stellt sich mir dar als Bild von einem Gebirgsweg, den ich im Nebel gegangen bin. Jetzt lichtet sich der Nebel, und ich sehe zurück, daß ich wirklich einen schmalen Pfad gegangen bin, den ich bestimmt nie betreten hätte, wenn nicht der Nebel die Gefährlichkeit verhüllt hätte. Nun am Ende dieses Weges breiten sich Wiesen, die geliebten, aus. Ich weiß noch nicht, wohin es gehen wird, aber ich bin zuversichtlich und neugierig auf andere Erlebensmöglichkeiten.

VI. Ergebnisse

1. Aus der Sicht des Psychoanalytikers

Die Psychoanalyse ermöglichte die Rekonstruktion einer längst »vergessenen«, d.h. mehrfach umgeschriebenen und verdrängten psychosexuellen und psychosozialen Entwicklung in Kindheit und Jugendzeit, aber auch noch im jüngeren und mittleren Erwachsenenalter. Gleichzeitig gelang es, die in entscheidenden Aspekten unbewußt gewordenen Beziehungen zu den wichtigen Personen der Kindheit und Jugendzeit (Mutter, Schwestern und Großmutter sowie Vater, Großvater und Brüder einschließlich weiterer Verwandter, Lehrer u.a.m.) »erinnerbar«, d.h. bewußt zu machen und Frau Schweizer zu helfen, ihre mit diesen wichtigen Beziehungspersonen erlebten innerpsychischen sowie intra- und intergenerativen Konflikte nachzuerleben, zu bearbeiten und einer befriedigenden Klärung zuzuführen. Damit wurde es ihr weiterhin möglich, ihre Wiederholungen während der weiteren Erwachsenenzeit kennenzulernen. Außerdem wurden auch die Traumatisierungen in Kindheit und Jugendzeit in Ausmaß und Auswirkungen zugänglich, die jetzt in der Alternssituation teilweise reaktiviert wurden.

Die vielfältige Symptomatik ist praktisch völlig geschwunden. Dazu zählt zunächst die zur Behandlung führende ausgeprägte depressive Symptomatik (ausgeprägte depressive Stimmungslage mit zunehmendem Desinteresse und geschwundener Aktivität bei deutlicher Suizidalität). In diesem Zusammenhang bildeten sich auch die zunächst als Parkinsonsyndrom verkannte Einengung der Motorik und die als hirnorganischer Abbau angesehenen Denk- und Erinnerungsstörungen völlig zurück.

Ebenso verschwanden die über 15jährigen Durchschlafstörungen und die ebenso lange anhaltenden Halswirbelsäulenbeschwerden wie die seit Kindheit bestehende Höhenphobie. Die langjährig bestehenden und als ich-synton erlebten zwanghaften Verhaltensweisen (z.B. bei der Haushaltsführung) sind weit zurückgetreten.

Frau Schweizer erlebt sich jetzt als Frau mit »wirklich guter«, »heiterer« und insgesamt »vergnügter« Stimmung, als Frau, die deutlich stärker ihre vielfältigen Gefühle wahrnehmen kann. Ihre »scharfe« Aggressivität (im Sinne einer Vorwärtsverteidigung) ist weitgehend geschwunden, wobei sie sich deutlich Wut- und Konkurrenzgefühlen gegenüber ihrer Umwelt, vor allem aber auch gegenüber Frauen stellen kann. Auch kann sie schneller und bereiter auf Menschen zugehen, Kontakte anknüpfen, aber auch angebotene Kontakte wahrnehmen und fühlt sich jetzt selbstverständlich zu den verschiedenen Gruppe von Menschen in ihrer Umgebung zugehörig. Sie benötigt keine Distanz mehr und muß weder auf die Menschen herabsehen, noch sich ihnen unterwerfen. Frühere noch bestehende Beziehungen wurden teils geklärt, teils abgeschlossen, teils verändert; dazu beginnt sie, neue aufzunehmen.

Diese stärkere Wahrnehmung der eigenen Gefühle geht einher mit einer intensiveren und besseren Wahrnehmung ihrer Umwelt (Gerüche, Farben, Blumen, Musik etc). Ebenso kann sie sich stärker ihren Bedürfnissen (z. B. nach Verwöhnung und Versorgung) stellen, sie auch entsprechend einfordern und realisieren; dabei empfindet sie sich als deutlich genußfähiger.

Der in der Psychoanalyse erworbene Zugang zum Unbewußten (über Träume, Phantasien, Einfälle und Wahrnehmung von Fehlleistungen) hält jetzt auch vier Jahre nach Beendigung der Psychoanalyse an. Unverändert stimmen Selbst- und Fremdbild weitgehend überein. Nach einem langem trauernden Abschied von wichtigen Anteilen ihrer bisherigen Entwicklung hat Frau Schweizer eine neue innerlich akzeptierte Identität als über 70jährige Frau gewonnen, wobei sie wichtige frühere Anteile von Kindheit bis mittlerem Erwachsenenalter integrieren konnte, ebenso wie ihre vielfältigen Erinnerungen an ihre wichtigsten Beziehungspersonen.

2. Aus der Sicht von Frau Schweizer

Und heute, im Herbst 1994, vier Jahre nach Beendigung meiner Analyse: Auf dem »Wiesenweg«, den ich anfangs »zehn Zentimeter über dem Boden« ging, gab es natürlich später auch mal Steine, aber ich konnte nun abschätzen, wie ich am besten darüber – oder auch darum herum – weiterkam; es ging ohne Stürze und blaue Flecken ab. Ich hatte Lust auf Neues und gab dem nach, anfangs noch tastend, noch ungewohnt, aber mehr und mehr wurde es das Meine, Selbstverständliche. Ich hatte in einem langen und manchmal schmerzhaften Prozeß mich kennengelernt, wie ich wirklich bin, muß nicht mehr nach den falschen Zielen jagen und nicht mehr unbedingt die Erste sein. Ich weiß besser, was ich wirklich selbst will, was zu mir gehört und mich bereichert.

Ich komme mir mit den Werkzeugen, die ich in der Analyse kennengelernt habe, selbst auf die Schliche, wenn ich unklare Stimmungen empfinde, nicht verstehe, wenn sich plötzlich etwas in meiner Gefühlslage, scheinbar unbegründet, verändert.

Das Wichtigste: Ich kann so gut mit mir allein leben und finde doch – oder wohl mehr deshalb – in Gruppen Zugang zu und Zuwendung von anderen Menschen. Ohne davon abhängig zu sein.

Das eigentlich Heilende war nicht zu beschreiben: Es ist im Fühlen, nichts Intellektuelles. Im Schutz des Analytikers habe ich alte, wirre, schwierige, schmerzliche, gefährliche Gefühle noch einmal – wissentlich – erlebt und habe sie damit aus mir »herausgeblutet«.

Ich muß meinen Eltern nicht mehr gram sein, bin mit dem Gewesenen versöhnt und damit freier für einen anderen Blick ins Leben. Und darf meinem Bedürfnis nach Harmonie leben, ohne mich selbst bloßer Verdrängung zu bezichtigen.

Körperlich bin ich so gesund, wie man es in meinem Alter nur sein kann (und gesünder als vor 30 Jahren!); keine Symptome, keine Ausfälle. Das genieße ich tief und bewußt – in meiner Umgebung bin ich die einzige, die nichts zu klagen hat.

Kurzum: Es geht mir gut.

3. Psychodiagnostische Verlaufsbeschreibung mit dem Gießen-Test

von Christa Brähler

Der Gießen-Test ist ein psychoanalytisch-orientierter Test für Individual- und Gruppendiagnostik. In der hier verwendeten Selbstbildform wird nach Selbsteinschätzungen eines Probanden und seinen Beziehungen zur Umwelt gefragt. Mit der Bearbeitung des Fragebogens entwirft der Proband anhand von 40 Items ein Selbstbild von sich *[vgl. Beckmann, Brähler & Richter 1991]*.

Der Gießen-Test ist ein geeignetes Instrument zur Therapiekontrolle, denn er wurde speziell zu dem Zweck entwickelt, neben relativ konstanten Persönlichkeitszügen auch zeitvariable Merkmale zu erfassen *[s. Beckmann, Brähler & Richter 1991, S. 87f.]*.

Zur psychodiagnostischen Untersuchung des Behandlungsverlaufs wurde der Gießen-Test zu fünf Zeitpunkten eingesetzt: zu Beginn der Behandlung 1985, 1987, 1989 und am Ende der Behandlung 1990; 1993 wurde eine katamnestische Befragung durchgeführt.

Ergebnisse:

Zu Beginn der Behandlung erlebte sich die Patientin negativ sozial-resonant (Skala 1) und zwanghaft (Skala 3). Extreme Ausprägungen beschrieb sie in ihrem Dominanzverhalten (Skala 2), in der Grundstimmung (Skala 4) und bezüglich kommunikativer Durchlässigkeit (Skala 5). Die Mittelwerte der Patientin zeigten auf den Skalen 2, 4 und 5 hochsignifikante Abweichungen von den Standardmittelwerten, aber auch von den Skalenmittelwerten der Geschlechts- und Altersgruppe, nämlich einer Stichprobe von Frauen im Alter von 60 bis 90 Jahren *[s. Beckmann, Brähler & Richter 1991]*.

Auch in der negativen Bewertung ihrer sozialen Resonanz auf Skala 1 zeigte sich eine tendenzielle Abweichung von den Vergleichsgruppen. Lediglich der Skalenmittelwert der Skala 6, in dem die Einschätzung der sozialen Potenz der Patientin zum Ausdruck kommt, lag im Normbereich.

Die Testergebnisse zu Beginn der Behandlung charakterisieren eine Frau, die sich für unattraktiv und wenig anerkannt hält (Skala 1), die eigensinnig (Skala 2) und kontrolliert (Skala 3) versucht, sich zu behaupten. Ihre bedrückte und selbstkritische Grundstimmung (Skala 4), aber auch ihre mißtrauische Verschlossenheit (Skala 5) zeigen – zusammen mit Skala 1 –, daß ihr der Kampf um Anerkennung nicht gelingt. Die Struktur des Selbstbildes ist geprägt durch ein großes aggressives Potential, das sich sowohl nach außen (im Dominanzverhalten) als auch nach innen (Depressivität) wendet. Alle Kräfte scheinen mobilisiert und in Abwehrbereitschaft; Wünsche nach Liebe und Vertrautheit bleiben verborgen oder erscheinen unerfüllbar (Skala 5).

Trotz dieser verzweifelten Abwehrhaltung verfügte die Patientin über eine innere Sicherheit bezüglich ihrer sozialen Potenz (Skala 6). Demnach hielt sie sich für liebes- und beziehungsfähig und in der Lage, eine dauerhafte Bindung gestalten zu können. Diese Grundüberzeugung läßt sich auch als wertvoller Ausgangspunkt für ein tragfähiges therapeutisches Arbeitsbündnis verstehen.

Im Laufe der Behandlung kam es zu deutlichen Veränderungen im Selbstbild der Patientin. Nach den ersten beiden Behandlungsjahren hielt sich die Patientin für noch viel unattraktiver und unbeliebter als zu Beginn (Skala 1), sie schien allen Eigensinn aufgegeben zu haben (Skala 2), erlebte ihre Kontrolliertheit und Verschlossenheit deutlicher (Skalen 3 und 5) und schien ihre Selbstsicherheit bezüglich ihrer sozialen Potenz und Beziehungsfähigkeit verloren zu haben (Skala 6). Hier fanden die Irritationen und Verunsicherungen zu Beginn einer Analyse ihren deutlichen Niederschlag. Eine bewährte Abwehrstruktur dominanter Kampfbereitschaft war aufgebrochen, die Patientin wirkte unsicher und voller Selbstzweifel.

In den folgenden Jahren zeichnete sich im Selbsterleben der Patientin eine Stabilisierung und hoffnungsvolle Entwicklung ab, die sich bis zum Ende der Analyse fortsetzte.

Bei Behandlungsende beschrieb sich die Patientin sozial anerkannt (Skala 1) und etwas weniger dominant und zwanghaft (Skalen 2 und 3) als zu Beginn der Behandlung. Die bedeutsamsten Veränderungen fanden sich auf den Skalen 4 und 5, welche die Grundstimmung und die Kommunikationsbereitschaft darstellen: die Depressivität und Ängstlichkeit der Patientin war verschwunden, und sie war sehr viel weniger verschlossen und mißtrauisch als zu Analysebeginn.

Die Testergebnisse der Nachbefragung, drei Jahre nach Behandlungsende, zeigen, daß die Veränderungen stabil geblieben sind und sich zum Teil noch deutlicher ausgeprägt haben.

VII. Psychoanalytische Behandlung Älterer – besondere Aspekte?

Alter und Zeitperspektive

Für die Durchführung einer psychoanalytischen Psychotherapie und jetzt auch einer Psychoanalyse erscheint das chronologische Alter relativ unwichtig. Ich habe jetzt keine Schwierigkeiten mehr mir vorzustellen, eine 70- oder 75- oder sogar 80jährige in Psychoanalyse zu nehmen, um das zeitlose Unbewußte, unverändert bestehen Gebliebene oder spezifische Konflikte und die besonderen Entwicklungsaspekte dieser Lebensabschnitte kennenzulernen. Obwohl die Krankenkassen bisher keine Altersgrenze für (psychotherapeutische bzw. psychoanalytische) Behandlungen eingeführt haben, gehen einige für die Krankenkassen tätige Gutachter von einer Altersgrenze aus, die sie – zumindest für lange und hochfrequente Behandlungen – relativ niedrig ansetzen. Ich selbst habe (möglicherweise geschützt durch meinen Status als Hochschullehrer und Lehranalytiker) nur wenige kritische Hinweise erhalten, weiß aber um solche gegenüber anderen Kollegen. Heute dürfte die Grenze für eine hochfrequente (d.h. dreistündige) psychoanalytische Psychotherapie von seiten der Gutachter eher bei 60 bis 65 als 65 bis 70 Jahren liegen. Mehrfach wurde ich auf Verfahren, auf eine Behandlung mit Psychopharmaka allein oder auf die Kombination von Psychotherapie und Psychopharmaka verwiesen. In einem Fall führte erst der Hinweis auf eine erfolglose Psychopharmakotherapie einer 67jährigen Patientin zum gutachterlichen Einverständnis für eine Kostenübernahme.

Immer wieder wird die Frage gestellt: »Lohnt sich denn eine derartige Behandlung noch in diesem (hohen) Alter?« Unausgesprochen oder ausgesprochen wird dabei mit der »noch« verbleibenden Restlebenszeit argumentiert. Zur Zeit beträgt in der Bundesrepublik die Lebenserwartung für 60jährige Frauen etwa 22 Jahre und für

60jährige Männer 18; für 70jährige Frauen 14, für 70jährige Männer zwölf; für 80jährige Frauen acht und für 80jährige Männer sechs. Aus dieser Perspektive haben noch 60jährige über ein Drittel ihrer Erwachsenenzeit vor sich und über 70jährige immerhin noch ein Fünftel. Ein weiteres Stück Leben mit einigen – möglicherweise sogar vielen – weiteren Jahren mit einer anderen Lebensqualität, ohne schwerwiegende, bedrückende und quälende psychische Symptomatik (d.h. ohne ausgeprägte langfristige psychische Krankheit) dürfte ohne Frage ein anzustrebendes Ziel darstellen. Interessanterweise wird diese Frage fast nie bei schweren körperlichen Erkrankungen (z.B. viele Formen von Krebserkrankungen oder nach einem Schlaganfallsyndrom) gestellt. Hier wird in der Regel erwartet, daß »doch noch alles Menschenmögliche getan wird«. Überwiegen die Kosten einer Psychotherapie wirklich die Kosten einer langfristigen operativen und/oder medikamentösen Behandlung und/oder eine Strahlentherapie einer (teilweise wenig aufhaltbaren) Krebserkrankung? Bekannt ist, daß psychische Erkrankung ein Risikofaktor für vorzeitige Mortalität darstellt *[Häfner 1989]*.

Neben ihrem realen chronologischen Alter verfügen Alternde – wie auch Kinder, Jugendliche und Erwachsene aller anderen Lebensabschnitte – über ein »heimliches« Alter *[Berezin 1982]*, d.h. das Alter, in dem sie bewußt bis unbewußt leben möchten oder sich gefühlsmäßig im Augenblick befinden. Wie bekannt, möchten Kinder, Jugendliche und jüngere Erwachsene viel lieber »älter« (jedoch nicht »alt«!), Alternde jedoch viel lieber (zumindestens in wichtigen Teilbereichen) »jünger« sein. Diese Frage nach diesem heimlichen Alter in den Phantasien, den Tagträumen und in den nächtlichen Träumen hilft mir oft, eine Begebenheit sicher im Kontext der biographischen Entwicklung einzuordnen, und erweist sich als unverzichtbare Hilfestellung für meine psychoanalytische Arbeit. Neben dem gewünschten »heimlichen« Alter besteht auch ein »gefürchtetes« Alter, d.h. ein Alter, in dem man – unter bestimmten gegebenen Lebensumständen – auf keinen Fall mehr oder noch nicht leben möchte. Dieses »gefürchtete« Alter korrespondiert häufig mit gefürchteten Daten, z.B. mit dem Alter, in dem ein enger Familienangehöriger verstarb (man weiß nicht, ob man ihn wirklich überlebt!).

Ein wichtiges Ergebnis einer psychoanalytischen Behandlung stellt die innere Annahme des eigenen Alters dar, ohne ständige innere Selbstvorwürfe, ohne weitreichende narzißtische Kränkung und ohne zu große Trauer über die (noch) bestehenden Lebensmöglichkeiten und die Lebenszeit. Zu dieser inneren Annahme gehört auch, alle früheren Altersabschnitte zu akzeptieren, sie in ihrem Einfluß auf das jetzige Leben lebendig zu lassen und in das zukünftige Älterwerden zu integrieren. Lebendig lassen heißt einerseits, wichtige, vitale, einen selbst befähigende Anteile zu erhalten und andererseits von nicht mehr ausübbaren oder nicht mehr zur Verfügung stehenden Anteilen bewußt Abschied zu nehmen (im Sinne eines Trauer- und Befreiungsprozesses; *Pollock 1981*), um sich Raum für andere und neue Lebensmöglichkeiten zu schaffen. Dazu gehört schließlich auch, die sich allmählich während des Alterns bemerkbar machenden körperlichen und psychischen Veränderungen anzunehmen.

Dieses allmähliche Akzeptieren des eigenen äußeren und inneren Alterns führt dazu, daß das chronologische Alter des Psychoanalytikers und damit die bestehende Altersdifferenz realer wahrgenommen wird, wie es sich in der Regel dann bei Behandlungsende zeigt.

Benötigen Alternde mehr Zeit für ihre Behandlung?

S. Freud betonte bereits früh *[1904, 1905]* im Sinne einer Kontraindikation für derartige Behandlungen, daß sich im Alter der Abstand zu den prägenden Kindheitserlebnissen zu weit verlängere. Wiederholungszwang und aktuelle Übertragungskonstellation lassen meines Erachtens in der psychoanalytischen Behandlung früh zentrale Konflikte verstehen und in einem langen Prozeß bearbeiten. Die Erwachsenenzeit weist einerseits auf die zahlreichen unbewußten Wiederholungen (z. B. in jeweils gestörten oder mißlingenden Beziehungen) hin und verdeutlicht andererseits wichtige neue Schritte in unterschiedlichen Entwicklungsfeldern. Klärung und Bearbeitung beider Aspekte benötigen lange Zeit. Ich habe aber den Eindruck, daß insgesamt psychoanalytische Psychotherapien und auch Psychoanalysen mit über 60jährigen nicht längere Zeit in Anspruch nehmen. Möglicherweise beruht dies darauf, daß spezifische Aspekte (Beschäftigung mit realen oder phantasierten Kindern, die Schwierigkeiten der Berufstätigkeit etc.) in ihrer Bedeutung –

abgesehen von den neurotischen Anteilen – eine deutlich geringere Rolle spielen und daß daher auch ihre Bearbeitung entsprechend weniger Zeit in Anspruch nimmt. Diese Frage kann aber erst aufgrund zahlreicher Erfahrungen vieler Psychoanalytiker entschieden werden.

Psychodynamische Aspekte

Aufgrund der Zeitlosigkeit des Unbewußten lassen sich viele Aspekte des Alterns und Altseins gut verstehen. Das früher auch von Psychoanalytikern benutzte Argument, daß insbesondere genitale Triebimpulse einer Libidoinvolution (d.h. einer gesetzmäßigen Abnahme von Triebbedürfnissen im Alter) unterliegen, ist längst widerlegt *[Radebold 1992a]*. Trotz sich verändernder biologischer Aspekte bleiben Triebabkömmlinge (Phantasien, Träume, Bedürfnisse) unverändert erhalten und werden auch – sowohl bei Männern als auch bei Frauen – bis in das Alter von über 80 Jahren hinein bei Gelegenheit reaktiviert. Selbst nach der inzwischen widerlegten These würden prägenitale Triebabkömmlinge unverändert fortbestehen. Diese Aussage trifft wahrscheinlich auch auf aggressive und narzißtische Strebungen zu. So dürften auch damit zusammenhängende unbewußte pathologische Konflikte bis ins hohe Alter fortbestehen und durch gegenseitige Konstellationen reaktivierbar und in Konsequenz (berücksichtigt man die üblichen Indikationskriterien) behandelbar sein. Zusätzlich bringt das Altern eine Fülle von Veränderungen und Verlusten – wie schon in der Kindheit und im Gegensatz zur jüngeren und mittleren Erwachsenenzeit – mit sich, die (Re-)Traumatisierungen darstellen. Trotzdem stellt sich die Frage, ob sich die Zeit mit ihren brauchbaren oder schwierigen Erfahrungen in irgendeiner Weise auf die Zeitlosigkeit des Unbewußten auswirkt. Unübersehbare Aspekte *[Nerenz 1992]* stellen die in das Unbewußte aufgenommene, jeweils hochindividuelle Reihenfolge von Konfliktabläufen und das Wissen um bestimmte Konfliktlösungen dar. Ungeklärt ist bisher, ob sich Konflikte und die ihnen zugrundeliegenden Gefühle und Impulse in der Intensität aufgrund des Alterns abschwächen. Im Vergleich unterschiedlicher Altersgruppen (ich versuche zur besseren Abschätzung stets gleichzeitig

Erwachsene unterschiedlicher Altersstufen zu behandeln), kann ich – zumindestens bei Erwachsenen – keine grundlegenden Unterschiede finden. Sandler *[1978]* versuchte, dieser Fragestellung mit dem Bild vom »Geist des Ödipus« bei Älteren nachzugehen. Nach meiner Meinung begegnen wir in der Psychoanalyse Erwachsener immer den »Geistern der Kindheit«. Auch Alternde verlieben sich mit hoher Intensität erneut, leiden schmerzhaft an Kränkungen und Niederlagen, erleben Trauer, Wut und Verzweiflung ganz intensiv etc. Hier drängt sich ein Vergleich mit schmerzhaften Kopfschmerzattacken auf: Sie werden genauso intensiv wie zu Anfang wahrgenommen, man leidet unverändert heftig an ihnen, aber man weiß, daß sie (mit Hilfe von Medikamenten oder aufgrund anderer Maßnahmen) abklingen. Dieses Wissen unterscheidet wohl Alternde von Jüngeren.

Schließlich weisen auch die Träume von Erwachsenen im höheren und hohen Alter unverändert auf das Ausmaß von Lebendigkeit hin. Für mich unterscheiden sie sich kaum von Träumen Erwachsener anderer Altersstufen. Während das eigene reale Alter in diesen Träumen weniger geliebt wird, zeigt sich dafür das »heimliche« Alter häufiger *[Radebold 1994b]*.

Entwicklungsaspekte

Entwickeln sich Alternde noch weiter? Und wenn ja, wie und in welchen Bereichen? Läßt man als Entwicklung nur die Entwicklung der psychischen Struktur (also bis zum Ende der ödipalen Phase mit etwa vier, fünf Jahren und vor dem Beginn der Latenzzeit) gelten – wie es frühere Autoren in ihren Büchern zur psychoanalytischen Entwicklungspsychologie im Extremfall taten –, so entfällt natürlich jede Diskussion über eine weitere Entwicklung. Heute wird Entwicklung als dynamischer, während der ganzen Erwachsenenzeit fortschreitender Prozeß *[Colarusso, Nemiroff 1981]* verstanden. Somit wird von weiteren Entwicklungsprozessen während der gesamten Lebenszeit eines Erwachsenen ausgegangen. Unter dieser Grundannahme soll der 2. Teil der obigen Frage wiederholt werden: Wie und wo findet sie statt? Bei Frau Schweizer (auch bei meinen anderen Psychoanalysen und bei manchen langfristigen Psychotherapien) ließ sich beobachten, daß Entwicklung zunächst in den eingeengten, gehemmten oder »ausgedörrten« Bereichen stattfindet; damit erfolgt eine Nachreifung. Manchmal besteht, von anderen Autoren bestätigt *[z. B. Sandler 1978, 1982]*, der Eindruck, daß diese als erneute Weichenstellung wie zur Pubertät einsetzt: Neue Lebensmöglichkeiten, neue Beziehungsformen, neue Fähigkeiten werden immer häufiger (nach langem Stillstand wiederholt und manches auch erstmals) erprobt, langfristig und zunehmend befriedigender genutzt. Diese Möglichkeiten waren bereits vorhanden und unterlagen zur Zeit der Pubertät inneren Verboten, teilweise unterstützt durch die reale Situation der eigenen Familie und durch weitere äußere Umstände (wie Krieg und Nachkriegszeit etc.) und mußten anschließend verdrängt werden; manchmal handelt es sich um bereits langfristig »phantasierte« neue Erkundigungen. Während sich bei Erwachsenen im jüngeren oder mittleren Alter derartige neue Wege – gefördert durch die psychosexuelle und psychosoziale Situation – öfter von allein ergeben (man braucht in der auslaufenden Psychoanalyse nur noch beobachtend daran teilzunehmen), stellt sich diese Situation bei Erwachsenen vom höheren bis zum hohen Alter anders dar. Die neurotischen Hemmungen haben sich jetzt – wie bei Frau Schweizer – mindestens 60 Jahre lang ausgewirkt (bei ihr läßt sich ihre Symptomatik bis zum vierten, fünften Lebensjahr zurückverfolgen). Sie trafen dazu auf eine noch in Entwicklung begriffene (damit auch leicht traumatisierende) psychische Struktur, also eine unreife Struktur. Durch ungelöste Konflikte gehemmt und durch relative frühzeitige Traumatisierungen beschädigt, erhielt das Ich die Aufgabe, trotzdem eine weitere Entwicklung zu durchlaufen und zu gestalten. Allerdings ermöglichte jetzt die psychosoziale und psychosexuelle Situation der erwachsenen Frau von 65 Jahren nicht quasi automatisch weitere Entwicklungsschritte; dafür konnte sie nicht auf umfassende, erwachsenengerechte Erfahrungen zurückgreifen. So bestand der letzte Teil dieser Psychoanalyse darin, nach inzwischen erprobten, jetzt nicht mehr neurotisch eingeschränkten Erfahrungen das eigene Leben weiter zu gestalten, unbefriedigende Beziehungen zu beenden oder zumindest entscheidend umzugestalten und vorsichtig neue Lebensmöglichkeiten zu erkunden. Diese Aufgabe wurde von uns beiden bewußt so gesehen und immer wieder angestrebt. Mit Hilfe eines langen Trauerprozesses wurde Frau Schweizer bewußt, daß sie bestimmte Stationen ihres Lebens (Partnerschaft, Kinder, befriedigende und kollegiale berufliche Situation) nicht mehr nachholen konnte. Ihre weitere Entwicklung mußte daher auf anderen Feldern erfolgen: veränderte und neue Beziehungen; befriedigende Lebensqualität; geänderte und neue Interessen; befriedigender und großzügiger Umgang mit der jetzigen Lebenssituation und -zeit; anderer Zugang, nicht nur zu Gleichaltrigen, sondern ebenso zu Jüngeren und zu Älteren etc.

Psychoanalytische Psychotherapie oder Psychoanalyse

Immer wieder werde ich mit der Frage konfrontiert, ob Psychoanalyse (als hochfrequente, intensive Behandlung im Liegen ohne zeitliche Begrenzung) überhaupt eine sinnvolle Behandlungsform für über 50jährige, geschweige denn für über 60jährige darstelle. Bisher wurde ich immer gefragt, warum ich überhaupt Ältere behandele; ich habe mir jetzt angewöhnt zurückzufragen, warum der Fragende keine Älteren behandele. Die Frage muß also lauten: Warum sollen Patienten im höheren und hohen Alter keine Psychoanalyse erhalten? Die inzwischen ausgewerteten Behandlungsstatistiken belegen, daß Psychoanalysen (und insgesamt langfristige, intensive Behandlungen) zwar den größeren Teil der Zeit in der psychoanalytischen Praxis beanspruchen, die Mehrheit der Patienten jedoch mit anderen Verfahren (Beratung, kurz- und mittelfristige Einzelpsychotherapie, Gruppenpsychotherapie und Paartherapie) behandelt wird. Auch bei Erwachsenen im jüngeren und mittleren Alter bleibt Psychoanalyse als *Behandlungsinstrument* den schweren, chronifizierten Erkrankungen vorbehalten und trägt gleichzeitig als *Forschungsinstrument* zur Erweiterung unseres theoretischen Kenntnisstandes und zur Verbesserung unserer Behandlungserfahrungen bei. Dies gilt auch für die Behandlung von über 50jährigen Erwachsenen (also für das mittlere, höhere und hohe Alter): Wir benötigen derartige Psychoanalysen im Sinne des Behandlungsinstrumentes (um die Möglichkeiten und damit Grenzen unserer Behandlungskonzepte besser zu erfassen) und im Sinne des Forschungsinstrumentes (um auch in diesen Lebensabschnitten Vorgänge im Unbewußten und gleichzeitig Veränderungen in unterschiedlichen Entwicklungsfeldern bzw. auf unterschiedlichen Entwicklungslinien besser kennenzulernen). Nicht als Gegensatz zur Klinischen Psychologie und zur allgemeinen Entwicklungspsychologie, sondern als Ergänzung bedürfen wir der Psychoanalyse als eines mit Einzelfallstudien arbeitenden Behandlungs- und Forschungsinstrumentes.

Auf jeden Fall ist Psychoanalyse bis mindestens zum 70. Lebensjahr erfolgreich möglich; darüber hinaus fehlt es bisher an entsprechenden Erfahrungen. Als *Resümee* lassen sich nur *vorläufige Aussagen* treffen. Um zu weiterführenden Aussagen zu kommen, bedarf es vieler Psychoanalysen mit Patienten im Alter von 50 bis zumindest 75 bzw. 80 Jahren. Erst so wird sich ein großer Forschungsrückstand, sowohl im Vergleich zu der psychoanalytischen Entwicklungspsychologie als auch im Vergleich zur allgemeinen Entwicklungspsychologie des Alterns verringern lassen.

VIII. Widerstände gegen eine psychoanalytische Behandlung

Solche Widerstände bestehen sowohl auf seiten der jüngeren professionellen Behandler als auch auf seiten der alternden Patienten selbst, ihrer Partner und familialen Umwelt wie auch ihrer sie behandelnden (Haus-)Ärzte.

Der Hinweis der professionellen Behandler auf die Aussagen von S. Freud in einer spezifischen biographischen Situation kann heute nur noch als Rationalisierung (als unbewußter Abwehrmechanismus) angesehen werden *[Radebold 1992a]*. Könnte es das chronologische Alter sein, was eine Behandlung so schwer macht? Inzwischen ist für die Psychoanalyse relativ umfassend erforscht, daß die Jüngeren bei der Behandlung Älterer auf große, teilweise schwer zu überwindende affektive (zum Teil unbewußte) Schwierigkeiten stoßen *[Radebold et. al. 1974, 1981; Hinze 1987; Kemper 1990; Radebold 1992a]*. Nachdem sie sich mühsam allmählich äußerlich und innerlich (weitgehend mit Hilfe ihrer Lehranalyse) von ihren Älteren (in der Altersrelation = Eltern) abgelöst haben, begegnen die jungen Analytiker erneut in der unbewußten Wahrnehmung »Eltern«. Wiederum unbewußt übertragen sie auf diese Patienten Wünsche, Erwartungen, Ängste, Konflikte und Interaktionsmuster, die aus ihrer Kindheit stammen. Dazu erleben sie sich von diesen Älteren selbst in die Position von Kindern bzw. Enkelkindern versetzt und damit kaum für kompetent gehalten. Jüngere Analytiker – in laufender oder abgeschlossener – psychotherapeutischer / psychoanalytischer Weiterbildung – arbeiten während ihrer Assistentenzeit im Alter zwischen 25 und 40 Jahren in Beratungsstellen, sozialpsychiatrischen Diensten, in psychotherapeutisch / psychosomatischen, in psychiatrischen und gerontopsychiatrischen Tageskliniken und Kliniken.

Im Extremfall steht also ein psychotherapeutisch Tätiger einer Frau oder einem Mann von 80 Jahren gegenüber, d.h., es besteht eine Altersdifferenz von 50 Jahren, also praktisch von über zwei Generationen; eine Altersdifferenz von nur zehn, 15 oder 20 Jahren ist damit eher Ausnahme. Bei der erst jetzt nachwachsenden Generation von Psychotherapeuten treffen nur wenige alternde Patienten einen etwas älteren Behandler, selbst Gleichaltrigkeit zählt heute noch zu den Ausnahmen. Aufgrund dieser Übertragungskonstellation liegen die größeren Schwierigkeiten eindeutig auf seiten der Jüngeren. Sie müssen eine ihnen unbekannte geschichtliche, soziale, moralische und religiöse Wirklichkeit kennenlernen; die Alternden konfrontieren sie mit bisher abgewehrten Bereichen wie schwere chronische Krankheiten mit nachfolgenden Behinderungen, Verlusten von noch älteren, gleichaltrigen, sogar jüngeren Familienangehörigen, Arbeitskollegen, Freunden und Bekannten, von erworbenen Fähigkeiten und von sozialen und materiellen Positionen sowie mit Sterben/Tod. Sie konfrontieren weiterhin mit der Frage, ob man und wie man alt werden möchte. Viele verständliche Gründe halten Jüngere davon ab, Alternde mit Hilfe einer langen und intensiven Beziehung in psychotherapeutische Behandlung zu nehmen.

Vielfältige Reaktionen der Therapeuten sind bekannt *[Radebold et al. 1974, 1981; Radebold 1979, 1992a]*: Nicht-Annahme bei Anmeldung; Vorschlag von Pharmakotherapie oder sozialtherapeutischen Maßnahmen. Im günstigen Fall erfolgt eine niederfrequente, kurzfristige Behandlung. Erst Kenntnisvermittlung, Praxisanleitung und Behandlung unter Supervision werden es einer größeren Anzahl von Therapeuten ermöglichen, auch Alternde zu behandeln. Aufgrund der eigenen Lehranalyse bestehen in gewissem Umfang Erfahrungen mit älteren Analytikern; diese finden in der Regel aber in einer vertrauensvollen Atmosphäre bei gleichzeitiger positiver Übertragung statt. Neurotisch Kranke konfrontieren nicht nur mit Umkehr der Kind-Eltern-Position, sondern auch mit den schwierigen, enttäuschenden Erfahrungen mit jüngeren Geschwistern, eigenen Kindern, Arbeitskollegen, Partnern. Diese Erfahrungen prägen dann häufig den Anfang einer psychoanalytischen Behandlung. Es geht nicht darum, vorwiegend oder ausschließliche Ältere zu behandeln, sondern parallel zu Erwachsenen im jüngeren oder mittleren Alter auch solche im höheren und hohen Alter *[Hinze 1987]*. Selbst wenn sich Alternde in ihrer regressiven Situation noch ältere, weise, abgeklärte, sie entschuldigende und verstehende Therapeuten wünschen, so wird dieser Wunsch kaum für eine größere Anzahl in Erfüllung gehen. Einerseits möchten die Psychoanalytiker selbst unbewußt die Position des Elternteils einnehmen (sie altern mit ihren Patienten, sind aber immer älter als diese), andererseits setzt das Ausscheiden aus dem Arbeitsprozeß (Rückgabe der kassenärztlichen Ermächtigung mit 65) Grenzen.

Nach bisherigem Kenntnisstand bringt nur ein – im Vergleich zu früheren Lebensabschnitten – geringerer Anteil über 50jähriger, erst recht aber über 60- oder 70jähriger eine ausreichende Motivation mit, eine psychoanalytische Behandlung zu beginnen. Da sie ihre innerpsychischen wie auch intra- und intergenerativen Konflikte stets verdrängten, leugneten oder bagatellisierten, besteht während des Alterns erst recht keine Motivation zur Behandlung. Außerdem zählen die bisherigen Generationen der Alternden zu den »sprachlosen«, d.h., sie hatten nicht gelernt, über Schwierigkeiten und Probleme zu sprechen und vor allem nicht Gefühle zuzulassen und zu äußern. Mit »zusammengebissenen Zähnen« haben sie versucht, ihr »Leben zu meistern«. So besteht keine Neigung, in jetzigen Schwierigkeiten oder auch in jahrzehntelang zurückliegenden Konflikten »herumzustochern und diese aufzuwühlen«. Selbst eine Behandlung aufgrund anhaltender Schwierigkeiten zu suchen (oder einen entsprechenden Vorschlag aus der Umgebung aufzugreifen), heißt, sich solche Schwierigkeiten zuzugestehen. Dieses Eingeständnis kann zu einer Krise des Selbstbildes und des Selbstwertgefühles führen. Wie steht man dann vor der sozialen und familiären Umwelt, vor allem vor den Jüngeren da? Der mit einer solchen Behandlung einhergehende Lebensrückblick kann zu weiteren tiefen Beschämungen und/oder schweren narzißtischen Kränkungen führen.

Die Generationen der über 60jährigen kennen außerdem die psychiatrischen Institutionen lediglich als Ort, »wo Verrückte lebenslang eingesperrt werden«. Außerdem wissen sie um die Tötungen von Geisteskranken während der Zeit des Nationalsozialismus. Letztlich gilt Psychoanalyse bei ihnen noch als »jüdische Wissenschaft«.

So tritt eine auffallend große Anzahl über 50jähriger eher als »geschickte« oder »überwiesene« Patienten auf. Demgegenüber steht eine zunehmende Anzahl von Alternden, die aufgrund bedrückender Symptome und/oder Konflikte dringend solche Behandlungsangebote suchen, die ihnen bisher vom psychotherapeutischen Versorgungssystem eher versagt werden. Viele von ihnen möchten – auch unter dem Eindruck des näherrückenden Lebensendes – »endlich im Leben etwas in Ordnung bringen oder klären, bevor es zu spät ist«.

Aber Partner oder andere Familienangehörige wie auch Freunde können deutlichen Widerstand äußern: »Du bist doch nicht verrückt«, »in deinem Alter« oder »Lohnt es sich noch?«. Häufig ist die Angst unübersehbar, daß sich (neurotische, aber beiderseits sekundären Krankheitsgewinn ermöglichende) Beziehungen verändern oder in Frage gestellt werden könnten. Manchmal wird dann eine Paartherapie gesucht. Dagegen unterstützen oft die (schon erwachsenen) Kinder solche Absichten oder schlagen ihnen Behandlungen vor.

Schließlich haben auch Hausärzte Schwierigkeiten, ihren alternden Patienten einen solchen Behandlungsvorschlag zu machen. Einerseits haben sie während ihrer Aus- und Weiterbildung gelernt, daß über 50jährige psychotherapeutisch nicht behandelbar sind. Andererseits reagieren sie ebenso irritiert wie Angehörige, wenn ihre Patienten sie um eine Überweisung bitten. Sie haben bisher ihre Patienten als kompetente, das Leben bewältigende oder zumindest mit den Schwierigkeiten gut zurechtkommende Erwachsene erlebt. Aufgrund dieses Bildes leugnen sie eine solche Behandlungsnotwendigkeit; bagatellisieren bestehende Konflikte; raten zu einer psychopharmakologischen Behandlung oder bestenfalls zu einer Kur. Manchmal bilden auch alternder Patient, seine familiale Umgebung und der Hausarzt ein unbewußtes Bündnis, um einen Behandlungsvorschlag abzulehnen.

Allmählich ist ein Wandel in Wissen, Einstellungen und Auffassungen zur psychotherapeutischen Behandlung über 50jähriger zu beobachten. Einerseits verbessert sich die allgemeine und professionelle Wissensvermittlung, andererseits hatte die Generation der heute 50- bis 60jährigen bereits die Chance einer psychotherapeutischen Behandlung und fordert sie erneut in zunehmendem Maße ein.

Literaturverzeichnis

Argelander, H. (1980), *Der Flieger – eine charakteranalytische Fallstudie*, Suhrkamp, Frankfurt am Main.

Arolt, V., E. H. Schmidt (1992), *Differentielle Typologie und Psychotherapie depressiver Erkrankungen im höheren Lebensalter – Ergebnisse einer epidemiologischen Untersuchung in Nervenarztpraxen*, Z. Gerontopsych. Gerontopsychiat. 5: 17–24.

Beckmann, D., E. Brähler, H. E. Richter (1991), *Der Gießen-Test (GT) – Handbuch*, Huber, Bern.

Berezin, M. A., *Discussion: A. M. Sandler: A Developmental Crisis in an Aging Patient: Comments on Development and Adaptation*, J. Geriat. psychiat. (1982), 15:33–42.

Brenner, Ch. (1955), *Grundzüge der Psychoanalyse*, Fischer Taschenbuch Verlag, Frankfurt am Main, Bd. Nr. 6309.

Cohen, N. (1982), *On loneliness and the aging process*, Int. J. Psycho-Anal. 63: 149–156.

Colarusso, C. A., Nemiroff, R. A. (1981), *Adult Development*, Plenum Press, New York.

Coltart, N. E. (1991), *The analysis of an elderly patient*, Int. J. Psychoanal. 72: 209–220.

DGPT (1989), *Praxisstudie zur psychotherapeutischen Versorgung*, Hamburg.

Dilling, H. (1981), *Zur Notwendigkeit psychotherapeutischer Interventionen zwischen dem 50. und 80. Lebensjahr*, Vortrag Weltkongreß für Gerontologie, Hamburg.

Drigalski v., D. (1980), *Blumen auf Granit*, Ullstein, Frankfurt am Main–Berlin, Ullstein-Materialien Nr. 35036.

Freud, S. (1904 a), *Die Freudsche psychoanalytische Methode*, Gesammelte Werke (GW), S. 9. S. Fischer Verlag, Frankfurt am Main, 4. Aufl. 1968.

– (1905 a), *Über Psychotherapie*, GW, S. 21. Fischer, Frankfurt am Main, 4. Aufl., 1968.

Goeppert, S. (1976), *Grundkurs Psychoanalyse*, Reinbek b. Hamburg.

Häfner, H. (1986), *Psychische Gesundheit im Alter*, Fischer, Stuttgart.

Häfner, H. (1989), *Psychiatrische Aspekte: Epidemiologie und Klinik*, in:

Karl, F., Tokarski, W. (Hg.), Die »neuen« Alten, Kasseler Gerontologische Schriften 6, Kassel, Gesamthochschulbibliothek, S. 100–125.
Hinze, E. (1987), *Übertragung und Gegenübertragung in der psychoanalytischen Behandlung älterer Patienten*, Psyche 41: 238–253.
Hirsch, R. (Hg.) (1990), *Psychotherapie im Alter*, Huber, Bern.
Junker, H. (1993), *Nachanalyse*, edition discord, Tübingen.
Kemper, J. (1990), *Alternde und ihre jüngeren Helfer*, Ernst Reinhardt Verlag, München, Basel.
King, P. (1974), *Notes on the psychoanalysis of older patients*, J. Anal. Psychol. 19: 22–37.
King, P. (1980), *The life cycle as indicated by the nature of the transference in the psychoanalysis of the middle-aged and elderly*, Int. J. Psycho-Anal. 61: 153.
Knight, J. (1954), *Geglückte Psychoanalyse*, Claassen, Hamburg.
Krauss, B. (1989), *Epidemiologie*, in: Kisker, K., Lauter, H., Meyer, J. E., Müller, C., Strömgren, E. (Hg.), Alterspsychiatrie der Gegenwart, Bd. 8, Springer, Berlin, S. 59–84.
Kutter, W. (1989), *Moderne Psychoanalyse*, Verlag Internationale Psychoanalyse, Stuttgart.
Lange, C., M. Peters, H. Radebold (1994), *Zur Versorgung älterer Patienten in Psychosomatischen Kliniken*, in: Heuft, F., A. Kruse, H. G. Nehen, H. Radebold (Hg.), Interdisziplinäre Gerontopsychosomatik, MMV Medizin Verlag, München (Schriftenreihe Geriatrie-Praxis).
Linden, E. et al. (1993), *Altersverteilung verhaltenstherapeutischer Behandlungen in der kassenärztlichen Versorgung*, Verhaltenstherapie 3: 101–111.
Mitscherlich, A. (1975), *Der Kampf um die Erinnerung – Psychoanalyse für fortgeschrittene Anfänger*, Piper, München.
Moser, T. (1976), *Lehrjahre auf der Couch*, Suhrkamp Verlag, Frankfurt am Main.
Moser, T. (1988), *Das erste Jahr – Eine psychoanalytische Behandlung*, Suhrkamp, Frankfurt am Main.
Myers, W. A. (1984), *Dynamic Therapy of the Older Patient*, Jason Aronson, New York, London.
Nerenz, K. (1992), *Bemerkungen zu Freuds Konzept von Zeitlosigkeit und Unveränderbarkeit des Unbewußten*, in: Plassmann, R. (Hg.), Chancen und Aufgaben der Psychoanalyse im historischen Kontext, Arbeitstagung der Deutschen Psychoanalytischen Vereinigung in Kassel 1991, Kassel, S. 153–156.
Pollock, G. H. (1981), *Aging or aged: Development or Pathology*, in: Greenspan, S. I., G. H. Pollock (Hg.), The Course of Life, Vol. III: Adulthood and the Aging Process, Nat. Institute of health, Maryland.

Radebold, H. (1972), *Der psychotherapeutische Zugang zu Patienten mit einer cerebralen Gefäßinsuffizienz*. Z. Präklin. Geriatrie 2: 195–200.
Radebold, H. (1979), *Psychosomatische Probleme in der Geriatrie*, in: Uexküll, Th. (Hg.), Psychosomatische Medizin, Urban & Schwarzenberg, München, S. 728–744.
Radebold, H. (1989a), *Psychotherapie*, in: Kisker, K. P., Lauter, H., Meyer, J. E., Müller, C. H., Strömgren, E. (Hg.), Psychiatrie der Gegenwart, 3. Aufl., Bd. 8: Alterspsychiatrie, Springer, Berlin, Heidelberg, S. 313–346.
Radebold, H. (1989b), *Psycho- und soziotherapeutische Behandlungsverfahren*, in: Platt, D., Oesterreich, K. (Hg.), Handbuch der Gerontologie, Bd. 5: Neurologie, Psychiatrie, Fischer, Stuttgart, S. 418–443.
Radebold, H. (1990), *Alterspsychotherapie in der Bundesrepublik Deutschland – Bestandsaufnahme und Perspektive*, in: Hirsch, R. (Hg.), Psychotherapie im Alter, Huber, Bern.
Radebold, H. (1992a), *Psychodynamische Sicht und Psychotherapie Älterer*, Springer, Heidelberg.
Radebold, H. (1992b), *Psychotherapeutische Zielsetzungen für Ältere*, Z. Geront. 25: 349–355.
Radebold, H. (1994a), *Der Traum: auch im Alter ein Zugang zum Unbewußten*, in: Kemper, J., J. Zulley (Hg.), Gestörter Schlaf im Alter, MMV Medizin Verlag, München, S. 238–246 (Schriftenreihe Geriatrie-Praxis).
Radebold, H. (1994b): *Die Ansichten S. Freuds zur Behandelbarkeit Älterer*, Z. psychoanal. Theorie und Praxis IX 9: 247–259
Radebold, H., H. Bechtler, I. Pina (1973), *Psychosoziale Arbeit mit älteren Menschen*, Lambertus, Freiburg.
Radebold, H., H. Bechtler, I. Pina (1981), *Therapeutische Arbeit mit älteren Menschen*, Lambertus, Freiburg.
Radebold, H., R. Hirsch (1994), *Die psychotherapeutische Versorgungssituation älterer Menschen in der Bundesrepublik*, in: Radebold, H., R. Hirsch (Hg.), Psychotherapie und Alter, Huber, Bern.
Radebold, H., Rassek, M., Schlesinger-Kipp, G., Teising, L. (1987), *Zur psychotherapeutischen Behandlung älterer Menschen*, Lambertus, Freiburg.
Sandler, A. (1978), *Problems in the psychoanalysis of an aging narcissistic patient*, J. Geriat. Psychiat. 11: 5–36.
Sandler, A. M. (1982), *A Developmental Crisis in an Aging Patient: Comments on Development and Adaptation*, J. Geriat. Psychiat. 15: 11–32.
Schmidbauer, W. (1991), *Liebeserklärung an die Psychoanalyse*, rororo Sachbücher.
Segal, H. (1958), *Fear of death: notes of the analysis of an old man*, Int. J. Psycho-Anal. 39: 178–181.

Simburg, E. J. (1985), *Psychoanalysis of the older patient*, J. Amer. psychoanal. Ass. 33: 117–132.
Valon, J. D., G. Elzin (1975), *Chronik einer Therapie*, S. Fischer, Frankfurt am Main.
Witte-Ziegler, R. (1976), *Ich und die anderen – Protokolle einer gruppentherapeutischen Behandlung*, Fischer Taschenbuch Verlag, Frankfurt am Main.
Wylie, H. W. (1987), *The older analysand: countertransference issues in psychoanalysis*, Int. J. Psychoanal. 68: 343–352.

Geist und Psyche

Begründet von Nina Kindler 1964

Psychoanalyse

Raymond Battegay
Psychoanalytische Neurosenlehre
Eine Einführung
Band 12233

Bruno Bettelheim
Aufstand gegen die Masse
Band 42217
Die Geburt des Selbst. The Empty Fortress
Erfolgreiche Therapie autistischer Kinder. Band 42247

Heinrich Deserno
Die Analyse und das Arbeitsbündnis
Kritik eines Konzepts. Band 12131

Kurt R. Eissler
Todestrieb, Ambivalenz, Narzißmus
Band 10568

Erik H. Erikson
Einsicht und Verantwortung
Die Rolle des Ethischen in der Psychoanalyse
Band 10799

Anna Freud
Zur Psychoanalyse der Kindheit
Band 11519
Das Ich und die Abwehrmechanismen
Band 42001

Merton M. Gill
Die Übertragungsanalyse
Theorie und Technik
Band 12528

Wolfgang Harsch
Die psychoanalytische Geldtheorie
Band 12665

Karen Horney
Neue Wege in der Psychoanalyse
Band 11595
Selbstanalyse
Band 12571

Robert Langs
Die psychotherapeutische Verschwörung
Band 11719

Ludger Lütkehaus
Psychoanalyse ohne Zukunft?
Band 12635

Abraham A.Maslow
Psychologie des Seins
Band 42195

Fischer Taschenbuch Verlag

fi 350 / 18 a

Geist und Psyche

Begründet von Nina Kindler 1964

Psychoanalyse

Stavros Mentzos
Neurotische Konfliktverarbeitung
Band 42239
Hysterie
Band 42212

Herausgegeben von
Stavros Mentzos
Angstneurose
Band 42266

M. Mitscherlich
Erinnerungsarbeit
Zur Psychoanalyse der Unfähigkeit zu trauern
Band 11617

Herausgegeben von
Humberto Nagera
Psychoanalytische Grundbegriffe
Band 42288

Peter Orban
Der multiple Mensch
Band 12872

Badi Panahi
Grundlagen der modernen Psychotherapie
Ihre Quellen in Wissenschaft und Philosophie
Band 12021

(Hg.) Harald Pühl/
W. Schmidbauer
Supervision und Psychoanalyse
Selbstreflexion der helfenden Berufe
Band 10599

David Rapaport
Gefühl und Erinnerung
Band 11817

J. Reichmayr
Spurensuche in der Geschichte der Psychoanalyse
Band 11727

Ernst Simmel
Psychoanalyse und ihre Anwendungen
Ausgewählte Schriften
Band 11348

Hans Strotzka
Macht
Ein psychoanalytischer Essay
Band 42303

D.W. Winnicott
Von der Kinderheilkunde zur Psychoanalyse
Aus den »Collected Papers«
Band 42249

Fischer Taschenbuch Verlag

fi 350 / 5 b

Ratgeber für das Älterwerden

Renate Behr/ Th. Brechmann/ Fred Voiß/ Helmut Wallrafen-Dreisow
Vom Pflegeheim zum Altenwohnhaus
Band 12172

Eugene C. Bianchi
Mit den Jahren gehen
Ein Wegbegleiter für ein schöpferisches Älterwerden
Band 11294

Rita E. Biebricher
Richtig wohnen – selbständig bleiben bis ins hohe Alter
Band 10420

Nathan Billig
Depressionen im Alter
Früherkennung und Behandlung
Band 12074

Ralf Jerneizig/ Ulrich Schubert
Der letzte Abschied
Ratgeber für Trauernde
Band 11599

Johannes Kipp/ Gerd Jüngling
Verstehender Umgang mit alten Menschen
Eine Einführung in die praktische Gerontopsychiatrie
Band 11463

Edith Laudowicz
Älter werden wir doch alle ...
Individuelle Erfahrungen und gesellschaftliche Perspektiven
Band 11462

Erich Schützendorf/ Helmut Wallrafen-Dreisow
In Ruhe verrückt werden dürfen
Für ein anderes Denken in der Altenpflege
Band 10516

Fischer Taschenbuch Verlag

fi 3 / 2